U0864097

汽车专业职业教育情境化教学通用教材
QICHE ZHUANYE ZHIYE JIAOYU QINGJINGHUA JIAOXUE TONGYONG JIAOCAI

电控柴油发动机构造与维修

主编　谭本忠

山东科学技术出版社
www.lkj.com.cn

丛 书 序

当前，我国职业教育正大力推行以就业为导向培训实用型人才。怎样培养出优秀的实用型人才，解决这个问题需要从改变传统的教学模式、方法入手，各地职业学院也纷纷进行教学改革，包括教材的改编与更新。这其中就包括情境化教学的试点与推广。

什么叫情境化教学，就是模拟实际的工作情境和工作任务来设置学习任务，围绕完成这项工作所需掌握的知识和技能，对学生进行培训。这样，学生在学校就能学到真正实用的知识和技能，上岗后马上就能适应工作环境，胜任工作任务。

用于汽车专业的情境化教学教材，按汽车结构的特点和维修分工的不同，分为发动机构造、电控发动机、底盘构造、自动变速器、电器、空调、安全舒适系统、汽车电脑、汽车美容与装饰、汽车文化等十八个分块。以上各个系统总成又按结构功能细分到部件，针对各部件在实际工作中可能遇到的故障，我们对大量的案例进行归纳总结，提取出最典型的事件作为学习情境的设置。

每一个学习情境就相当于一个工作任务。那么，完成这个任务必须掌握哪些理论知识（必知），需要具备哪些技能（必会），同时，在完成任务的过程中要注意哪些事项（如作业安全与环保），又有哪些经验技巧可以供参考，这些内容的讲述就构成教材情境的“骨肉”。

做什么，学什么；学什么，用什么。使之学以致用，为实用而学，这是情境化教学的最大特点。

为了突出教学效果，提高学员对知识与技能的理解程度和学习兴趣。我们为这套教材开发了相应的多媒体教学课件（与教材同步，综合教学所要用到的图片、动画、视频、文本等）和电子教学讲义（PPT演示文件）。 技能实际操作部分，我们全部拍制成实况录像，使学员可以身临其境地进行模仿和学习。教师若有需要可向出版社免费索取（0531-82098053）。

汽车专业职业教育情境化教学通用教材的模块组成如下：

- 发动机构造与维修
- 汽车底盘构造与维修
- 汽车电器构造与维修
- 电控发动机原理与维修
- 自动变速器原理与维修
- 汽车安全舒适系统原理与维修
- 汽车空调原理与维修
- 电控柴油发动机构造与维修
- 汽车电脑原理与维修
- 汽车车身构造与修复
- 汽车保养与维护
- 汽车检测与故障诊断技术
- 汽车机械基础
- 汽车电学基础
- 汽车美容与装饰
- 汽车构造
- 汽车电子控制技术
- 汽车文化与概论

各汽车院校与职业培训机构可以根据自开专业的教学需要选取不同的模块教材。采用情境化教学教材，实施情境化教学，将大大提升学生的学习兴趣、分析问题的能力和动手能力，同时也将为教师教学带来更多方便，使专业教学更轻松、更具实效性。

目 录

第一部分

概述

情境一：电控柴油发动机的概述

一、柴油机电控技术的发展史

电控柴油发动机与传统柴油机的主要区别在于它的燃油供给系统的不同，前者采用的是电控燃油喷射系统，而后者采用的是机械式燃油喷射系统。从结构和功能的角度看，柴油机的电控系统包括燃油系统的电子控制和柴油机空气供给系统的电子控制。这些电子控制系统使得柴油机在动力性、经济性和排放性能等方面都取得了巨大的进步。

早在20世纪70年代，人们就开始研究柴油发动机电子控制技术来替代机械控制。到目前为止，已经研究并生产出许多功能各异的柴油机电子控制技术，大部分已经产品化并投放市场。这期间经历了三代：

第一代：位置控制式
第二代：时间控制式
第三代：时间—压力控制式（高压共轨式）

第一代柴油机电控燃油喷射系统——位置控制系统。这种系统的主要特点是保留了大部分传统的燃油系统部件，如喷油泵—高压油管—喷油嘴系统和喷油泵中齿条、齿圈、滑套、柱塞上的螺旋槽等零件，只是用电子伺服机构代替机械式调速器来控制供油滑套或燃油齿条的位置，使得供油量的调整更为灵敏和精确。如图1-1为第一代电控柴油分配泵，最明显的特征就是具有用于调整控制油量的油量调节器及滑套位置传感器。

这类技术已发展到了可以同时控制定时和预喷射的TICS 系统。

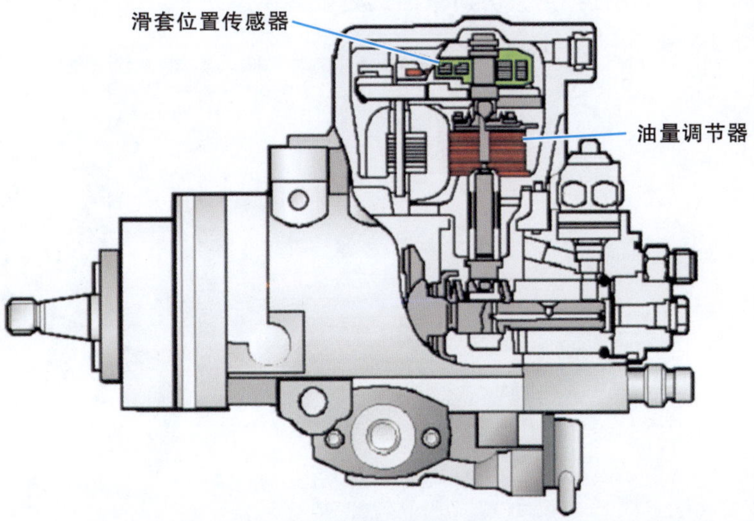

图1-1 第一代（位置控制式）电控柴油分配泵

第二代柴油机电控燃油喷射系统——时间控制系统。这种系统可以保留原来的喷油泵—高压油管—喷油器系统，也可以采用新型高压燃油系统。其喷油量和喷油定时是由电脑控制的强力高速电磁阀的开闭时刻所决定：电磁阀关闭，执行喷油；电磁阀打开，喷油结束。即喷油始点取决于电磁阀关闭时刻，喷油量取决于电磁阀关闭时间的长短，因此可以同时控制喷油量和喷油定时。

传统喷油泵中的齿条、滑套、柱塞上的斜槽和提前机构等全部取消，对喷射定时和喷射油量控制的自由度更大。如图1-2为时间控制式的径向柱塞分配泵，其明显特征是泵上装有油泵控制单元、用于控制喷油量的喷射控制电磁阀和控制喷油提前角的定时控制电磁阀。

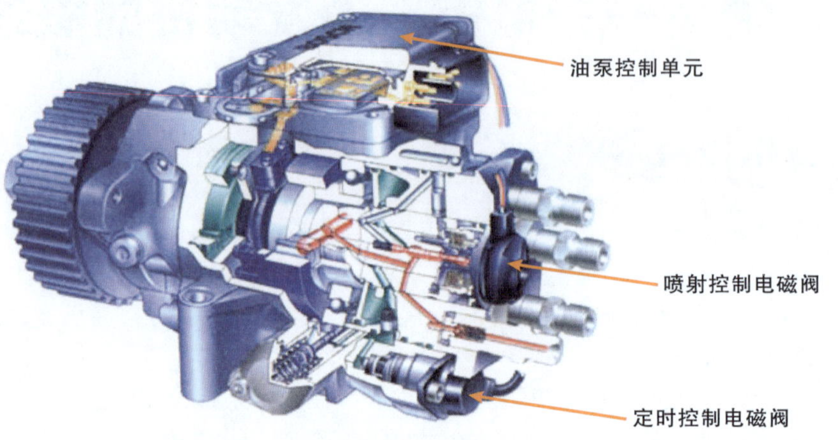

图1-2　径向柱塞分配泵

第三代柴油机电控燃油喷射系统——时间—压力控制系统。也称电控高压共轨系统，这种系统包括了高压共轨系统和中压共轨系统。这是20世纪90年代国外推出的新型柴油机电控喷油技术。该系统摈弃了传统的泵—管—喷嘴的脉动供油方式，代之用一个高压油泵在柴油机的驱动下，连续将高压燃油输送到共轨管内，高压燃油再由共轨送入各缸喷油器，通过控制喷油器上的电磁阀实现喷射的开始和终止。如图1-3为康明斯柴油机高压共轨系统 。

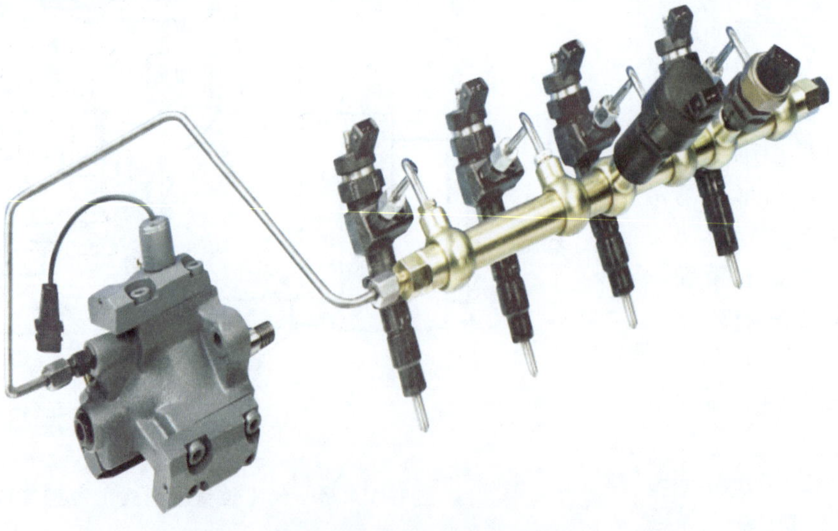

图1-3 康明斯柴油机高压共轨系统（CRS）

为满足日益严格的尾气排放法规，要降低发动机的燃油消耗和减少废气排放中的有害成分，单靠传统的机械控制技术不足以解决问题，目前满足我国国Ⅲ排放标准的柴油发动机主要采用的是电控高压共轨系统。

二、典型的电控燃油喷射系统

1. 典型电控燃油喷射系统介绍

燃油喷射系统是在不断的发展变化中，从最初的单缸泵发展到多缸泵，再由机械调速器发展到电子调速器，最后到今天的全部采用电控系统（速度调节、喷油正时、油量大小等）；由原来的单次喷射发展到现在的多次喷射等。特别是20世纪90年代以来，发展更为迅速。喷射压力越来越高，控制喷射的灵活性越来越大，可根据转速、负荷任意控制。已经得到应用的电控柴油喷射系统类型如表1-1所示。

表1-1 电控柴油喷射系统的应用类型

喷油控制			研发公司	型号	控制特点	喷油压力/MPa
方法	对象					
位置控制	直列泵		Zexel	COPEC	高速电磁阀控制喷油时刻，可变电感位移传感器控制喷油器	—
			博世	TICS	高速电磁阀控制柱塞套筒及齿条位置，可变预行程	—
	分配泵		电装	ECD-V1	线性电磁铁控制滑套位置，电磁阀控制喷油时刻	—
			博世	EDC-COVEC	旋转电磁铁控制滑套位置，电磁阀控制喷油时刻	—
时间控制	泵喷嘴		底特律	DDEC	在机械泵喷嘴油道中设高速电磁阀，电磁阀关闭—始喷；打开—停喷	180
			博世	DDEC	—	220
	单体泵		博世	EUP	—	200
	分配泵		Stanadyne	DS，RS	用高速电磁阀控制喷油时刻和油量	200
	中压液压共轨	柴油	丰田		用螺线管驱动增压活塞	110～140
		机油	Caterpillar	HEUI	斜盘柱塞泵，高速电磁阀，电子压力调节器，机油液力增压4～23 MPa	20～140
			小松	KOMPICS	—	150
	高压共轨		ECD-U2	—	高压柱塞泵，高速电磁阀，预喷射	160
			博世	—	电磁阀通电—始喷，断电—停喷	160
			Lucas	—	—	—

燃油喷射系统采用电控是达到欧Ⅲ排放标准的必备条件。典型的电控燃油喷射系统主要有：

电控直列泵：如TICS系统，最高喷射压力可达135MPa；

电控分配泵：如VP37、VP44，最高喷射压力可达140MPa；

电控泵喷嘴：如博世、德尔福的EUI，最高喷射压力可达220 MPa；

电控单体泵：如EUP系统，最高喷射压力可达200MPa以上；

共轨系统：如Caterpillar 的HEUI 系统、博世的CR系统、电装的ECD-U2系统等，最高喷射 压力可达180MPa。

2. 典型燃料喷射系统的比较

各种燃油喷射系统的优缺点比较如下：

TICS

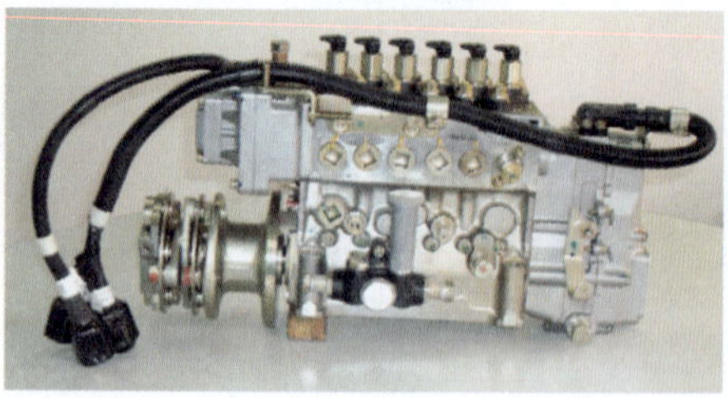

优点

（1）预行程可变，因此喷油速率可变；
（2）由于增加了预喷射口，可以实现预喷射；
（3）与原来的直列泵具有互换性，因此，对于汽车的发动机不需要做很大的改造等。

缺点

（1）喷油正时和预喷射等的控制自由度低；
（2）由于喷油压力与发动机转速有关，低速时喷油压力较低；
（3）重量大。

VP44

优点

（1）与传统的端面凸轮的分配泵相比，可以实现高压喷射；
（2）由于采用电磁阀来控制供油，因此可以实现预喷射；
（3）尺寸小、重量轻，安装性能好等。

缺点

（1）与共轨喷油系统相比，控制喷油正时和预喷射的自由度低；
（2）由于喷油压力与发动机转速有关，低速时的喷油压力低。

EUI

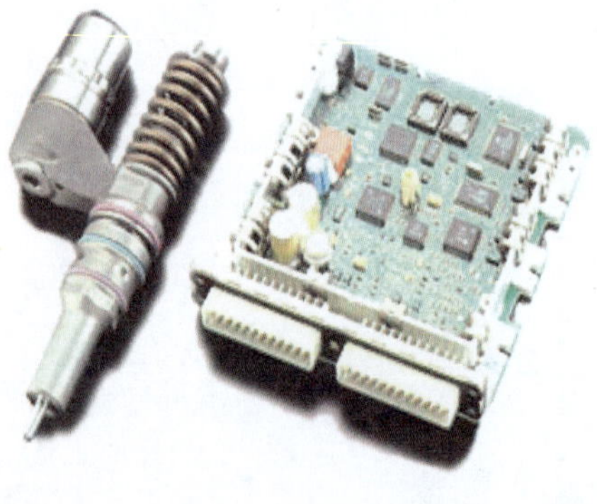

优点

（1）由于有害容积很小，泵喷嘴在现在使用的喷射装置中具有最高的喷射压力；
（2）结构简单，可靠性和耐久性最好。

缺点

（1）与共轨喷油系统相比，实现喷射正时和预喷能力有限；
（2）与传统的直列式喷油泵相比，尽管低速时的喷油压力有所改善，但仍不太高；
（3）为了能在现有的发动机上安装，需要对发动机进行大幅度的改造；
（4）喷射压力随转速变化，不能动态控制。

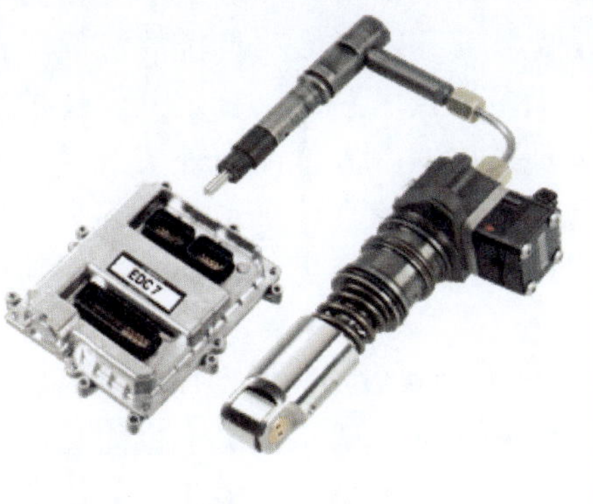

优点

（1）与直列泵相比，由于高压油管等有害容积减小，可以实现高压喷射；
（2）结构简单，可靠性和耐久性较好；
（3）喷油系统成本较低，发动机总成本最低。

缺点

（1）与共轨喷油系统相比，实现喷射正时和预喷能力更加有限，不能后喷；
（2）尽管喷射压力比直列泵有所改善，但低速时的喷射压力还不够高；
（3）喷射压力随转速变化，不能动态控制；
（4）驱动扭矩大等。

优点

（1）喷射压力峰值较EUI/EUP低，但平均有效压力较高，喷油压力与转速无关；
（2）可以独立改变喷油正时、喷油持续期和喷油压力；
（3）可以实现多段喷射；
（4）驱动扭矩、机械噪声小。

缺点

（1）由于经常处于高的燃料压力下，必须在耐久性和安全性方面比柱塞式喷油泵花费更大的努力；
（2）由于难于实现靴形喷油率，因此难以有效控制NO_x的产生。

三、我国柴油机电控技术的发展趋势

由于柴油机具有扭矩大、油耗低的特点，以及随着现代柴油机技术的日益发展，使发动机柴油化已成为节能减排措施之一。为了控制柴油机的排放，在已经强制实施的国Ⅲ排放法规下，实行汽车柴油机电控的方案是明确的解决措施和发展方向。柴油机电控技术属于汽车核心零部件技术，直接决定了车用柴油机的排放和综合性能。

就国内柴油发动机市场发展来说，并不是一定要求舍弃哪种控制技术，坚决实行哪一种控制技术的问题，而是需要因地制宜，扬长避短，要从成本、性能、匹配、售后服务等各方面综合来分析。

目前，国内车用柴油机针对国Ⅲ排放标准实施的燃油系统技术路线主要有四种：电控泵喷（EUI）、高压共轨（Common Rail）、电控单体泵（EUP）和电控直列泵（EIL）+EGR。

在这四种技术路线中，德尔福针对中国中轻型车市场推广共轨技术，针对重型车提供泵喷嘴和单体泵技术；博世在中国市场主推高压共轨系统；电装目前正在研发第3代、第4代共轨系统和为中国市场的共轨系统作适应性二次开发；而自主国产的亚新科南岳、成都威特等则提出了电控单体泵的低成本解决方案。

目前，从国Ⅱ进入国Ⅲ排放的技术升级上，国家政策导向的意图在于帮助企业，让企业如何在尽量减少开发投入成本的情况下向国Ⅲ进行平滑升级。各家企业可以根据自身既有发动机的特点，选择其国Ⅲ产品的技术路线，选择可以不相同，但达到的效果要相同。就满足国Ⅲ标准而言，一般要求是：需采用单缸4气门技术，通过对燃烧室的优化和尾气处理等措施，使用机械泵也可以满足欧Ⅲ排放法规。在20世纪末欧美重卡企业、发动机企业在从欧Ⅱ向欧Ⅲ过渡时，也采取了多种技术路线，有走共轨技术路线的，也有采用泵喷嘴技术和单体泵技术的，也有用机械泵来实现国Ⅲ排放的。大量国内外实践经验和理论研究都表明：电控泵喷嘴系统、电控高压共轨系统、电控单体泵系统、电控直列泵系统等都有满足目前国Ⅲ和将来国Ⅳ排放要求的能力。这四种系统因各自的结构特点在技术上各有优劣，因而各有其适合范围。

电控泵喷嘴系统和电控高压共轨系统可以达到很高的燃油喷射压力，发动机ECU根据发动机工况的要求，可以灵活控制燃油分配、燃油喷射时间、喷射压力和喷射速率，使发动机在低速工况下也能实现完全燃烧，获得大扭矩的输出，有着高效的燃油经济性和出色的排放性能，并且预喷射、多次喷射技术的应用也大大降低了柴油发动机的噪声和振动。通过对以上特性的控制，柴油发动机的响应性和驾驶舒适性已经达到了汽油发动机的水平，同时它又具有着显著的燃油经济性和低排放特性。作为对于噪声、NVH特性要求相对较高、成本压力承受较强的乘用车市场，如轿车、高端轻型客车等配套发动机是非常适合的。而对于我国广大的轻型卡车、低端轻型客车和工程机械用柴油机市场，由于这档车型价格定位较低，基本为生产工具型用途，当采用电控泵喷嘴、电控共轨等系统来达到国Ⅲ排放法规时，对企业来说不但开发成本、生产成本难以接受，企业售后服务和维修环节的压力也会很大；对用户来说，对油品和使用环境的要求也会使其望而却步。所以，综合而言在国内量大面广的轻型车市场上，基于“电控直列泵+ EGR”技术的发动机方案会比较合适。其优点就在于技术开发和匹配成本低，单机成本低，油品适应性好，维修保养方便。对于中重型卡车和大型客车来说，采用电控单体泵或“电控直列泵+EGR系统”将会是较好选择。其最大优点在于结构相对简单，对原型发动机的改动较小，性能可靠，故障率低，寿命长，维修方便。相对于共轨和泵喷嘴具有成本优势，并且两者对油品要求都不高。比较适合于国内城市间的大型物流和旅游市场需求。

思考与练习

一、填空题

1. 最早的柴油机电控燃油喷射系统就是以 ____________ 为基础改造的。

2. 柴油机电控技术的发展历经了三代，这三代是：____________、____________、______________。

3. 电控柴油机燃油喷射控制主要包括______________控制、______________控制、______________控制等。

4. 从结构和功能角度看，柴油机的电控系统包括了____________系统和____________系统的电子控制。

二、判断题

1. 柴油电控系统能在不同工况及工作条件下对喷油量进行校正补偿。 （ ）

2. 对于不同用途、不同机型的柴油机，柴油机电子控制系统应有较强的适应性。 （ ）

3. 在不同柴油机电控燃油喷射系统中，供油正时和供油量的执行元件是不同的。 （ ）

4. 柴油机具有扭矩小、油耗低的特点。 （ ）

5. 由于高压共轨系统比电控单体泵燃油喷射系统更先进，所以应该舍弃电控单体泵而采用高压共轨系统。 （ ）

6. TICS属于位置控制式燃油喷射系统。 （ ）

三、选择题

1. 关于柴油机电控燃油喷射系统，以下描述不正确的是（ ）。

   A. “位置控制”和“时间控制”保留了传统燃油供给系统的基本组成和结构

   B. “时间—压力控制”和“压力控制”基本上改变了传统燃油供给系统的组成和结构

   C. 电控共轨式喷油系统主要包括“时间控制”和“压力控制”

   D. “时间控制”是由电磁阀的通电、断电时刻来控制喷油泵的供油正时和供油量的

2. 关于电控柴油喷射系统的优点，以下描述不正确的是（ ）。

   A. 改善低温启动性　　B. 改善NO_x和烟度的排放不明显

   C. 提高发动机运转稳定性　　D. 提高发动机的动力性和经济性

第二部分

第一代电控柴油喷射系统（位置控制式）

情境一：分配泵上的位置式控制

一、电控分配泵

第一代电控柴油喷射系统取消了机械调速器，改由电驱动的执行器来控制油量控制套筒。如图2-1所示，油量控制电机通过控制轴直接控制油量控制套筒的位置，并通过油泵顶部的电机旋转角度传感器来测量油量控制套筒的实际位置，形成位置反馈的闭环控制系统。

为了提高喷油量的控制精度，还加装了燃油温度传感器。系统通过油温信号对喷射量进行微调，减少油温对喷油量的影响。

不管是机械式的燃油分配泵，还是电子控制的位置式分配泵，其喷油量大小都是由油量控制套筒的位置决定的。由图可知，第一代位置控制式的电控系统取消了传统上复杂的飞锤—弹簧—杠杆调速系统，利用油量控制套筒的位置信号来实现对油量的灵活控制，发动机在不同工况下的喷油量由电子控制单元根据燃油温度和发动机本身的状况来决定。

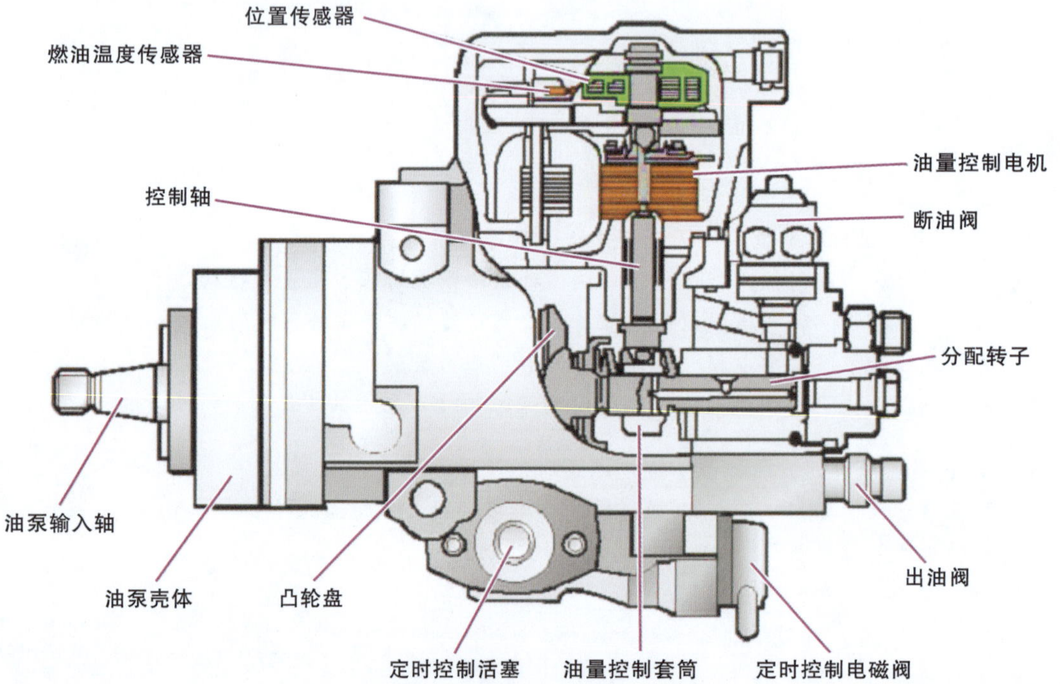

图2-1 位置控制式电控分配泵

二、分配泵的燃油流向

分配泵的燃油供给（喷射）如图2-2所示，油箱内的柴油经燃油滤清器过滤后到达分配泵，分配泵内有低压油泵，低压油泵一般采用叶片泵或齿轮泵。燃油被低压油泵加压到1MPa左右，然后输入高压油泵体内，高压泵能否进油是由断油电磁阀控制的。断油电磁阀打开后，燃油进入柱塞（分配转子）腔，在分配转子的作用下变成高压燃油，且分配到发动机工作缸的喷油器，喷油器完成喷油动作。

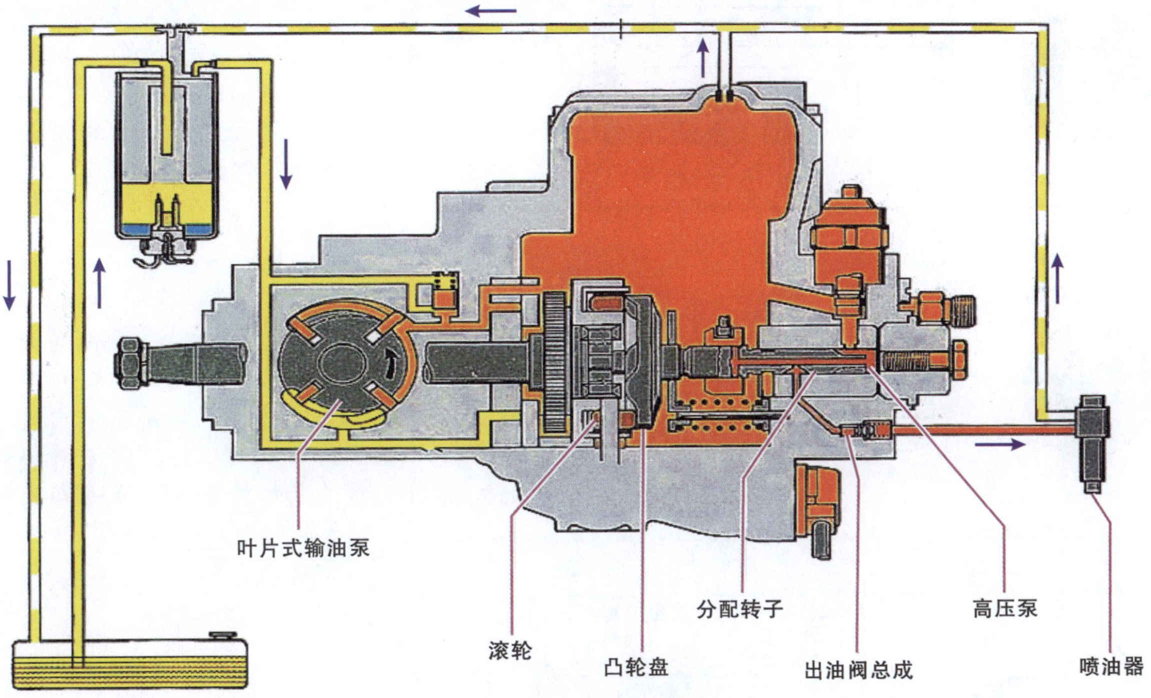

图2-2 分配泵的燃油流向

喷油器以及分配泵的燃油回流将返回到燃油箱。图2-2所示的燃油流向中，喷油器和分配泵的燃油回流是经滤清器接口后才返回油箱的。如图2-3所示，当燃油温度超过31℃时，双金属片膨胀，控制阀关闭，管1和管2相通，即从喷油泵来的燃油全部流回油箱；如图2-4所示，当燃油温度低于15℃时，双金属片收缩，控制阀打开，部分从喷油泵来的燃油经滤清器后供给喷油泵。这样就避免了燃油温度低时，从喷油泵返回的燃油仍全部流向油箱进行冷却，因而有利于提高燃油温度，使发动机气缸内形成良好的燃烧状态。

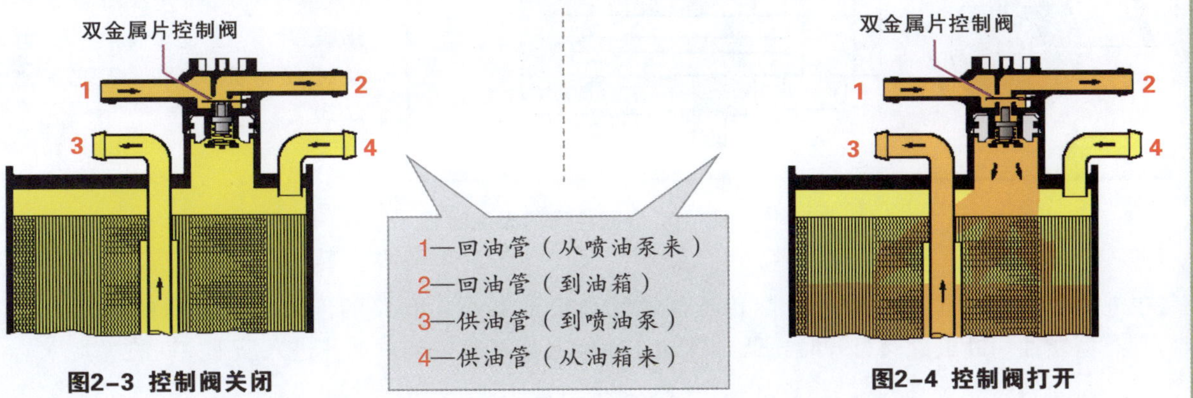

图2-3 控制阀关闭

图2-4 控制阀打开

三、分配泵的泵油过程

经前面的图文描述我们知道：分配泵泵出的高压燃油是在分配柱塞内形成的。分配转子的作用不仅仅是泵油，还有其他功能也是由它来完成的，整个工作过程如图2-5。

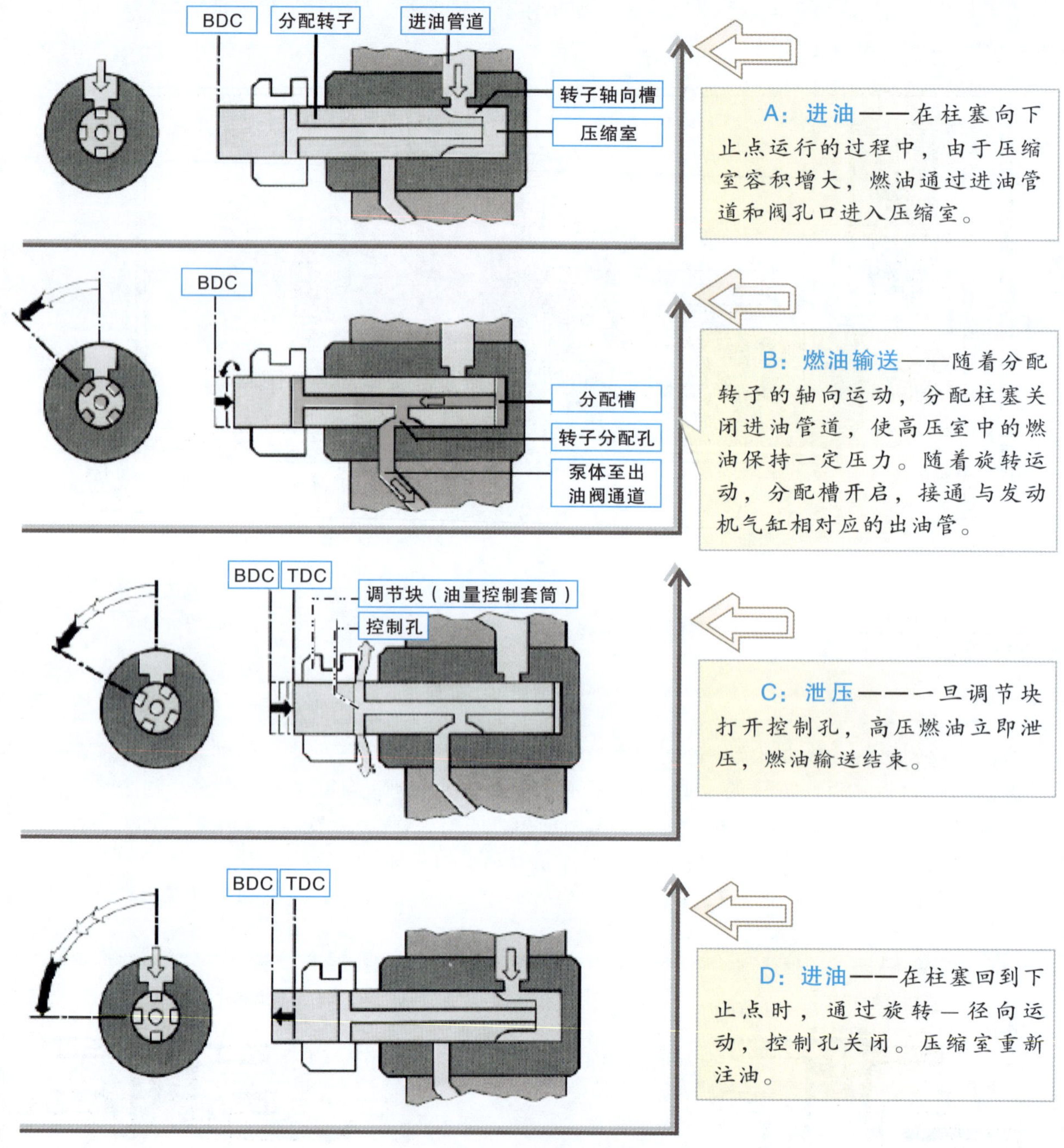

图2-5 分配柱塞的泵油过程

在进油过程和泵油过程中，分配转子柱塞腔与喷油器高压管路的连通情况分别如图2-6、图2-7所示。只有当燃油切断电磁阀打开时，低压燃油才能经过柱塞腔内的进油孔进入压缩室（柱塞腔）。

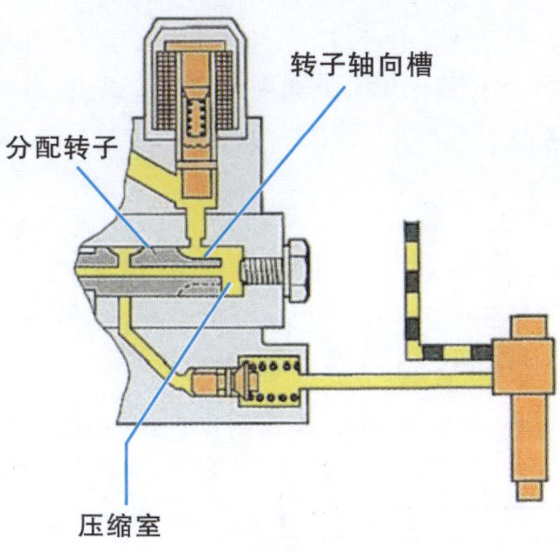

图2-6 进油过程

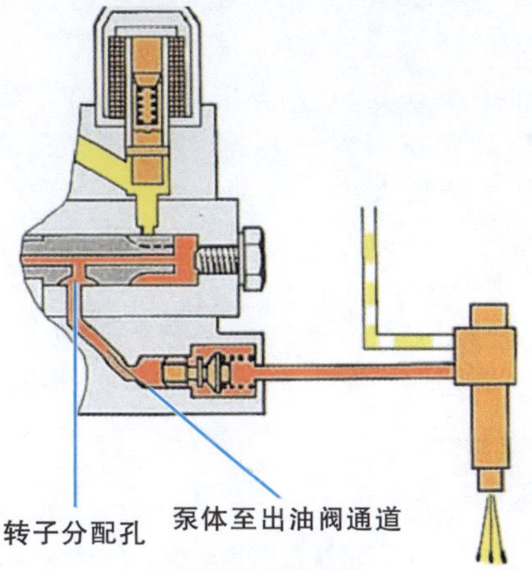

图2-7 泵油过程

燃油切断电磁阀具有停机功能。如图2-8所示，当驾驶员关闭点火开关时，燃油切断电磁阀失电，磁力消失，电磁铁在弹簧的作用下压在阀座上，关闭供油孔，切断了低压燃油进入柱塞压缩室的通道。发动机由于无油供应，喷油器不喷油而停机。

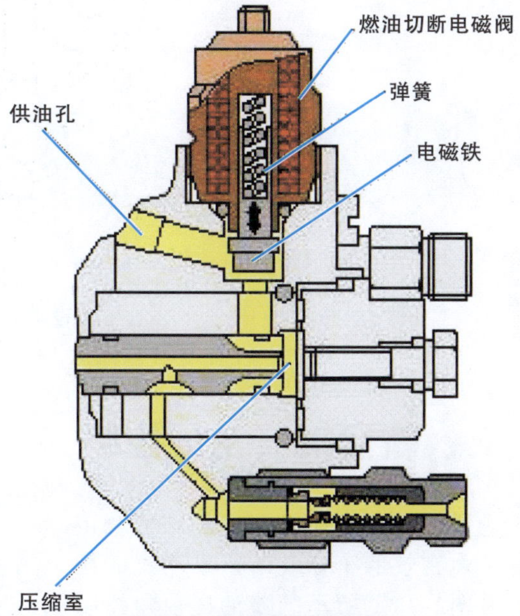

图2-8 停机断油示意图

四、喷油量的调节

发动机在不同工况下，油量调节电机对喷油量的控制如图2-9所示。

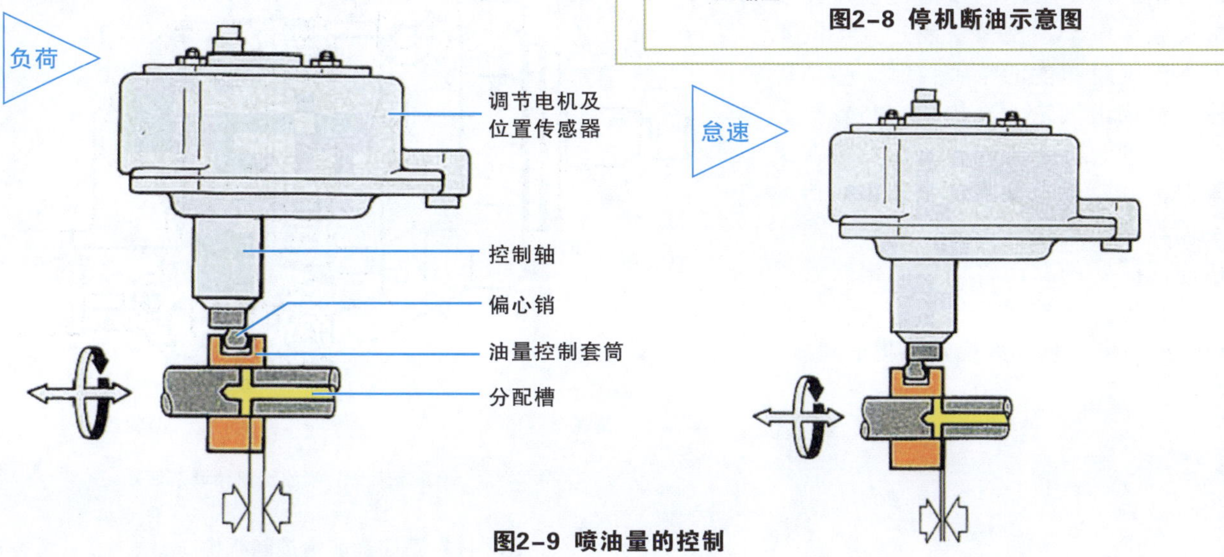

图2-9 喷油量的控制

当柴油发动机处于怠速运转工况时，由于转速较低，负荷小，所需燃油量也就较小，油量调节电机带动控制轴转动，在偏心销的偏心距作用下，使油量控制套筒处于图示的最左位置，由于在此位置时分配槽最早泄压，故喷油量是最小的；当柴油机的负荷较大时，油量调节电机带动控制轴转动，使油量控制套筒向右移动一段距离，由于在此位置时分配槽较晚泄压，因而喷油量较大，发动机转速、输出功率和扭矩增大。

调节活塞位置传感器的位置及结构如图2-10所示，位置传感器位于油量控制电机上部，与燃油温度传感器相邻。该传感器是一个双轨滑动电位计，可以准确测量油量控制轴转过的角度。它将机械位置信号转换成电压信号，发送给发动机控制单元，是发动机喷油量调节的一个反馈信号。

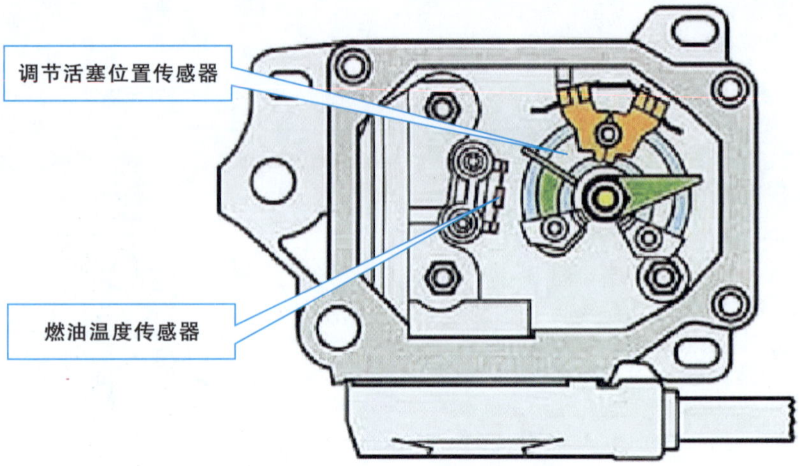

图2-10 调节活塞位置传感器

五、喷油提前角的控制

为了促使发动机在不同的转速和负荷下平稳有效的工作及改善发动机的排放，对图2-11上所示的喷油提前角控制机构实施了电子控制，从而达到不同工况下不同定时角度的精确控制。喷油提前控制机构由滚轮、滚轮架、凸轮盘、传力销、调节活塞组成，滚轮安装在滚轮架上，凸轮盘由输入轴驱动，而传力销一端与滚轮架相连，另一端与调节活塞相连。活塞的移动将使传力销跟着摆动，于是传力销带动凸轮架相对凸轮盘转动一个角度，从而改变喷油提前角。

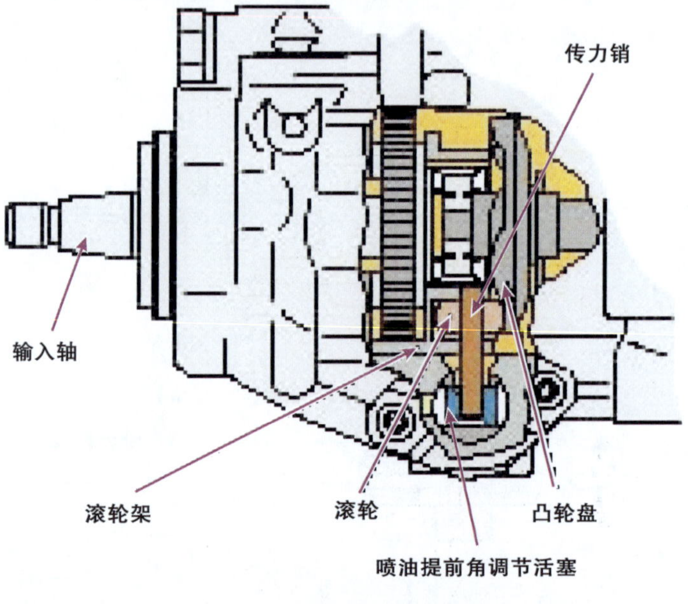

图2-11 喷油提前角控制机构

喷油提前角控制机构的电子调节机理如图2–12所示，利用电磁阀来控制活塞两侧的油压，不同的油压与弹簧的平衡位置不同，使得定位活塞能够左右移动，带动传力销使凸轮架相对凸轮盘转过一个位置，从而改变压力滚轮与凸轮盘的相对位置，将凸轮盘推动分配转子的泵油动作提前了，也就改变了喷油提前角。

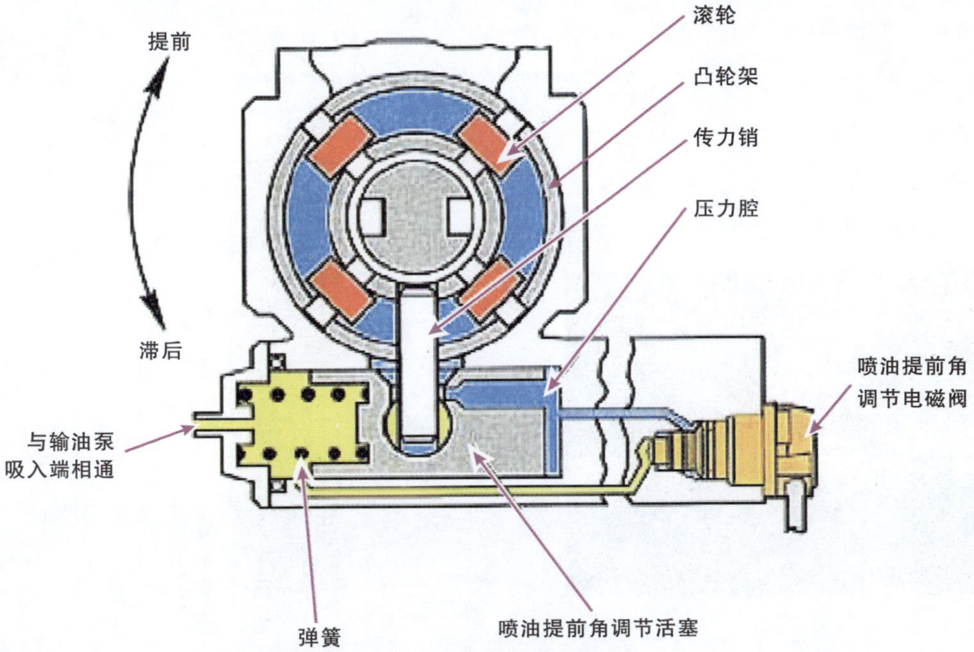

图2–12 喷油提前角的调节

第一代电控柴油喷射系统除了采用图2–1所示的旋转式油量控制电机的执行器之外，还有采用线性电磁铁作为执行器的电控分配泵。线性电磁铁作直线运动，通过杠杆带动油量控制套筒运动，同时直线位置传感器将油量控制套筒的位置反馈给柴油机控制单元（ECU），这种类型的电控分配泵如图2–13所示。

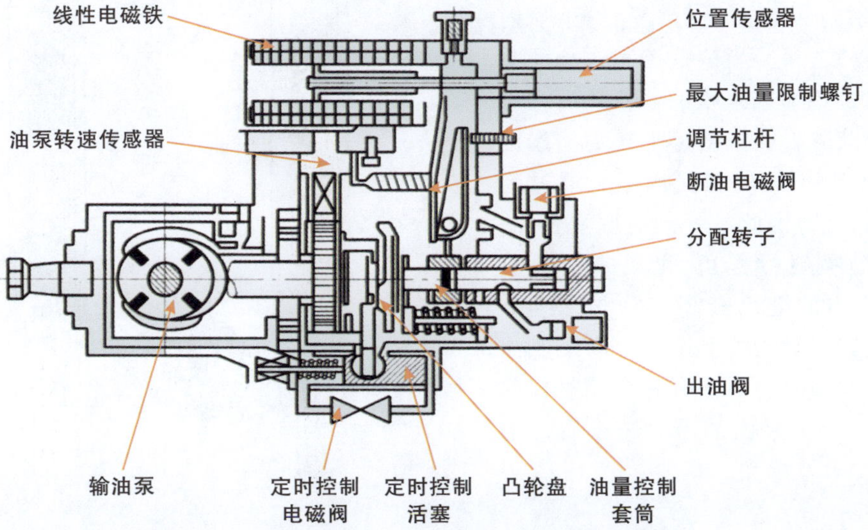

图2–13 采用线性电磁铁的电控分配泵结构图

六、SDI喷油嘴

大众捷达SDI发动机喷油嘴结构如图2-14所示，它主要由弹簧1、弹簧2、喷嘴针阀和阀体组成。喷油器有一个5孔喷嘴，使喷射燃油更好地雾化。图中的喷射行程1和喷射行程2表明，这是一个二级弹簧喷油嘴，燃油喷射通过2步完成。SDI喷油嘴由位置控制式分配泵提供高压燃油，即提供喷射压力，并控制喷油嘴的喷射起始点和喷射持续时间。

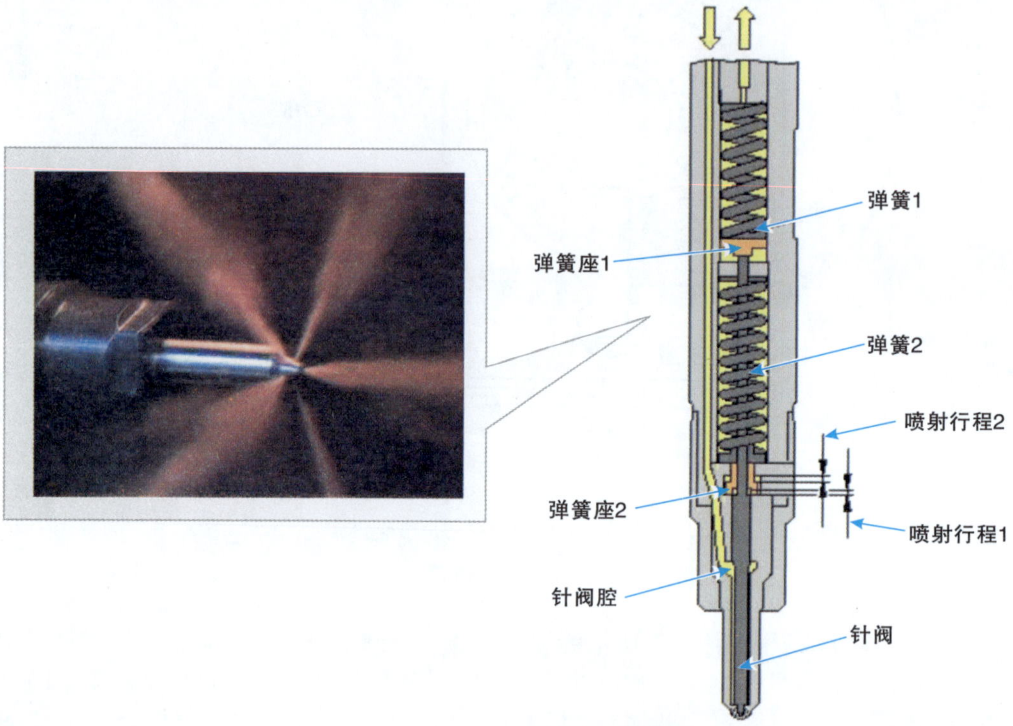

图2-14　SDI 5孔喷油嘴结构图

SDI喷油嘴的喷射过程如图2-15所示，喷射行程1为预喷射行程，主喷射行程等于喷射行程1与喷射行程2之和。当位置控制式分配泵提供喷射燃油时，燃油进入喷油器，然后通过内部通道进入针阀腔，腔内的燃油压力抬起针阀。由于此时只有弹簧1的弹簧压紧力通过弹簧座1作用在针阀上，因此，针阀克服弹簧1的弹簧力上升一个喷射行程1，完成一个预喷射。随着供油压力的继续升高，针阀继续上升，同时受弹簧1和弹簧2的下压力，高压燃油推动针阀克服两弹簧阻力再上升一个喷射行程2，进行主喷射。分配泵供油压力减小后，主喷射立即停止。

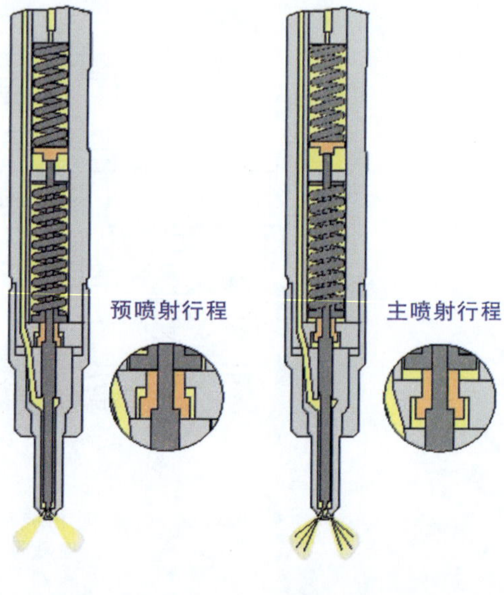

图2-15　SDI 喷油嘴的喷射过程

情境二：直列泵上的位置式控制

一、柱塞喷油泵的结构

传统的柱塞式喷油泵如图2-16所示，它的泵油主要是两对精密配合的喷油偶件来完成的，一对是柱塞偶件，由柱塞和柱塞套组成；另一对是出油阀和出油阀座。其中，柱塞上加工有斜槽，斜槽与柱塞套筒上的泄油口的相对位置决定了喷油量大小。

如图2-17，柱塞偶件的泵油过程中，喷油量的调节控制原理是：

柱塞与齿圈联结在一起由齿条带动，而柱塞套是固定的，不能转动。当齿条的位置向右移动时，齿圈转过的角度也加大，于是柱塞上的斜槽与出油阀之间的柱塞行程加大，即有效的喷油高度增大，喷油量也就增多。

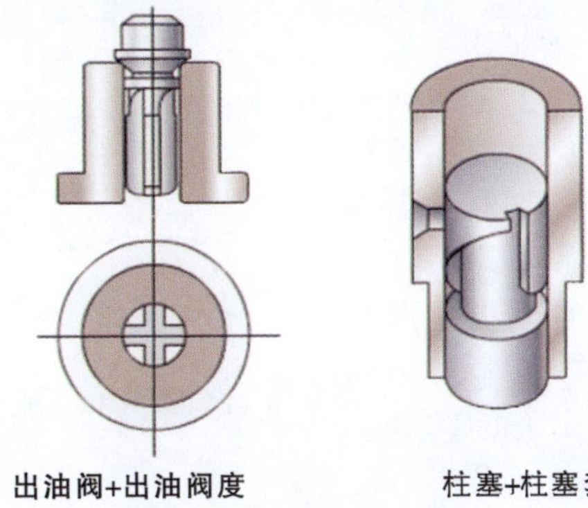

图2-16 柱塞式喷油泵

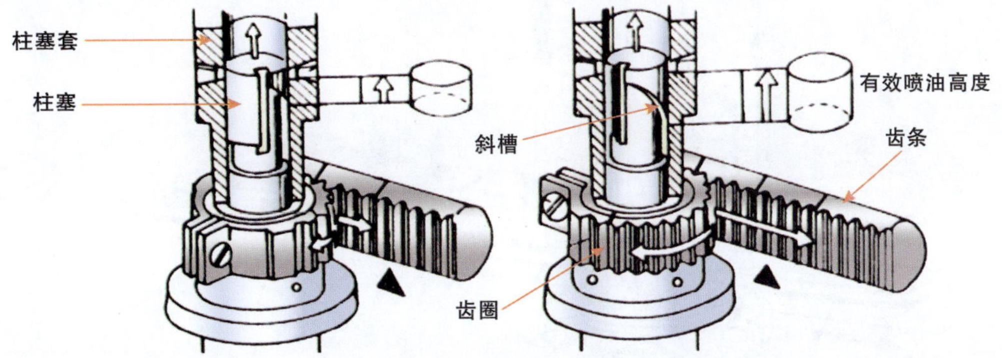

图2-17 循环喷油量的调节

二、电控直列泵的原理

最早的柴油和电控燃油喷射系统就是以直列柱塞式喷油泵为基础改造的，在直列泵上实行位置电子控制就是取消传统的机械调速器，将齿条的控制改由一个电子执行器来控制。执行器的类型既有旋转式电机，也有直线运动的电机。如图2-18所示采用的是直线运动的线性电磁铁作为执行器，直接安装在传统的机械调速器的壳体内，电磁铁直接驱动齿条左右移动来调节柱塞的旋转角度。柴油机控制单元对直列泵实行电子控制还得知道发动机转速，为了检测发动机的工作转速，在油泵凸轮轴的自由端安装了测速齿盘和转速传感器。

在图2-18所示的位置控制式电控柴油喷射系统中，线性电磁铁决定了齿条的位置，而由于存在弹簧预紧力及执行器本身因素的影响，在相同的驱动电压下，相同的驱动电流对应的齿条位置可能有所不同。采用线性电磁铁作为执行器时，需要齿条位置的反馈信息才能知道当前齿条的准确位置，这对于车用发动机来说是必需的，而在有些电站用的柴油机上可以例外。因为发电机要输出稳定的功率，其动力源的转速必须是固定的，柴油喷射电子控制系统将发动机转速作为闭环控制信号，而不要求精确控制齿条的位置。

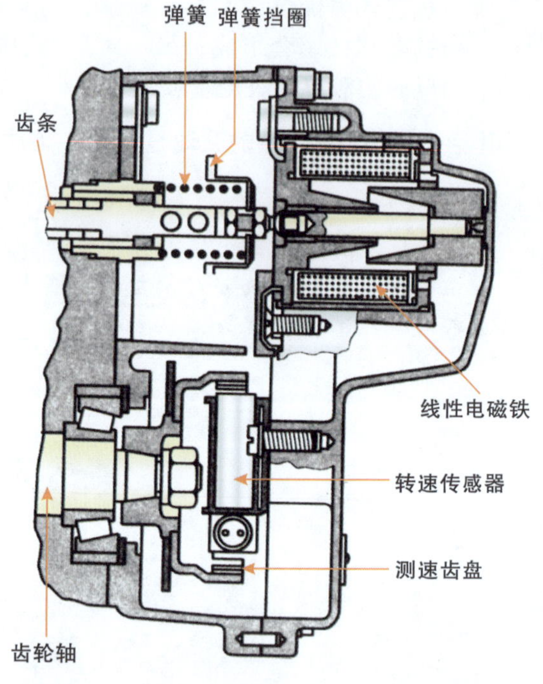

图2-18 取消机械调速器的直列泵电控系统

在上述的喷油控制原理中，柱塞套是固定的，只有柱塞转动。如果主动改变柱塞套上下方向的位置，那么不仅喷油量的大小可以灵活控制，而且喷油始点和喷油终点也可以灵活控制，从而为改善发动机的整机性能提供了广阔的空间。如图2-19所示，滑套控制杆上下运动，带动控制滑套上下运动，从而改变供油始点和终点。与此同时，控制齿条仍可以控制柱塞相对滑套的转动，从而实现负荷的调节功能。

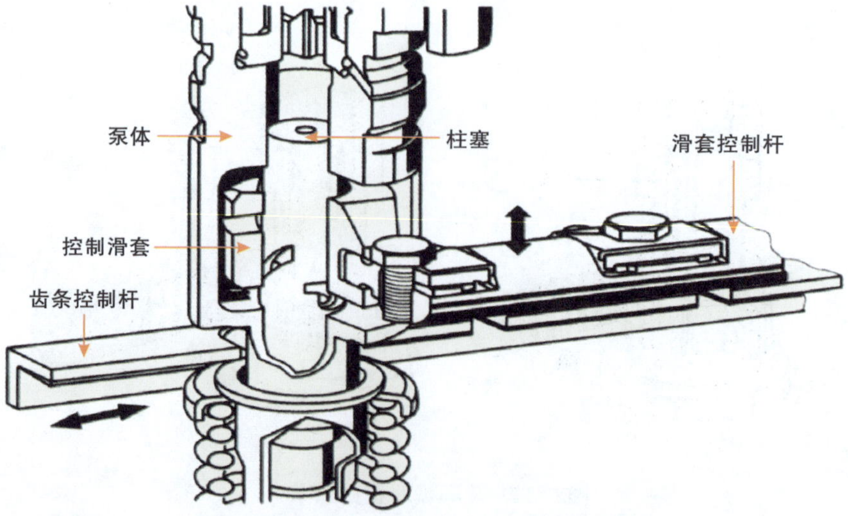

图2-19 滑套与齿条的综合控制的机械结构

三、位置控制式柴油喷射系统的特点

在分配泵以及直列泵实行位置控制式电控燃油喷射系统相对于传统的机械式喷油系统存在以下的优点与缺点：

1. 位置控制式柴油喷射系统的优点

对传统的机械喷油系统进行了局部改进，取消了复杂的的机械调速器机构，保留了原有的高压产生装置，即柱塞和柱塞套、分配转子，用电子执行器来完成喷油量的调节与喷油提前角的控制。

增加了位置传感器、发动机转速传感器和燃油温度传感器等，用于实现对油泵的精确控制。

在不同的转速与负荷下可以灵活标定喷油量，发动机的工作特性可以按照性能最佳的方式来确定，提高了动力性、经济性以及整车的驾驶性能。

位置控制式电控燃油喷射系统对原有的机械系统改动简单，成本低廉。

2. 位置控制式柴油喷射系统的缺点

第一代电控燃油喷射系统的喷射压力相对原来系统没有提高，因而对发动机的排放改善有限。

第一代电控燃油喷射系统的机械结构仍旧较为复杂。

由于第一代位置控制式电控燃油喷射系统只是对原来的机械调速器的位置实行电子控制，所以又被称为“电子调速器”。如果只是在现成的喷油泵上进行改进，有的就保留了原来的机械调速及操纵机构，变成了一种机电混合式调速器。

思考与练习

一、填空题

1. 在柴油机电控燃油喷射系统中，ECU以柴油机______和______作为主控制信号，按设定的程序确定最佳的供油速率和供油规律。

2. 第一代柴油机电控燃油喷射系统主要以______或______为特征。

3. 最早的柴油机电控燃油喷射系统就是以______为基础改造的。

4. 在第一代位置控制式柴油电控系统中，喷油量控制是由ECU通过控制______来实现的。

5. 线性电磁铁实际上就是直线运动的______。

6. 控制杆位置传感器安装在______内，用来检测______的位置。

7. 电控分配泵上的电子调速器主要由______、______和控制轴等组成。

8. 直列柱塞泵常用的正时控制器为______。

二、选择题

1. 对于直列柱塞泵的“位置控制”方式控制柴油机的喷油量，以下描述不正确的是（　）。

A. 由发动机转速及节气门开度的主控信号，确定喷油量，ECU通过控制电磁阀的“占空比”来实现

B. 电磁阀的电磁力与占空比（平均电流）成正比，电磁力与回位弹簧力平衡，齿条固定，稳定喷油量

C. 齿条位置传感器可以测量油量调节齿条的位置

D. 对供油量不能实现闭环控制

2. 对于转子分配泵的“位置控制”方式控制柴油机的喷油量，以下描述不正确的是（　）。

A. ECU通过占空比控制转子轴角度（供油量）

B. ECU通过控制线圈电流方向来控制转子轴的转动方向

C. 滑套位置传感器对供油量不进行闭环控制

D. 当电磁力矩与转子回位弹簧力矩平衡时，转子轴就会使油量控制滑套固定在某一位置

3. 对于位置控制式电控柴油机的转子分配泵供油正时系统，以下描述不正确的是（　）。

A. 在活塞两腔间增加一液压通道，由ECU通过正时控制电磁阀控制活塞两腔之压差，以改变正时活塞的位置，从而改变供油正时

B. 活塞左腔通油泵入口—高压，活塞右腔通油泵出口—低压

C. 活塞左移：滚轮架与平面凸轮盘转向相反，供油提前角增大

D. 活塞右移：滚轮架与平面凸轮盘转向相同，供油提前角减小

4. 对于转子分配泵的“位置控制”方式控制柴油机的喷油量，以下描述不正确的是（　）。

A. ECU通过占空比控制转子轴角度和供油量

B. ECU通过控制线圈电流方向来控制转子轴的转动方向

C. 滑套位置传感器对供油量不进行闭环控制

D. 当电磁力矩与转子回位弹簧力矩平衡时，转子轴就会使油量控制滑套固定在某一位置

第三部分

第二代电控柴油喷射系统（时间控制式）

情境一：分配泵上的时间控制

第二代电控柴油喷射系统为时间控制式，根据产生高压的装置的不同，又分为分配泵、直列泵、单体泵和泵喷嘴电控燃油喷射系统。

一、轴向柱塞式电控分配泵

柱塞分配泵分为轴向柱塞分配泵和径向柱塞分配泵。继第一代位置控制式电控分配泵之后，国外分配泵制造厂商又进一步开发出采用时间控制方法来控制供油量，即用一只高速电磁阀直接控制高压油路的通断，根据电磁阀通电时间的长短来确定供油量的大小，而根据电磁阀起作用时间的早晚来控制供油提前角。这种控制方法的结构简单，控制自由度大，并可以控制供油速率，实现预喷射等等。这种采用时间控制方法来控制供油量的分配泵，称为第二代电控分配泵。例如德国博世公司的电子控制轴向柱塞式分配泵VP30（如图3-1）、日本Zexel公司的Model-1电控分配泵、日本电装公司的ECD—V3电控分配泵和美国Stanadyne公司的DS系列电控分配泵等。

德国博世公司生产的高速电磁阀控制的VP30轴向柱塞分配泵，其主要特点是综合性能好和灵活的预喷射，并且压力得到进一步的提高，泵端压力为80MPa，而嘴端的喷油压力已可达到1200MPa。与上一代的VP37分配泵相比，VP30分配泵嘴端压力提高了38%，可满足欧Ⅲ排放标准的要求，并在整个发动机工作范围内达到较低的噪声水平。

图3-1 轴向柱塞式分配泵VP30

如图3-2为一种轴向柱塞的时间控制式分配泵的结构示意图，该油泵的柱塞套筒是无法移动的，位置已经被固定，喷射过程由专门的电磁阀来完成，同时为了保证喷射控制的精度，还增加了一个凸轮轴的测速齿环和转速传感器，转速传感器既感知凸轮轴的位置，也测量凸轮轴的转速。相对第一代电控系统而言，该电控分配泵喷射系统主要是增加了高速电磁阀、凸轮轴转速传感器和油泵控制单元用于燃油喷射的控制。

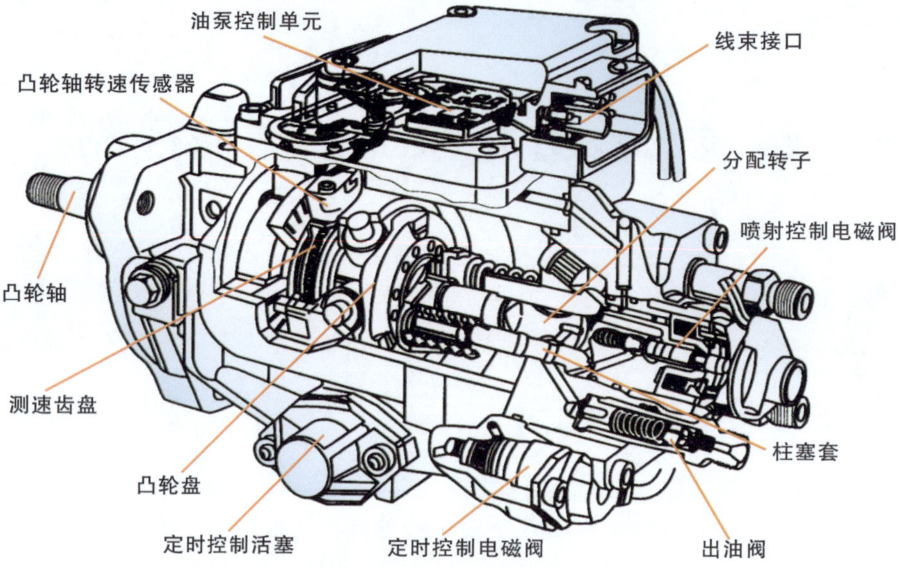

图3-2 时间控制式的轴向柱塞分配泵结构图

二、径向柱塞式分配泵

随着欧Ⅲ和欧Ⅳ排放标准的实施，要求分配泵的泵端压力提高到100MPa以上，原有的分配泵机械结构已经不能满足上述要求，分配泵的机械结构面临新的变革。虽然德国博世公司和英国Lucas公司等制造厂商的分配泵每年产量数百万台，但他们都放弃了原来大批量生产的分配泵的传统结构，花巨资重新开发第三代电控分配泵。

1996年德国博世公司成功地开发出了新型的VP44内凸轮电控分配泵，如图3-3所示，这是一种时间控制式的径向柱塞分配泵。

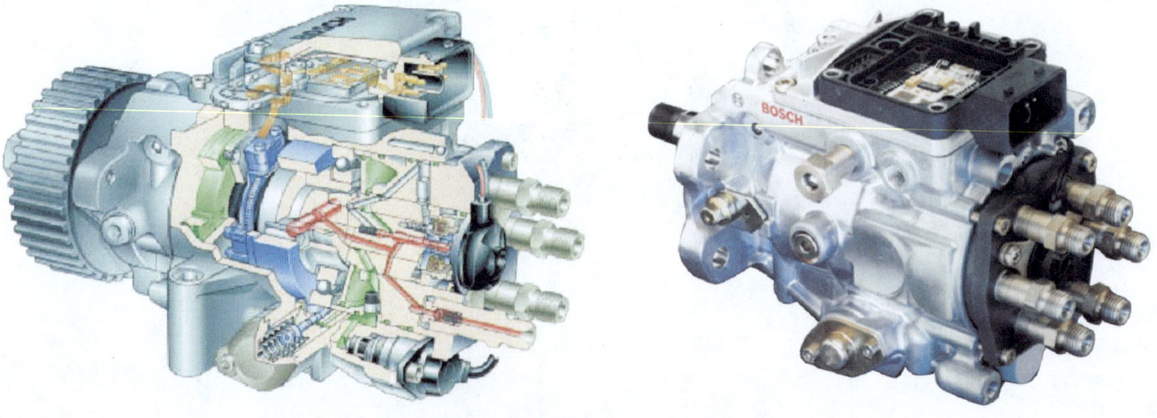

图3-3 径向柱塞式电控分配泵VP44

它采用内凸轮、径向对置式柱塞供油，分配转子旋转分配的结构；采用高速电磁阀直接控制高压供油量。泵端压力为100MPa，利用高压油管中形成的压力波效应，可使嘴端的喷油压力达到180MPa。供油提前角用高速电磁阀控制，并能控制供油速率和预喷射。

图3-4为径向柱塞式分配泵的结构示意图，定时控制电磁阀调节定时活塞的压力，活塞为达到受力平衡左右移动带动凸轮环相对分配转子转动，从而改变喷油提前角。时间控制式分配泵的核心部件是高速强力电磁阀，由径向柱塞或者轴向柱塞产生的燃油从分配转子的高压腔经电磁阀阀杆的密封端口流向低压腔。当电磁阀通电时，电磁阀杆向左移动，关闭密封端口，阻断了高压腔和低压腔之间的通道，在柱塞的压缩下油压迅速升高，从分配转子经出油阀送往喷油器。当电磁阀断电时，电磁阀阀杆在弹簧力的作用下，向右移动，打开密封端口，高压腔和低压腔之间被连通，压力立刻释放，喷射结束。电磁阀开始通电的时刻决定了高压压力建立的时刻，也决定了燃油往缸内喷射的开始时刻；电磁阀断电的时刻决定了燃油往缸内喷射结束的时刻；电磁阀通电的持续时间，决定了喷射的持续时间，即喷油量大小。

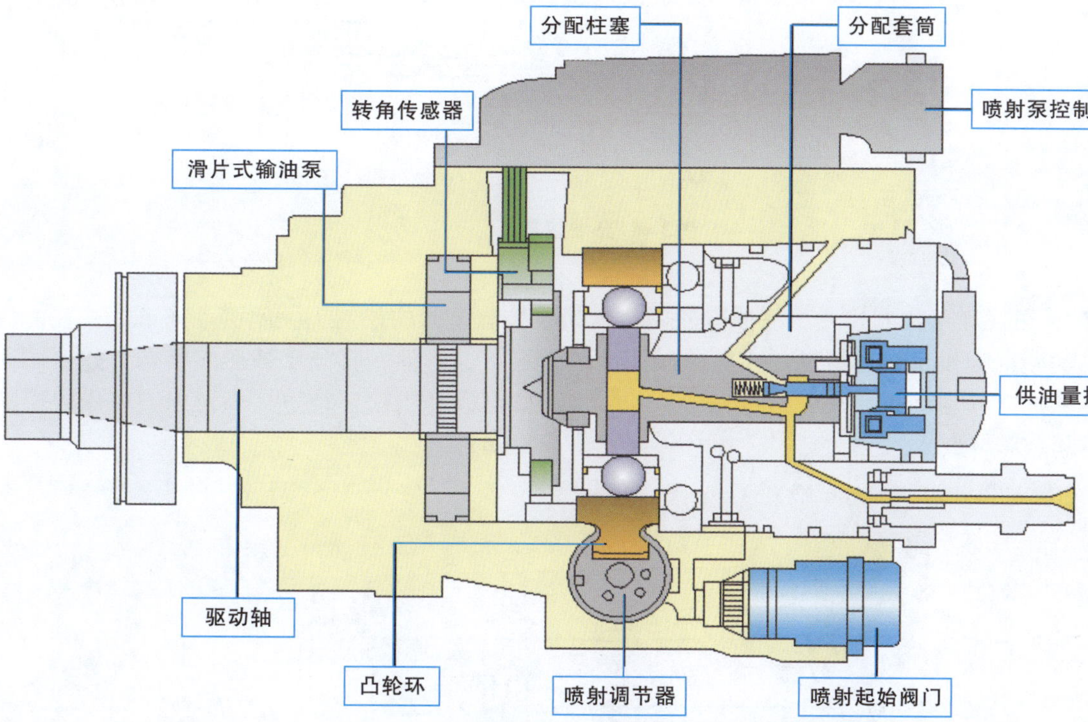

图3-4 时间控制式的径向柱塞分配泵结构图

三、供油量的控制

图3-4和图3-5展示了径向柱塞式电控分配泵高压部分的详细结构。其工作原理如下：分配泵泵轴分为驱动轴和分配轴两部分，并经传动链或齿形皮带以2：1的减速比由曲轴驱动。泵轴转动带动一个凸轮环中的两个径向对置式柱塞对向运动实现泵油。在四缸发动机用的分配泵凸轮环上，有四个对称布置的凸轮齿，因此每个柱塞在每转一周中四次抵达凸轮齿上。凸轮环与柱塞之间的滚轮用来减少摩擦。被径向运动的柱塞压缩的燃油流经一个孔和旋转着的分配轴上的一个出油槽，通过分配套和泵头上的连接管道、出油阀和高压油管进入喷油嘴。燃油的计量由一只电磁阀进行，阀针与分配轴合为一体并一同旋

转，而带有线圈的磁铁组件是固定不动的。

在图3-4的充油过程中，用于控制供油量的电磁阀打开，由于柱塞泵的柱塞此时是向外扩张运动，压缩腔容积迅速变大，低压燃油从分配泵快速进入到压缩腔，并占有了整个压缩腔。

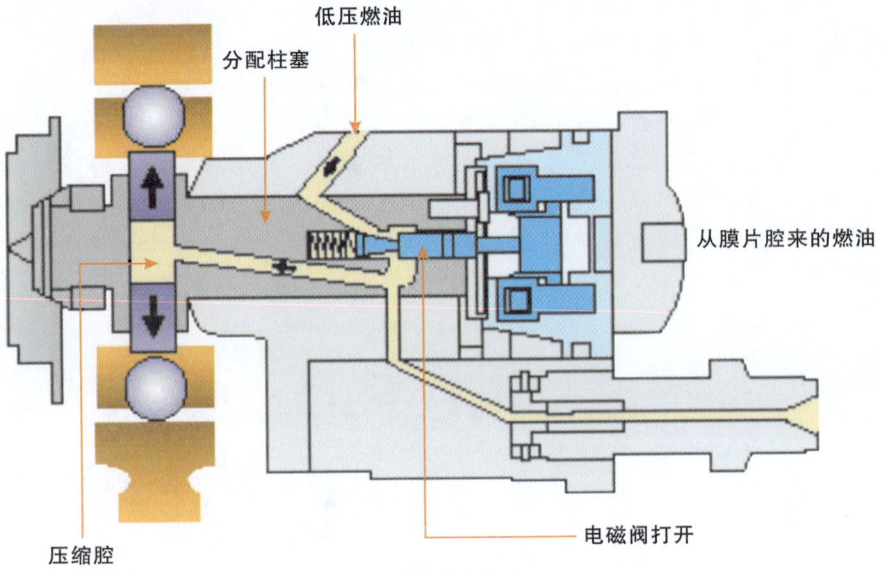

图3-4 充油过程

图3-5为柱塞泵的喷射控制过程，喷油电磁阀在喷射泵控制单元的控制下关闭进油通道，柱塞的径向压缩运动为燃油喷射提供了高压燃油。在电磁阀关闭的情况下，燃油一直处于被压缩状态，并被输送到喷嘴，高压喷嘴产生喷油动作。在喷射过程中，如果电磁阀打开，则喷射结束。高速强力电磁阀控制了喷油器的喷射起点和终点。

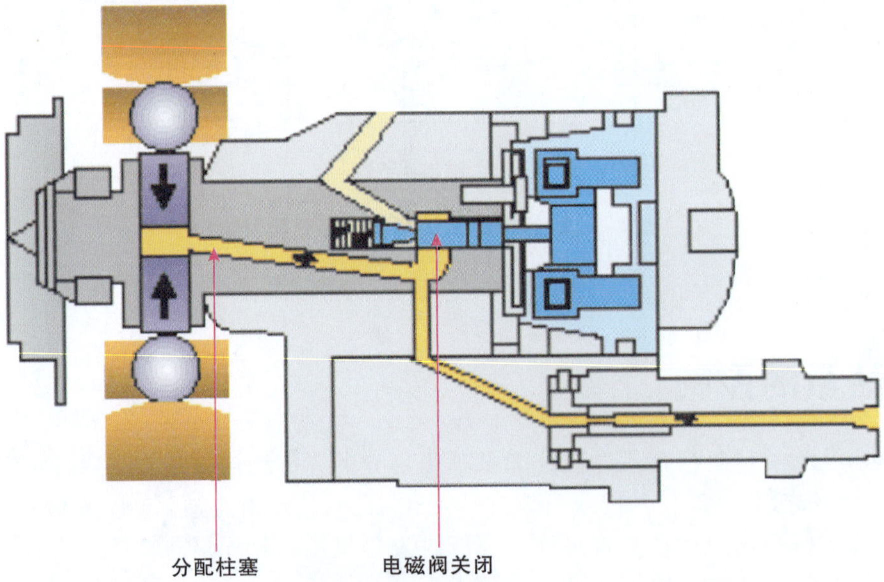

图3-5 喷射过程

四、喷油定时的控制

随着发动机转速的提高，喷射起始的时间会提前，由定时控制机构实现此功能。如图3-6是该径向分配泵的定时控制机构示意图，由定时控制电磁阀打开或关闭从输油泵来的燃油至环腔的通道，在低压燃油的压力和弹簧力作用下，定时控制活塞左右移动，带动凸轮环顺时针或逆时针转动一定角度，从而改变喷油提前角。

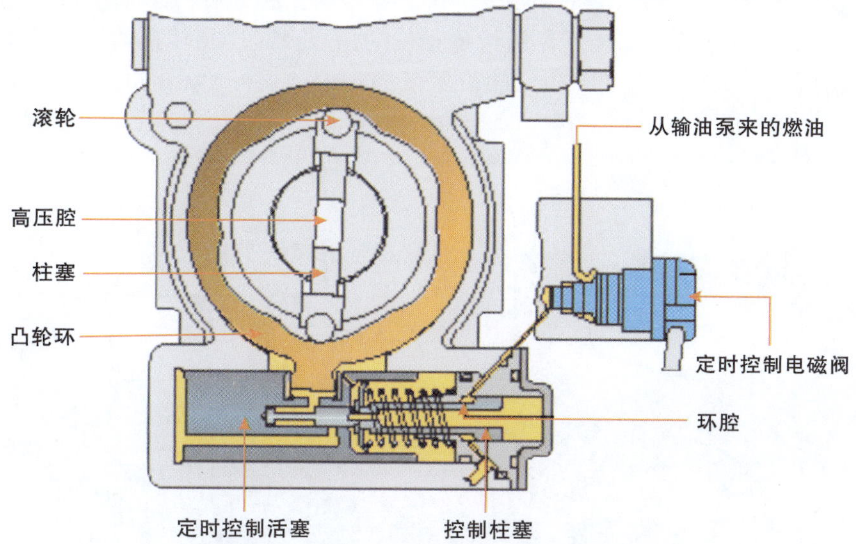

如图3-6 径向柱塞分配泵的定时控制机构

五、喷射控制电磁阀

如图3-7所示，是喷射控制电磁阀在电控分配泵上的位置。

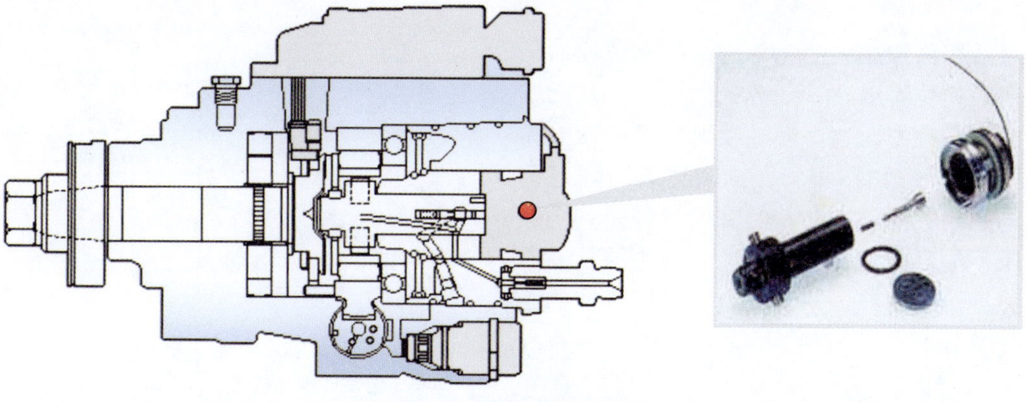

图3-7 喷射控制电磁阀

在时间控制式的电控燃油喷射泵上，对油量控制电磁阀的要求是很高的，这主要是由它的工作环境和工作特点决定的。首先，分配转子上高压腔的压力高达100~160MPa，这么高的喷射压力对电磁阀的密封要求是很高的，而且每个喷射过程，电磁阀都要动作一次，发动机有几个气缸，在发动机的一个工作循环内，电磁阀就要开关几次。为了保证发动机的长时间使用后性能不下降，电磁阀阀杆和阀座的密封面的寿命及可靠性是整个电控喷射系统的关键。

由于是电磁阀控制燃油直接喷到缸内，喷油提前角和脉宽对柴油机动力性、经济性和排放性能影响很大，整个电磁阀的性能参数是时间控制式电控柴油喷射系统中的关键。所以必须严格控制喷射的始点（喷油提前角）和喷射时间对应的曲轴角度。为了满足这个要求，电磁阀的响应必须非常快，目前最快的电磁阀，其动作响应时间已经达到了0.25ms。

为了实现喷射定时（喷油提前角）和喷油脉宽的精确控制，必须有指示发动机凸轮轴或曲轴相位的传感器。在图3-8中，凸轮驱动轴上安装了专门指示相位的信号齿盘以及转速传感器（角度编码器），齿盘上还有齿缺，如图所示，缺齿对应曲轴相位的位置是固定的，这样单片机的控制上能够主动检测到齿缺并进一步确定喷油提前角和喷油脉宽。

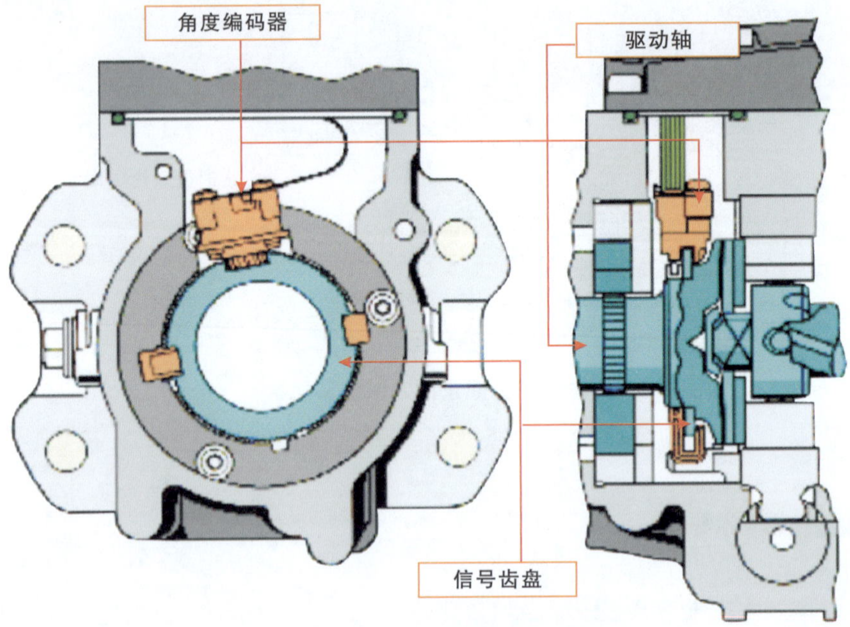

图3-8 凸轮轴转速传感器

由于定时活塞的作用，凸轮轴型线的相位相对于测速齿盘齿缺的相位可以在一定范围内变化，从而实现较大范围的定时控制，这个燃油喷射时序的特点用图3-9来表示更直观。由图可知，在测速齿盘转过的某一角度，电磁阀关闭时，凸轮的有效行程使高压腔内建立起高压，电磁阀阀杆升起喷油。凸轮的泵油曲线在转速传感器拾取的波形图时序内是可以调节的，从而改变喷射提前角。

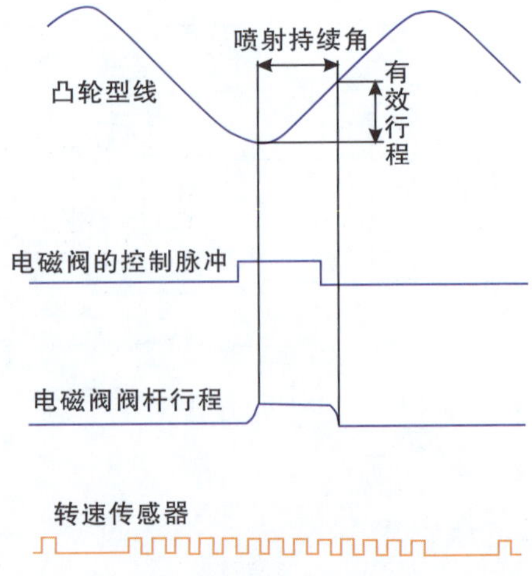

图3-9 喷射过程控制时序

六、油泵控制单元

由图3-1和图3-3可以看出，在油泵的顶部有一个油泵控制单元（PCU），而PCU是由发动机控制单元（ECU）控制的。PCU和ECU的内部都是一个以单片机为核心的模块，PCU直接安装在喷油泵顶部，而ECU则一般是安装在发动机附近或发动机上。PCU和ECU之间通过控制器局域网（CAN）进行通信。如图3-10所示，ECU根据这些传感器信号确定喷射定时和喷油量的大小，并将这些信息发送给PCU，PCU驱动油泵的电子执行器执行喷射定时和喷油量控制。

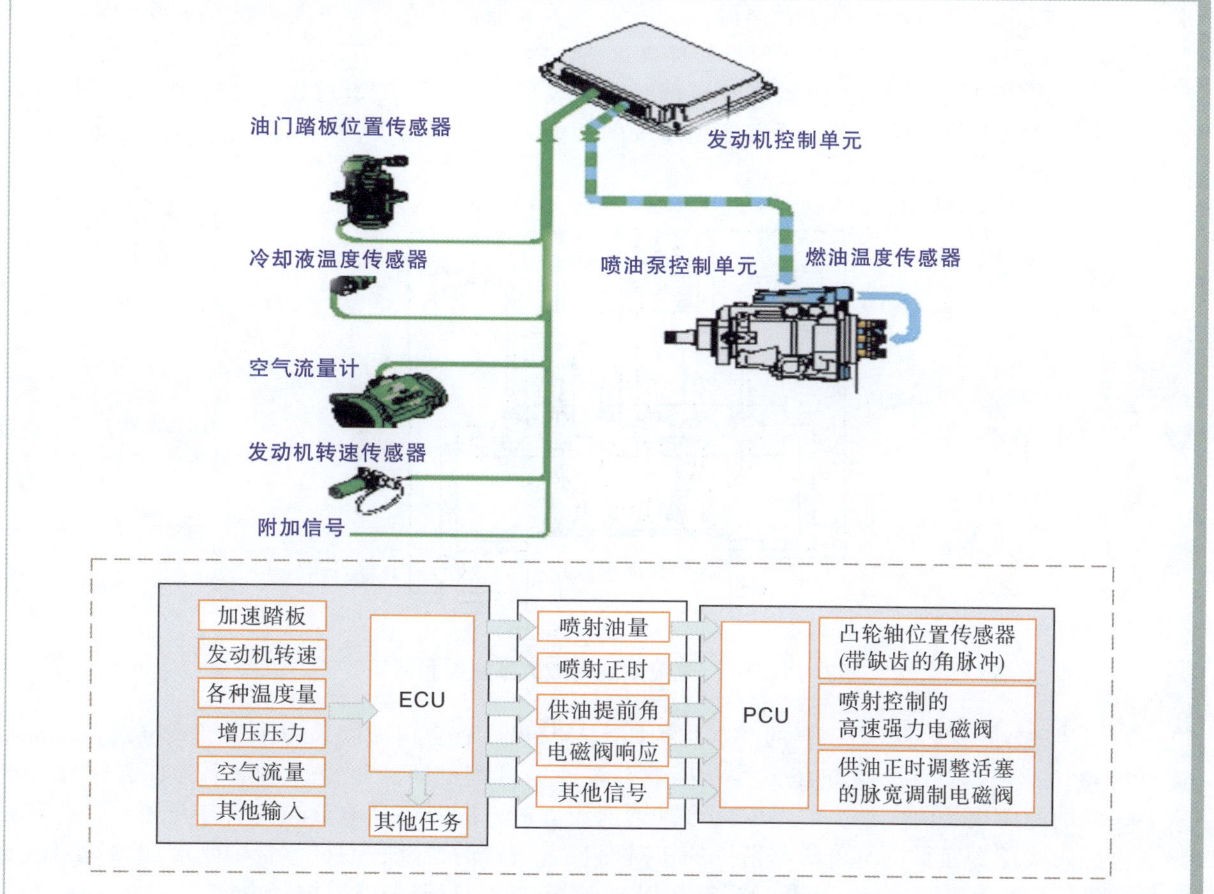

图3-10 ECU和PCU的相互关系

在时间控制式的燃油喷射系统中，PCU和ECU的分开便于发动机和燃油喷射系统的独立研发和生产。一般地讲，电控分配泵（喷油泵）和发动机是不在同一家工厂生产的，只要两者都有标准的CAN协议接口，电控分配泵就可以与不同型号的发动机匹配，喷油泵PCU不用调整，只需调整ECU内部存储器上存储的MAP图就可以了。

两个喷油泵之间，由于喷射电磁阀在加工和制造上的误差，在相同转速、喷油脉宽和喷射定时条件下喷油量并不完全相同，可以在生产时单独标出每个喷射泵的喷油脉宽应对喷油量的速度特性。这样，同一台发动机可以任意换装其他的喷油泵也不会使发动机性能产生较大的影响。因此，PCU和ECU的独立制造便于同型号喷油泵之间的参数进行一致性调整。

情境二：直列泵上的时间控制

一、时间控制式直列泵喷射系统的结构

在传统直列泵上除了实施位置式电控系统外，还可以实施时间控制式的电控系统。如图3-11所示，将原来与直列泵相连的机械调速器（调速齿条、齿轮等）取消，在直列喷油泵出油阀和喷油器之间的高压油管路上，安装一个三通电磁阀，得到了简称为泵-管-阀-嘴（PPVI）式电控燃油喷射系统。同传统的泵-管-嘴的机械式喷油系统相比，发动机各缸都对应安装了一个控制喷射过程的电磁阀。因此，不再需要传统柱塞上的斜槽来控制喷油量，无斜槽柱塞泵的功能只是建立高压，不再具有喷油调节的功能，真正的喷油控制由电磁阀来完成。

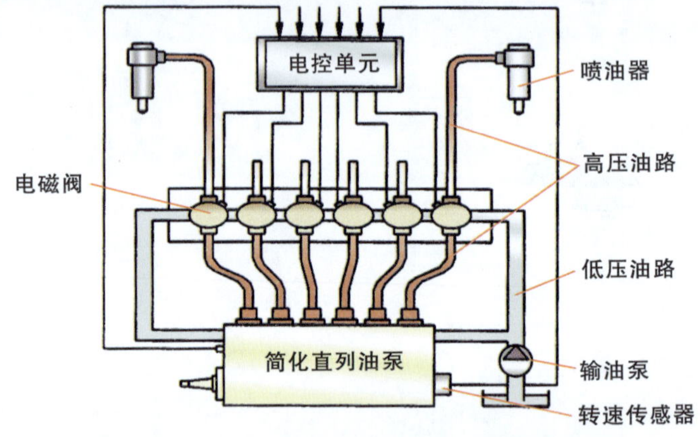

图3-11 PPV1电控系统的液力系统结构简图

PPVI式电控燃油喷射系统电磁阀的基本结构如图2-12所示，该电磁阀采用了多极式电磁铁结构，以使电磁铁在单位面积内产生最大的电磁力；衔铁与电磁铁之间的间隙很小，这是因为在相同通电电流下，两者之间的间距很小时，产生的电磁力可以达到较大值，同时满足电磁阀快速打开和关闭的升程变化要求。电磁阀线圈的匝数、电磁铁与衔铁的正对面积、衔铁的厚度、回位弹簧的刚度和预紧力以及电磁阀密封锥角的角度等都要经过仔细优化设计，以提高电磁阀执行器的喷射控制精度。

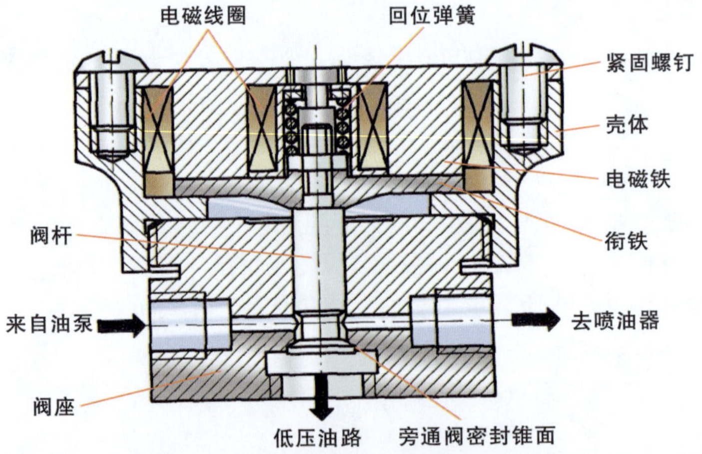

图3-12 PPVI系统电磁阀的基本结构

二、时间控制式直列泵喷射系统的原理

PPVI式电控燃油喷射系统喷射过程的相位计算必需要有一个相位基准，现在凸轮轴末端安装了一个指示凸轮轴相位的转速传感器。如图3-13所示，当柱塞上行时，如果电磁阀通电，则高低压之间的连通被隔断，高压建立，燃油经过高压油管自喷油器中喷出。当电磁阀断电后，电磁阀杆在回位弹簧的作用下打开密封端面，接通了高压油路和低压油路，燃油经电磁阀密封锥面迅速泄压，喷射过程随之结束。电磁阀通电开始时刻决定了喷射定时，电磁阀通电时间的长短决定了喷射脉宽，即决定了发动机的喷油量大小。与分配泵上实施时间控制对喷射电磁阀的要求一样，PPVI式电控燃油喷射系统对电磁阀实施的控制在时间响应上要求也很高。

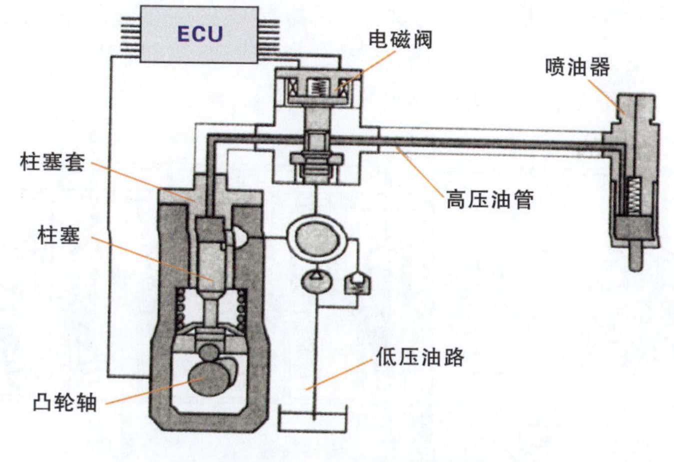

图3-13 PPVI 电控燃油喷射系统的结构图

图3-14为电磁阀线圈驱动电路的示意图，场效应晶体管的M_0为各缸电磁阀共用的高位驱动器，低位场效应晶体管的M_1~M_6为对应各缸电磁阀的选缸驱动器，只有当M_0和M_1~M_6中的一个都导通时，对应缸电磁阀线圈才有电流通过。M_0上的脉宽调制器（PWM）控制信号可以灵活控制线圈电流的大小，其调制频率可达20~25KHz。从发动机ECU或者信号发生装置输出的0~5V控制信号A和B经过相位变换后分别控制高位场效应晶体管M_0和低位场效应晶体管的M_1~M_6。这种以电流控制电磁阀开启的方式与汽油机喷油器的电压控制是完全不同的。

整个喷射过程的控制时序如图3-15所示。安装在凸轮轴末端的转速传感器输出两个基准信号：参考脉冲信号用于指示凸轮轴相位；转角脉冲信号用于指示发动机转速及曲轴位置。发动机ECU根据这两个基准信号和发动机上的其他传感器信号来确定喷油脉宽和喷射定时，发出控制脉冲信号A和B，驱动电磁阀控制喷油量和喷油提前角。

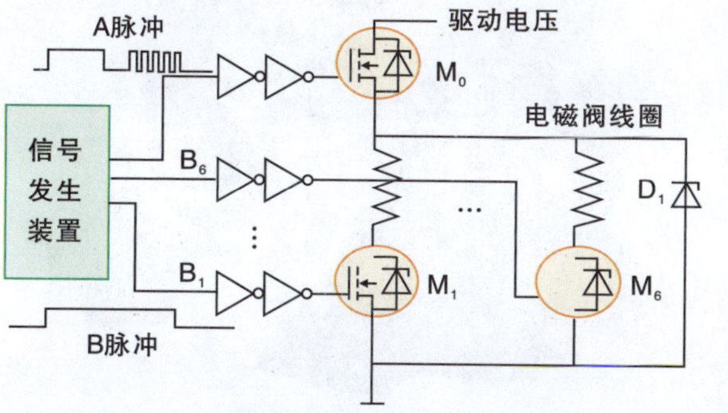

图3-14 电磁阀线圈驱动电路示意图

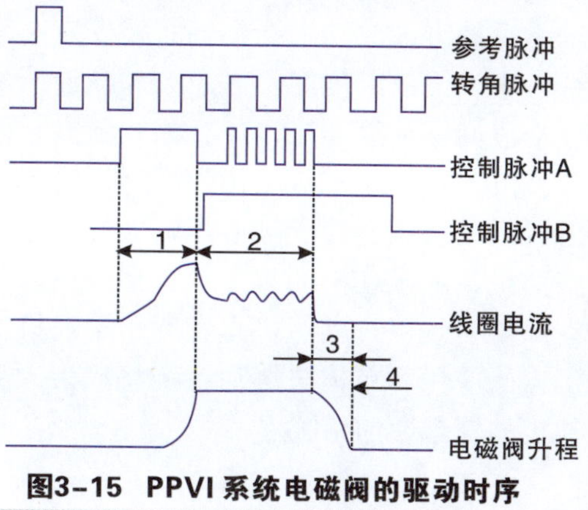

图3-15 PPVI 系统电磁阀的驱动时序

情境三：电控单体泵

一、电控单体泵燃油喷射系统

如图3-16为电控单体泵（EUP）时间控制式电控燃油喷射系统，**电控单体泵喷油系统是一种能够自由灵活调整喷油量和喷油正时、具有高喷射压力的新型燃油喷射系统**。这就为柴油机的燃油喷射过程提供了更为灵活的控制技术，并且大幅度提高了喷油压力，以精确的喷油过程有效地配合高效燃烧控制。采用电控单体泵式喷油系统的柴油机，不仅提高了功率、扭矩，降低了燃料消耗，并且改善了排放，降低了噪声，有效地满足日益严格的国家环保法规要求。

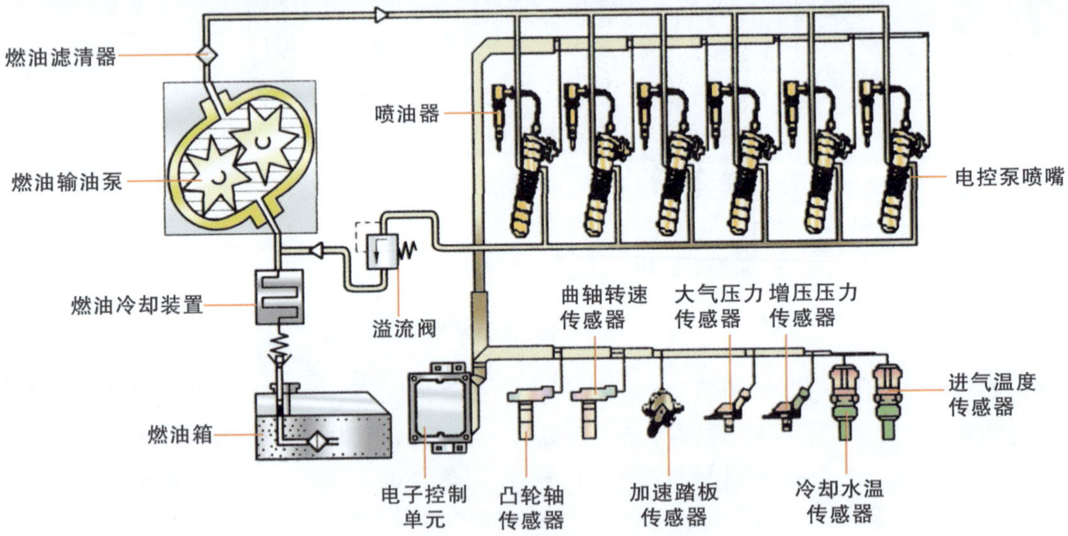

图3-16　电控单体泵燃油喷射系统的组成

电控单体泵在发动机上的安装和布置形式分别如图3-17、图3-18所示，电控单体泵一般采用外挂的方式，像安装直列泵那样将各缸的泵体都安装在一个泵体中。电控单体泵采用凸轮轴中置的方式驱动，凸轮轴直接安装在发动机缸体中，支撑刚度好。高压泵和喷油器之间由一小段高压油管连接，位置相互独立，便于布置；电控单体泵本身结构强度好，适于高压喷射。系统特别适合于缸心矩较大的大型和重型柴油机，除了在柴油汽车上得到应用以外，还在坦克、装甲车辆、机车和船用柴油机上得到了广泛应用，单体泵燃油系统将成为大功率柴油机的理想燃油系统。

图3-17　外挂电控单体泵

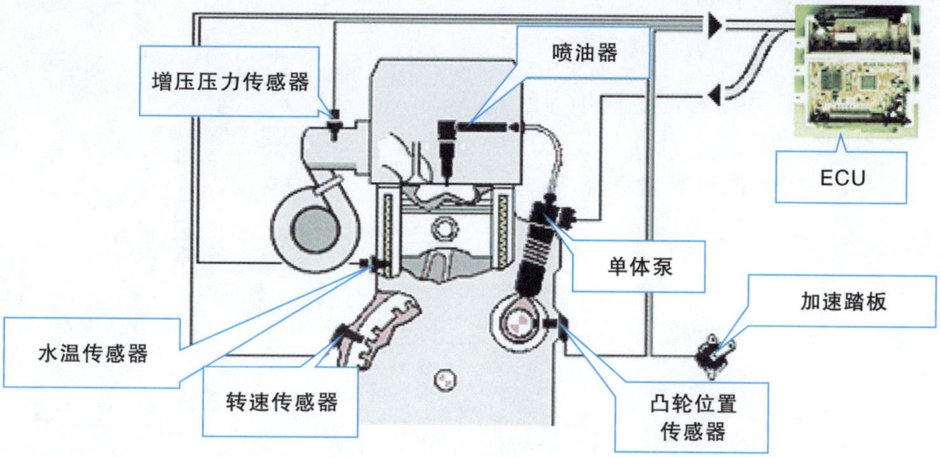

图3-18 外挂电控单体泵的布置形式

二、电控单体泵的结构和工作原理

图3-19所示为电控单体泵结构图，单体泵由喷射控制电磁阀、锥阀、柱塞、柱塞弹簧、高压腔、低压油路及泵体等组成。喷射电磁阀包括电磁阀线圈及电磁阀阀杆，阀杆与锥阀的锥体连为一体，锥阀接通或断开高压腔与低压油路的通道。

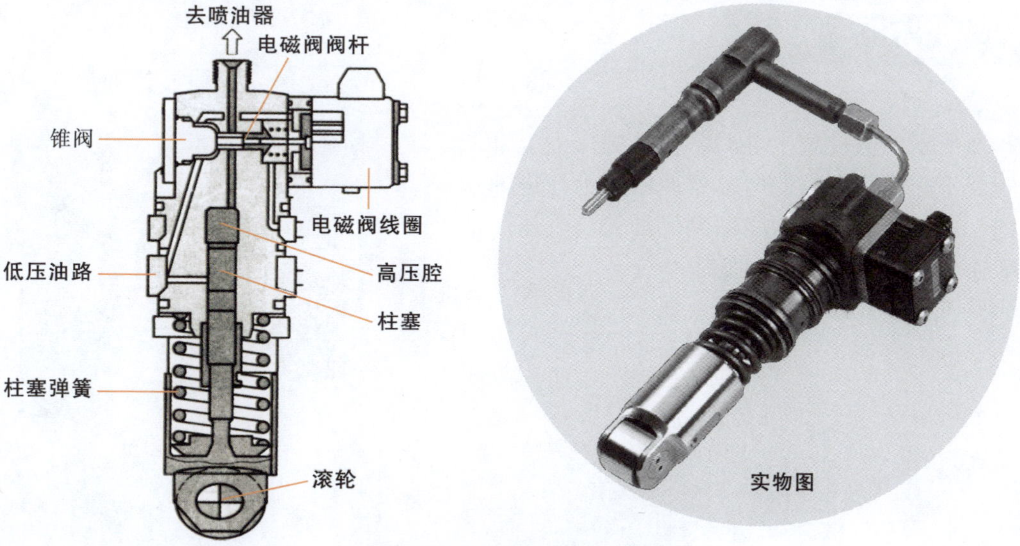

图3-19 电控单体泵结构图

电控单体泵喷射系统的工作过程可分为以下几个阶段：高速电磁溢流阀设在单体泵的出油端，溢流阀断电时，回油道打开，单体泵内的柱塞即使已开始泵油，也不能建立高压，只有当溢流阀通电，回油油道关闭，油压才迅速升高；高压燃油经过一段很短的高压油管进入喷油器使其喷油。溢流阀断电时，回油油道打开，迅速溢流卸压，喷油停止。电磁溢流阀通电的持续时间决定了循环供油量。单体泵的工作步骤如下：

1. 吸油过程

如图3-20所示，当柱塞下移时，喷射系统内部压力将低于低压油路的泵油压力，此时低压系统燃油将通过柱塞套上的进油口进入高压喷射系统。

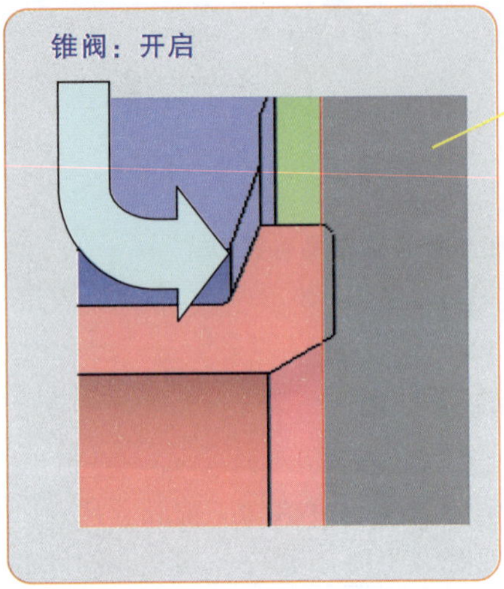

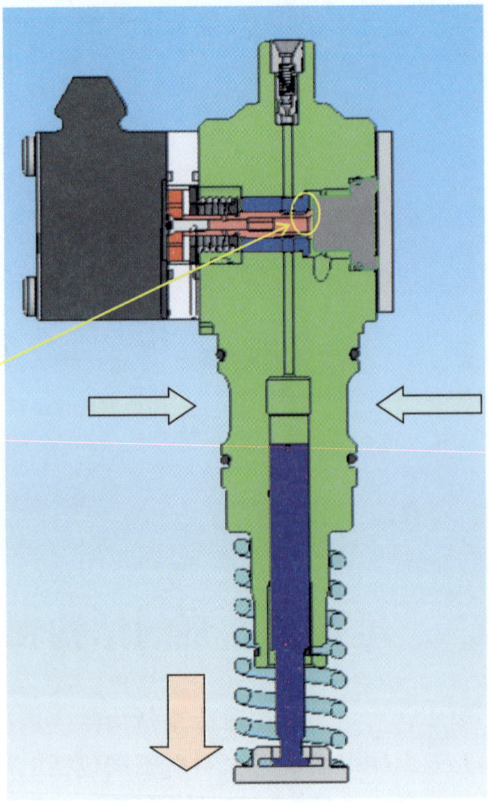

图3-20

2. 旁通过程

如图3-21所示，当柱塞上升时，柱塞腔压力上升，只要电磁阀处于断电状态，此时柱塞腔中压力与进油压力大体相同，燃油通过回油通路回到燃油箱。受压燃油经控制阀旁通口高速泄流，回到低压系统。

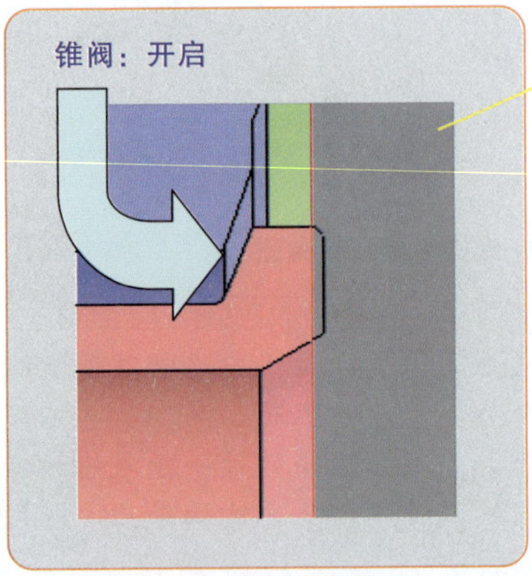

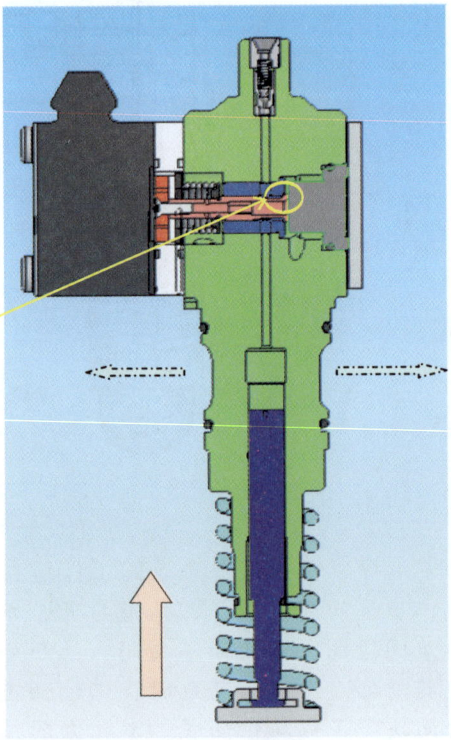

图3-21

3. 喷射过程

如图3-22所示，在柱塞供油行程中，当电控系统根据所采集到的各传感器信号，在某一个特定的时刻发出喷油控制脉冲，通过驱动电路使电磁铁上电，回油通道被关闭，柱塞腔形成一封闭容积，随着柱塞上升，封闭容积中的燃油被压缩，压力迅速上升，嘴端压力急剧上升，当此压力高于喷嘴开启压力时，针阀开启，燃油喷入气缸内。

图3-22

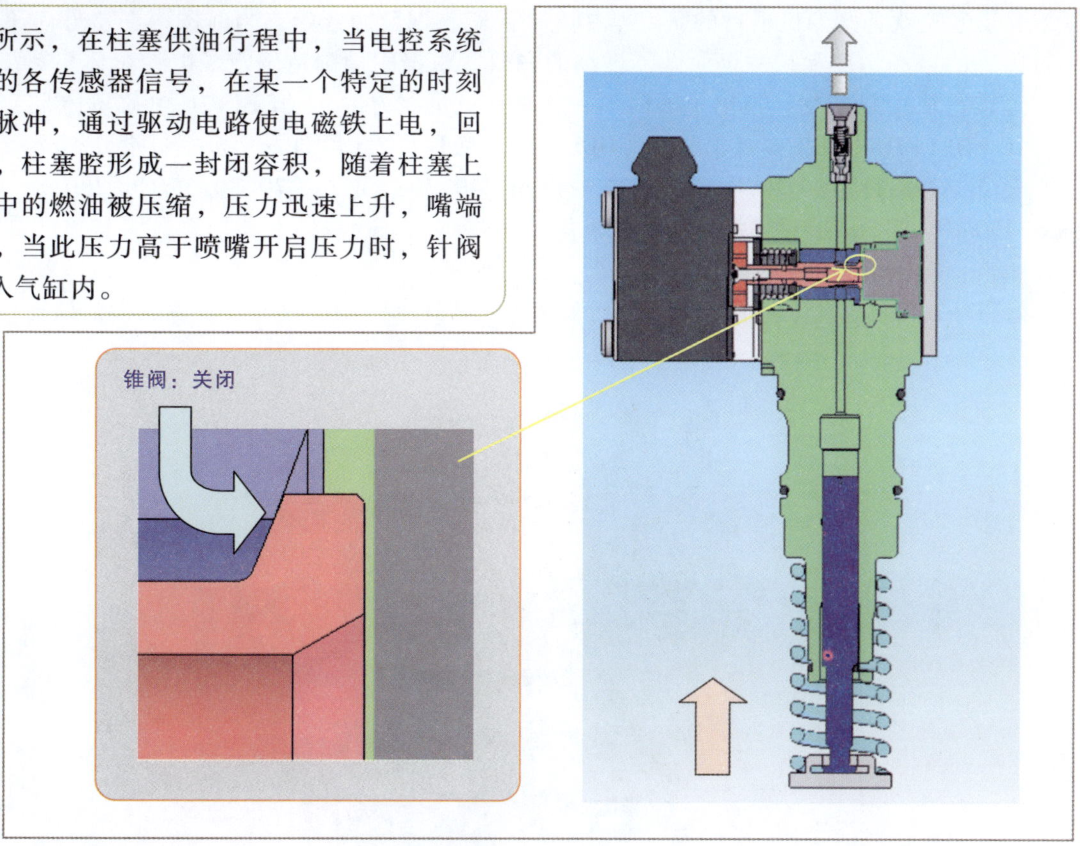

4. 泄压过程

图3-23

如图3-23所示，柱塞继续上行，当控制脉冲终止时，电磁铁断电，回油通路接通，燃油经回油通路溢出，高压燃油经阀口向低压系统泄流，高压油路压力下降，当降至针阀开启压力时，喷油结束。

电控单体泵上的喷油控制电磁阀在整个过程中实际上担负着一个开关阀的作用，它一般处于常闭状态。**其工作原理是：**通过其通电时刻，来控制喷油正时，通过通电持续时间长短，来计算喷油量，实现对喷油量的控制。

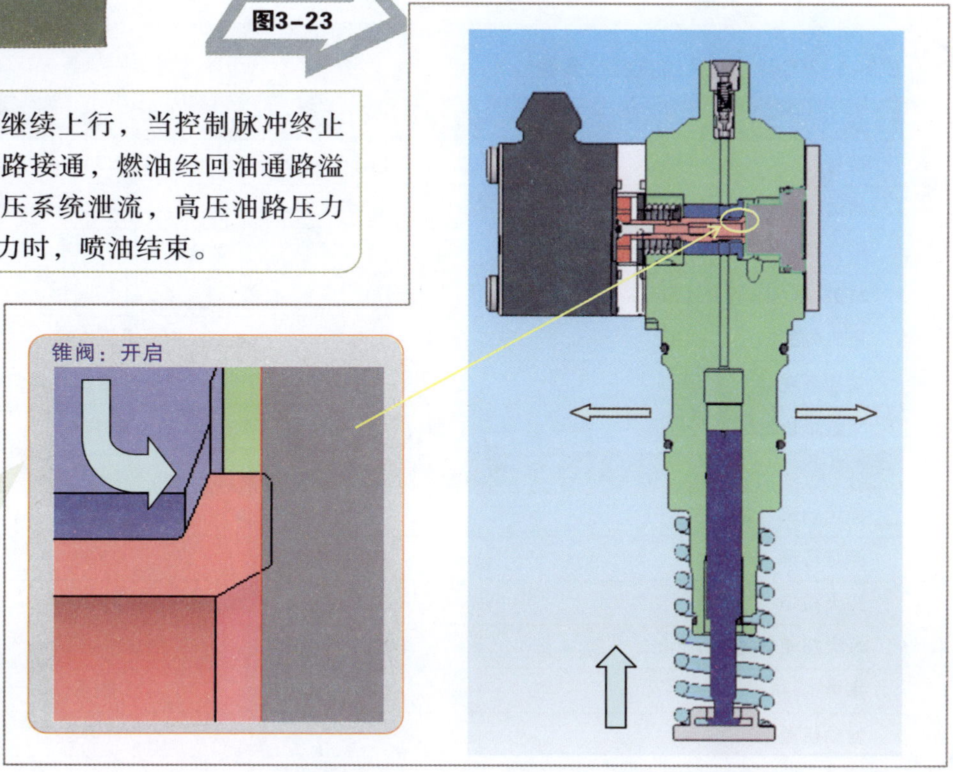

三、德尔福单体泵系统简介

玉柴电控欧Ⅲ柴油机项目的研发早在上个世纪末期已经开始，当时国内在这方面还是一片空白，玉柴对国外的市场情况和相关企业做了详细的调研，根据中国国情确定了电控单体泵系统（EUP）技术路线。玉柴自从2004年初，推出了国内第一款具有批量能力的6G（DELPHI电控单体泵）柴油机以来，已经有6L（DELPHI电控单体泵）、4G（DELPHI电控单体泵）欧Ⅲ发动机批量投放市场。

玉柴YC4G180-30、YC4G210-30、YC6G240-30、YC6G270-30、YC6L280-30、YC6L310-30、YC6L330-30、YC6L350-30系列柴油机采用美国德尔福电控单体泵喷射系统，排放达欧Ⅲ标准，广泛应用在城市公交客车、旅游客车、载货汽车、自卸车和牵引车上。

如图3-24所示，为玉柴YC6L-30系列柴油机，其技术结构参数和技术性能参数如表3-1。

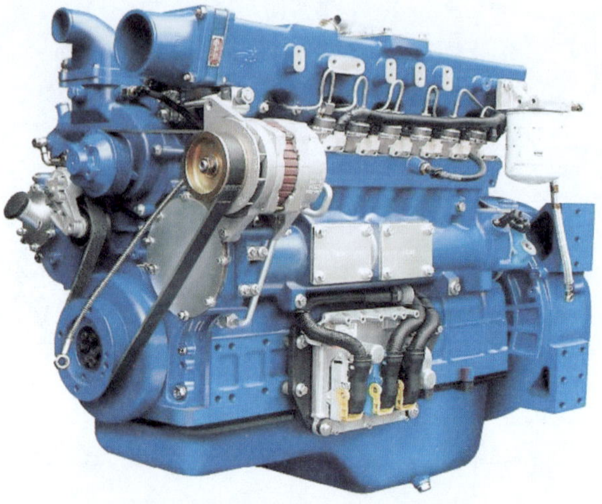

图3-24 YC6L-30系列柴油机

表3-1 YC6L-30柴油机特性参数

主要技术结构参数			
型号	YC6L280-30	YC6L310-30	YC6L330-30
代号	L3800	L3600	L3700
型式	立式、直列、水冷、四冲程		
缸数-缸径×行程（mm）：	6-113×140		
进气方式	增压中冷		
供油系统	德尔福电控单体泵		
气缸排量L：	8.424		
主要技术性能指标			
标定功率（KW）	206	228	243
标定转速 （r/min）	2200		
最大扭矩 （Nm）	1100	1200	1300
最大扭矩转速 （r/min）	1000~1500	1000~1500	1200~1500
排放	欧Ⅲ		
发动机重量	810kg		

1. 燃油供给系统

低压部分主要由燃油箱、油水分离器、手动油泵、输油泵、柴油细滤器、单体泵总成、供油管、调压阀、燃油分配器、燃油温度传感器、回油管等部件组成。低压部分的作用是把燃油从油箱中吸出、过滤，并向单体泵供给0.4~0.7MPa的低压燃油。在进油系统，要求细滤器过滤精度为3～5μm，电动输油泵的输油流量为7～9L/min，供油压力为0.4～0.7MPa，在输油泵的出口处，燃油压力大于0.4～0.6MPa时，安全阀被打开，燃油经回油管流经燃油分配器返回油箱，从而保护电动输油泵不过载。

高压部分主要由电控单体泵、高压油管和喷油器组成。高压部分的作用是将燃油加压、分配和喷射，玉柴欧Ⅲ系列电控柴油机，其喷射系统最高压力达180MPa。

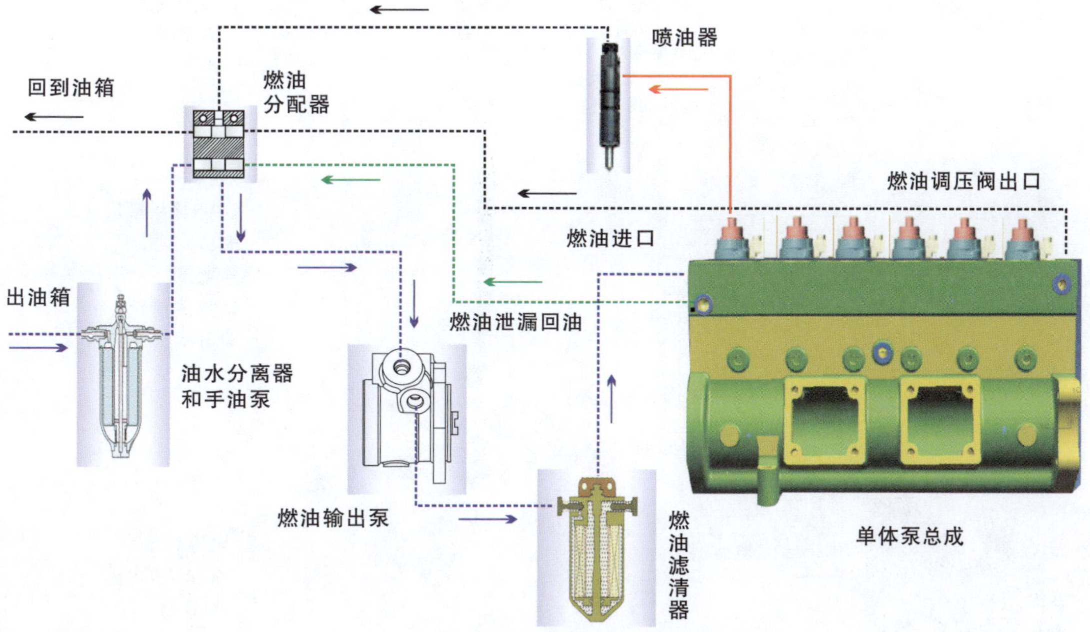

图3-25 燃油供给系统

单体泵总成各部件的润滑采用柴油机机油强制润滑，其润滑路线为：油底壳→机油集滤器→机油泵→机油滤清器→机油冷却器→发动机主油道→单体泵润滑油进口→单体泵总成润滑油道→凸轮轴和滚轮总成→单体泵总成润滑油主回油管→油底壳（或通过单体泵室内部润滑油回油孔经齿轮室回到油底壳）。

2. 单体泵控制系统

玉柴电控柴油机电子控制部分由ECM、传感器和执行器组成。

传感器的作用是采集柴油机、车辆运行信息并把这些信息传递给ECM。电控欧Ⅲ标准柴油机传感器有曲轴转速传感器、凸轮轴位置传感器、加速踏板位置传感器、进气压力/温度传感器、燃油温度/压力传感器、冷却液温度传感器。另外，还有空调开关、排气制动开关、怠速控制开关等信号。

电子控制单元的功用是接收各种传感器和开关等信号，进行运算、分析、比较、判断，根据ECM存储的发动机控制程序向执行器（单体泵电磁阀等）发出指令，实现喷油量和喷油正时的控制。ECM还具有故障诊断功能，当控制系统出现故障时，它会进行识别，当确认为故障时、以故障码的形式进行存储，并使指示灯点亮，提醒驾驶员进行检修。

执行器有单体泵电磁阀（6个）、排气制动阀、风扇控制、水温过高指示灯、故障指示灯等。

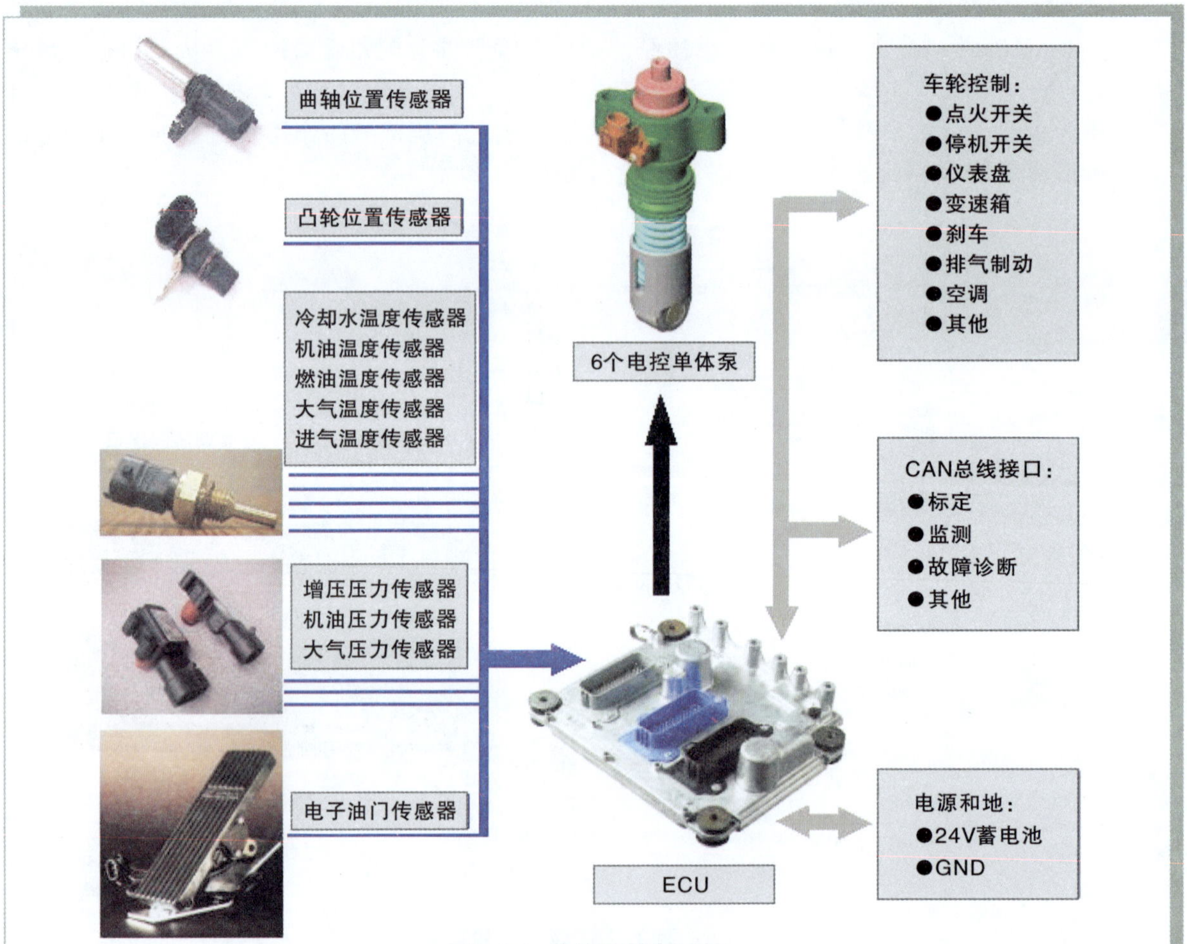

图3-26 单体泵控制系统

德尔福单体泵控制系统ECU可用12V和24V供电，ECU采用Power PC微处理器、橡胶绝缘隔垫、可以驱动单阀的燃油喷射系统、国际先进的CAN现场总线通信技术、可选择的燃油冷却功能，内置大气压力和ECU温度传感器，可以满足欧Ⅳ、欧Ⅴ的排放要求。

图3-27 电子控制单元（ECU）

3. 单体泵总成

如图3-28所示，是德尔福的电控单体泵总成，它的柱塞直径×冲程为Φ11×16mm，工作电压为50V、采用Tyco 2pin接插件、插件上有激光点阵修正码。采用单油槽低压进油，独立泄油、外置燃油滤网，独立的挺柱总成导向定位，高达2000bar的喷射压力，具有独立的电气控制特性。

安装单体泵挺柱滚轮总成时，应注意导向槽和润滑油道的方向，并应保证与单体泵正确的安装关系。

单体泵使用两个螺栓压紧在单体泵壳体上，单体泵的三道密封胶圈应完好无损，保证燃油和润滑油的密封。

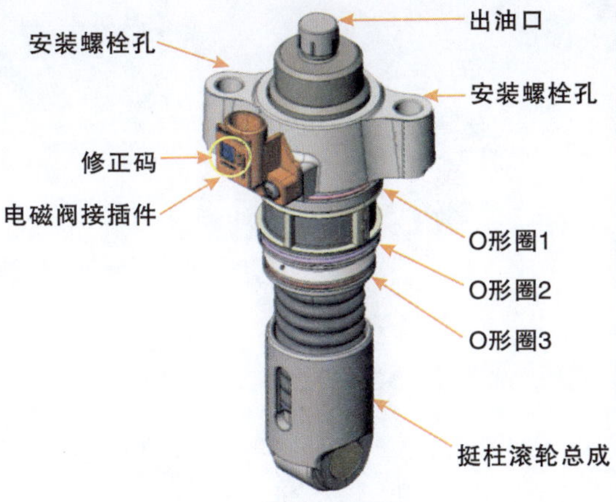

图3-28　电控单体泵总成

如图3-29所示，为德尔福电控单体泵的修正代码表。每一个电控单体泵的电磁阀连接插座上都有唯一的识别码，对单体泵油量特性进行修正，用来保证各缸喷油控制的精确性，达到各缸工作的一致性。在使用前该识别码已输入到相应的ECU，如果更换ECU或单体泵，应重新输入识别码。

	A	B	C	D	E	F	G	H	I	J	K	L	M	N	O	P
1	GB	128	CJ	92	JK	56	BM	20	LL	-16	MB	-52	KJ	-88	DK	-124
2	GB	127	CJ	91	JK	55	BM	19	LL	-17	MB	-53	KJ	-89	DK	-125
3	GF	126	CH	90	JD	54	BE	18	LA	-18	MF	-54	KH	-90	DD	-126
4	GF	125	CH	89	JD	53	BE	17	LA	-19	MF	-55	KH	-91	DD	-127
5	GL	124	CB	88	HJ	52	BK	16	LM	-20	ML	-56	KB	-92		
6	GL	123	CB	87	HJ	51	BK	15	LM	-21	ML	-57	KB	-93		
7	GA	122	CF	86	HH	50	BD	14	LE	-22	MA	-58	KF	-94		
8	GA	121	CF	85	HH	49	BD	13	LE	-23	MA	-59	KF	-95		
9	GM	120	CL	84	HB	48	FJ	12	LK	-24	MM	-60	KL	-96		
10	GM	119	CL	83	HB	47	FJ	11	LK	-25	MM	-61	KL	-97		
11	NE	118	CA	82	HF	46	FH	10	LD	-26	ME	-62	KA	-98		
12	NE	117	CA	81	HF	45	FH	9	LD	-27	ME	-63	KA	-99		
13	GK	116	CM	80	HL	44	FB	8	AJ	-28	MK	-64	KM	-100		
14	GK	115	CM	79	HL	43	FB	7	AJ	-29	MK	-65	KM	-101		
15	GD	114	CE	78	HA	42	FF	6	AH	-30	MD	-66	KE	-102		
16	GD	113	CE	77	HA	41	FF	5	AH	-31	MD	-67	KE	-103		
17	NJ	112	CK	76	HM	40	FL	4	AB	-32	EJ	-68	KK	-104		
18	NJ	111	CK	75	HM	39	FL	3	AB	-33	EJ	-69	KK	-105		
19	NH	110	CD	74	HE	38	FA	2	AF	-34	EH	-70	KD	-106		
20	NH	109	CD	73	HE	37	FA	1	AF	-35	EH	-71	KD	-107		
21	NB	108	JJ	72	HK	36	FM	0	AL	-36	EB	-72	DJ	-108		
22	NB	107	JJ	71	HK	35	FM	1	AL	-37	EB	-73	DJ	-109		
23	NF	106	JH	70	HD	34	FE	-2	AA	-38	EF	-74	DH	-110		
24	NF	105	JH	69	HD	33	FE	-3	AA	-39	EF	-75	DH	-111		
25	NL	104	JB	68	BJ	32	FK	-4	AM	-40	EL	-76	DB	-112		
26	NL	103	JB	67	BJ	31	FK	-5	AM	-41	EL	-77	DB	-113		
27	NA	102	JF	66	BH	30	FD	-6	AE	-42	EA	-78	DF	-114		
28	NA	101	JF	65	BH	29	FD	-7	AE	-43	EA	-79	DF	-115		
29	NM	100	JL	64	BB	28	LJ	-8	AK	-44	EM	-80	DL	-116		
30	NM	99	JL	63	BB	27	LJ	-9	AK	-45	EM	-81	DL	-117		
31	NE	98	JA	62	BF	26	LH	-10	AD	-46	EE	-82	DA	-118		
32	NE	97	JA	61	BF	25	LH	-11	AD	-47	EE	-83	DA	-119		
33	NK	96	JM	60	BL	24	LB	-12	MJ	-48	EK	-84	DM	-120		
34	NK	95	JM	59	BL	23	LB	-13	MJ	-49	EK	-85	DM	-121		
35	ND	94	JE	58	BA	22	LF	-14	MH	-50	ED	-86	DE	-122		
36	ND	93	JE	57	BA	21	LF	-15	MH	-51	ED	-87	DE	-123		

图3-29　德尔福单体泵修正代码表

德尔福单体泵的修正代码如图3-30所示，通过查找修正代码对应的时间参数补偿系数表，就可以得到单体泵对应的补偿系数，每个代码对应两个参数，可任选一个。

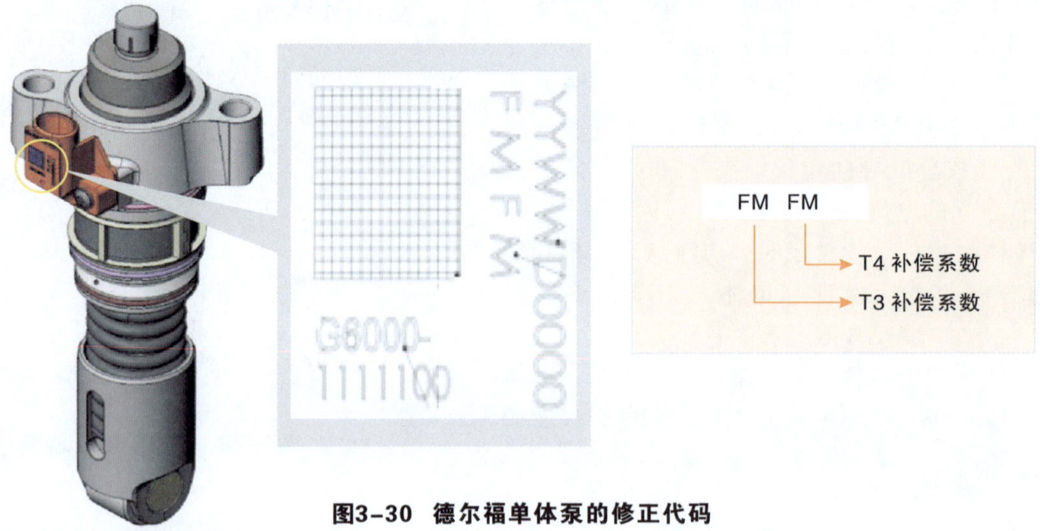

图3-30 德尔福单体泵的修正代码

玉柴电控单体泵系统除了使用德尔福电控单体泵外，还使用国产的威特电控单体泵和湖南衡阳生产的南岳电控单体泵，图3-31为威特电控单体泵结构图。威特电控单体泵有EP1000、WP1000、WP2000等型号，它们的结构和性能参数都不一样。

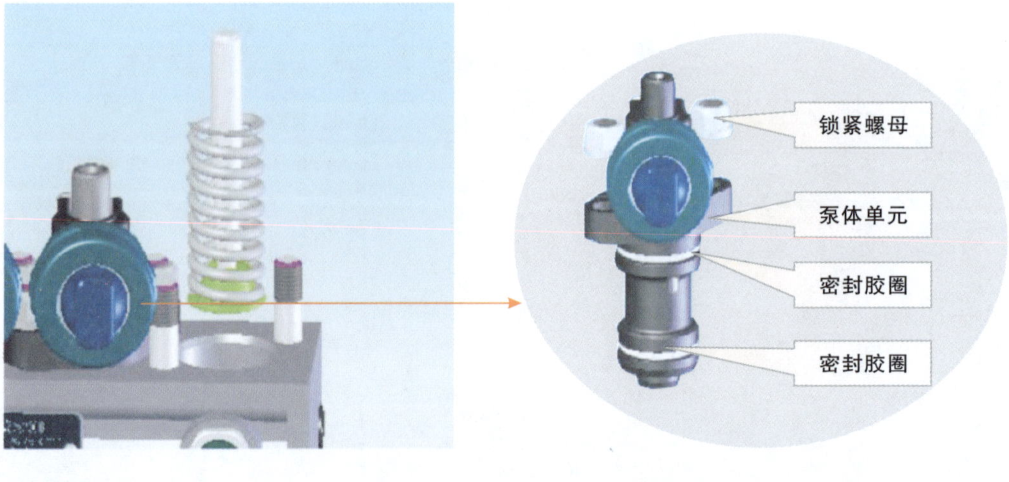

图3-31 国产威特电控单体泵

威特电控单体泵的电磁阀上标有喷油修正码，如图3-32所示，通过电脑软件可以找出代码对应单体泵的参数。

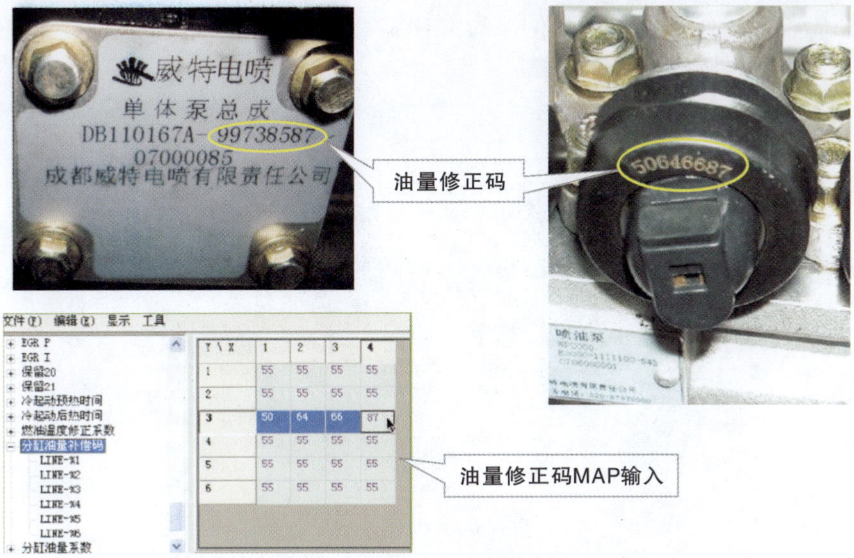

图3-32　威特电控单体泵修正码

图3-33为国产南岳电控单体泵的外形及结构图，该单体泵主要由电磁铁、控制阀芯、柱塞、柱塞套、柱塞弹簧等组成。两密封圈密封低压部分燃油，保持进油压力，电磁阀用四个长螺钉固定在泵体上。

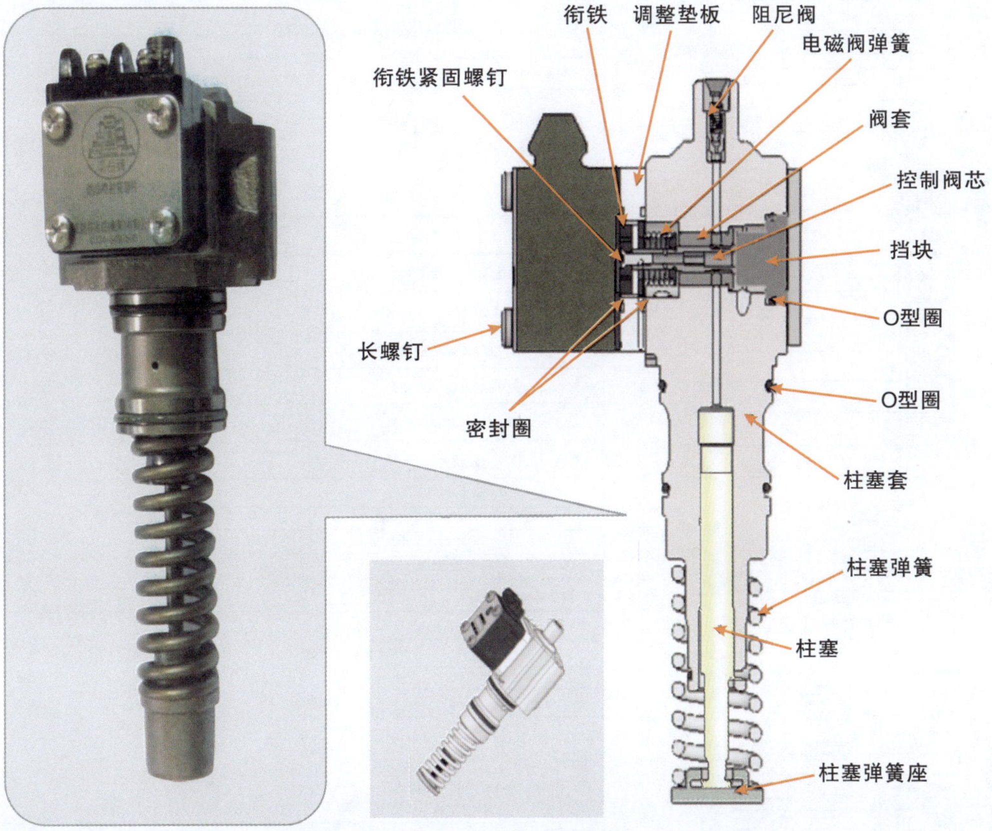

图3-33　国产南岳电控单体泵

衡阳南岳电控单体泵总成如图3-34所示，各缸单体泵安装在一个泵箱内，输油泵也安装在泵箱上，输油泵和单体泵由凸轮轴进行驱动，单体泵的高压泵出油口通过高压管与对应的喷油器相连，图中也标明了单体泵总成上的其他燃油接口及元件位置。

图3-34　衡阳南岳电控单体泵总成

采用德尔福电控单体泵系统的玉柴YC6G240-30发动机ECM电路连接图如图3-35所示。

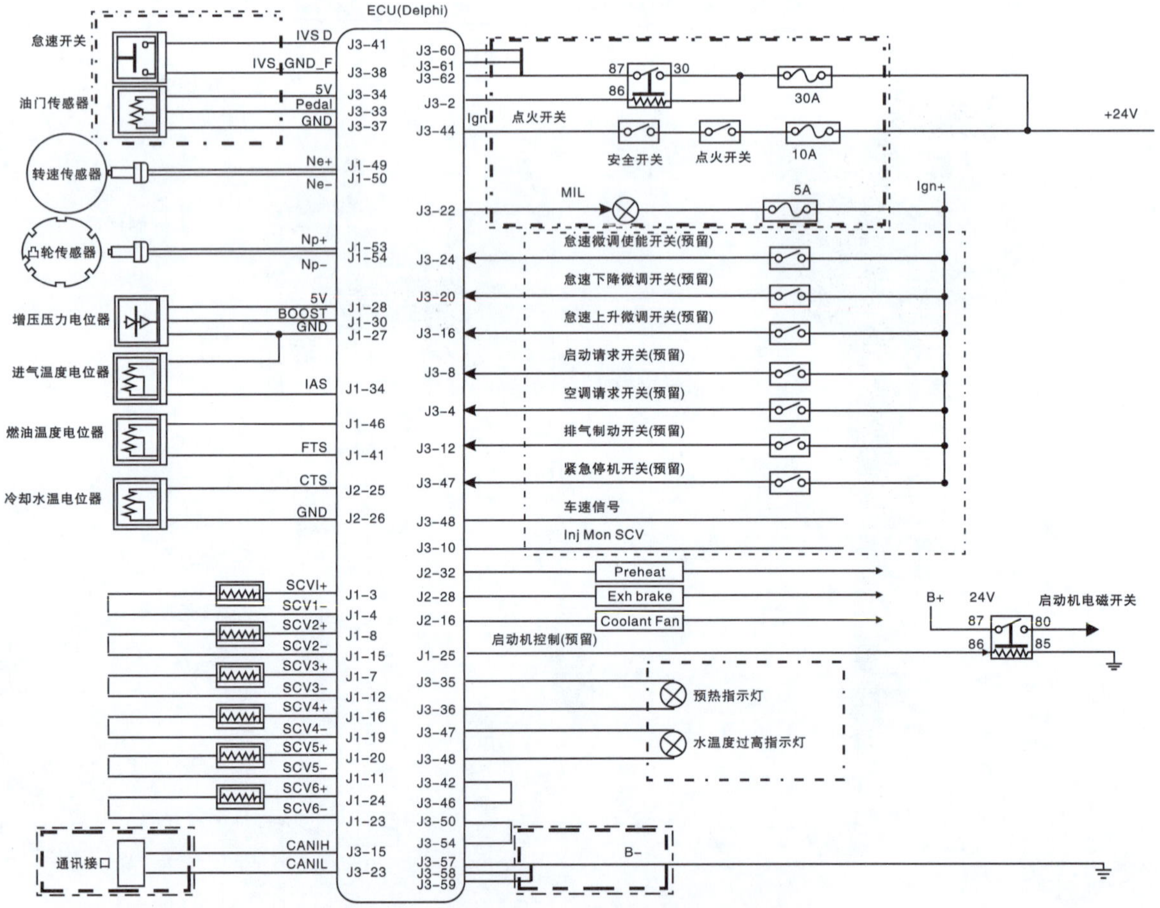

图3-35　YC6G240-30发动机ECU外围接线图

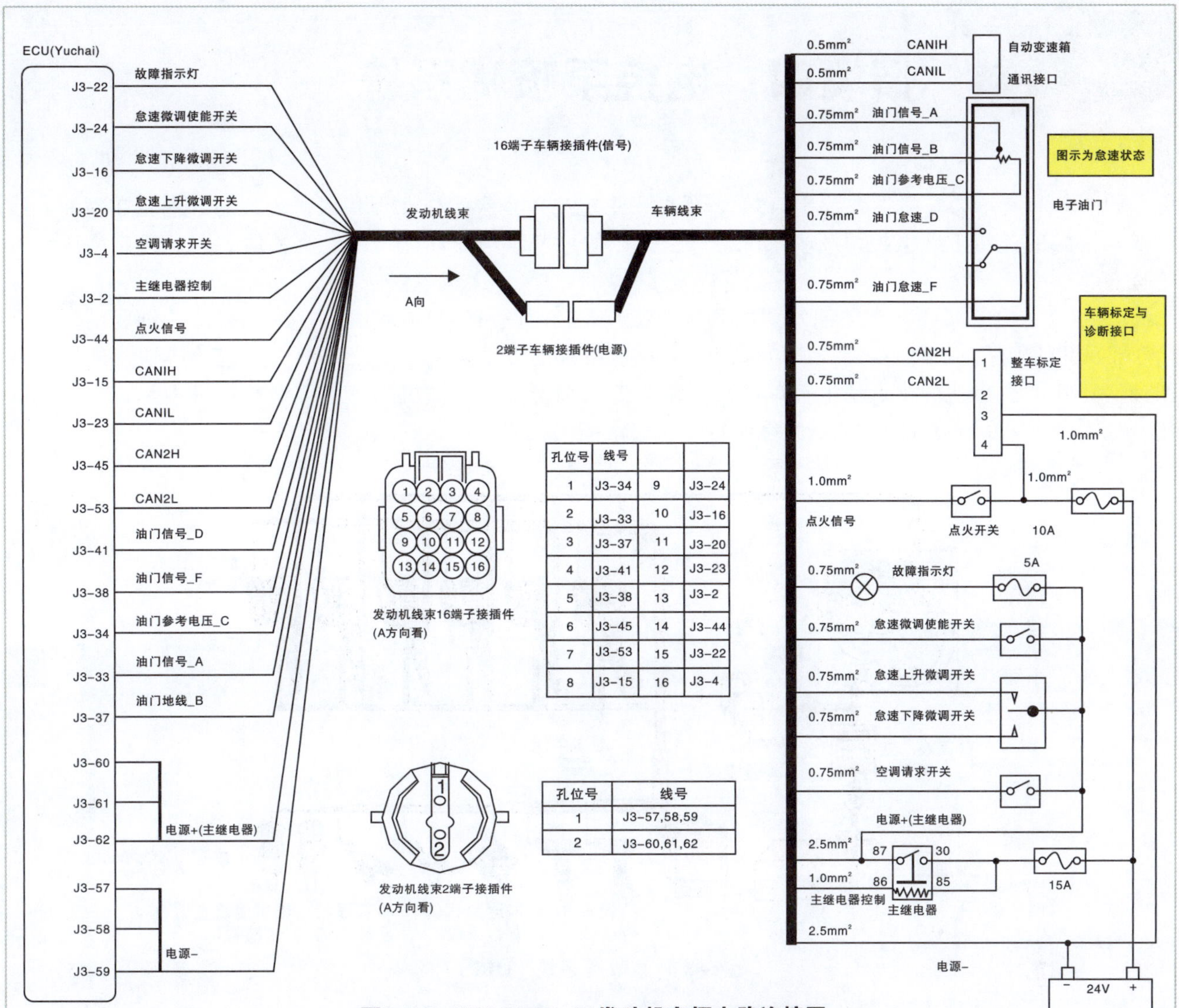

图3-36 YC6G240-30发动机车辆电路连接图

情境四：电控泵喷嘴系统

如图3-37所示为泵喷嘴系统（UIS），泵喷嘴系统与单体泵工作原理相似，最大的区别就在喷油器或喷嘴与油泵的连接上。电控泵喷嘴系统将产生高压的柱塞泵与喷油器合成一个整体，因此没有高压油管连接。

图3-38为电控泵喷嘴在柴油发动机上的安装形式。由图可知，泵喷嘴直接由顶置凸轮轴驱动泵油，由于油泵和喷嘴是一整体安装，所以采用这种喷射系统的发动机结构紧凑，液力系统响应快，能够进行快速高压喷射。上述的优点使电控单体泵在轿车上的小型高速柴油机和车用重型柴油机中都得到广泛应用，如大众宝来的1.9L TDI发动机就是源自这一柴油喷射技术。

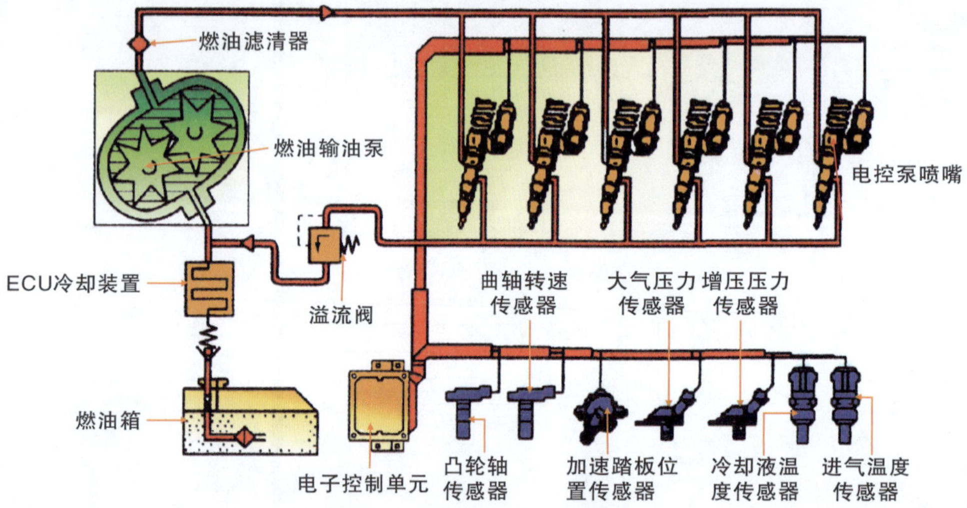

图3-37 泵喷嘴系统（UIS）

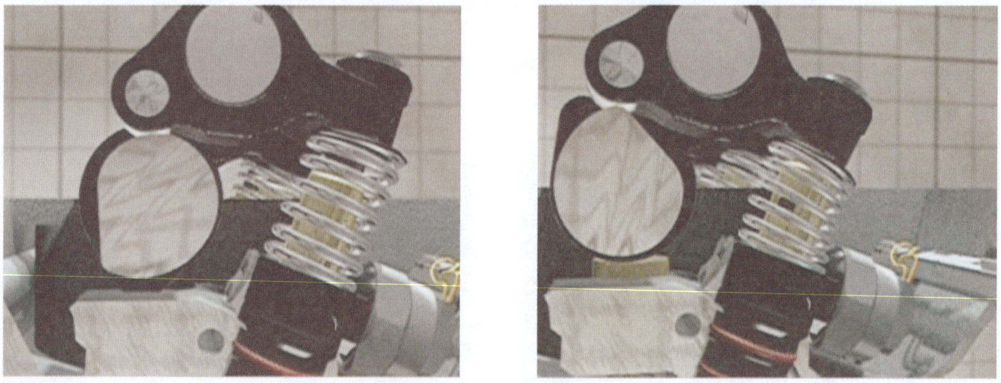

图3-38 电控泵喷嘴的安装形式

如图3-39所示，泵喷嘴直接安装于发动机气缸盖上，由凸轮轴上的喷射凸轮驱动摇臂，再由摇臂推动油泵工作，凸轮轴上的其他凸轮则用于驱动进排气门。泵喷嘴必须安装到位，若泵喷嘴与缸盖不垂直，紧固螺栓会松动，引起泵喷嘴或缸盖的损坏。

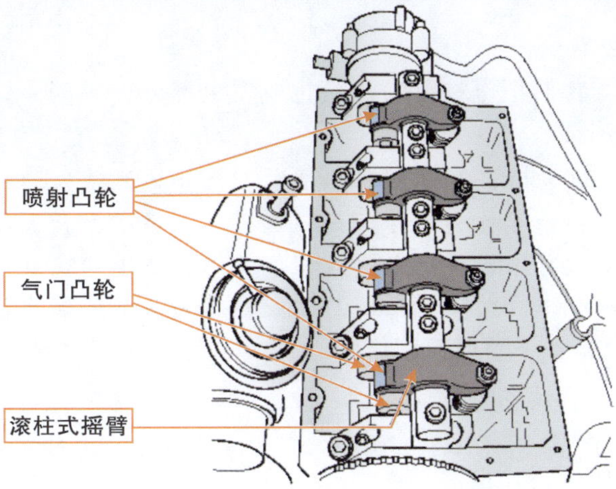

图3-39 电控泵喷嘴的驱动形式

这种驱动方式的缺点是：

发动机缸盖上往往已经安装有配气系统的凸轮轴和摇臂，如果加上油泵的驱动装置则使发动机气缸盖结构复杂，且对凸轮轴及正时齿带驱动产生不均匀高压负荷。

一、电控泵喷嘴的结构

电控泵喷嘴的结构如图3-40所示，**泵喷嘴包括驱动部分、压力产生部分、控制部分和喷嘴。**

其中，驱动部分是由喷射凸轮、滚柱式摇臂、球销和活塞弹簧等组成；压力产生部分指的是压力产生泵，包插泵活塞、收塞活塞以及由泵活塞、收缩活塞和泵体组成的高压腔；控制部分由喷嘴电磁阀、电磁阀阀针等组成；而喷嘴则是由喷嘴针阀、针阀缓冲元件、喷嘴弹簧和喷油孔组成。电控泵喷嘴不仅起产生高压油的作用，还是一个高压喷油器，因此可以说，泵喷嘴是电控柴油机上一个加工要求非常精密的部件。

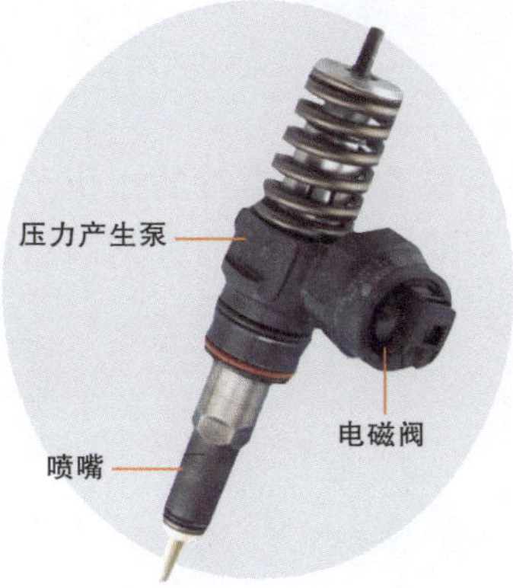

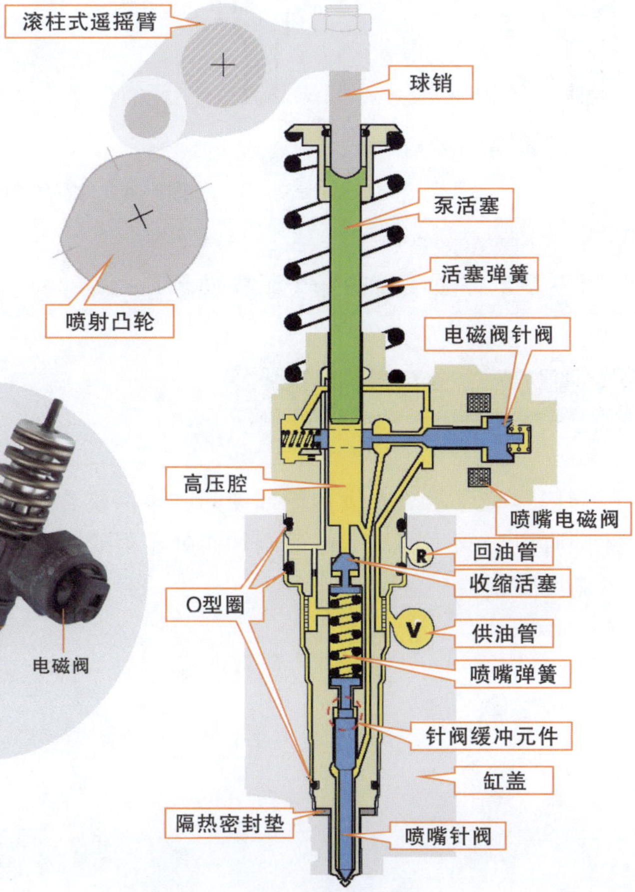

图3-40 电控泵喷嘴的结构

二、电控泵喷嘴的工作原理

为了更容易看懂电控泵喷嘴的喷射过程及原理，我们把电控泵喷嘴简化成三大部分：喷油泵、喷嘴电磁阀及喷嘴。

其基本原理如图3-41所示，当喷油泵的柱塞向下运动时，高压腔容积增大，燃油通过常开的供油通道进入高压腔，这称为充油过程；当柱塞向下压缩时，由于喷嘴电磁阀未通电，溢流通道打开，高压腔内燃油溢流，这叫压缩溢流；在柱塞向下压缩燃油的过程中，喷嘴电磁阀突然关闭，使燃油建立高压，喷嘴开启进行喷射，这叫泵油喷射；在继续压缩的过程中，喷嘴电磁阀打开，高压燃油迅速泄出，喷嘴瞬间关闭，这叫泄压过程。整个过程中，喷嘴电磁阀起到了喷射控制作用。

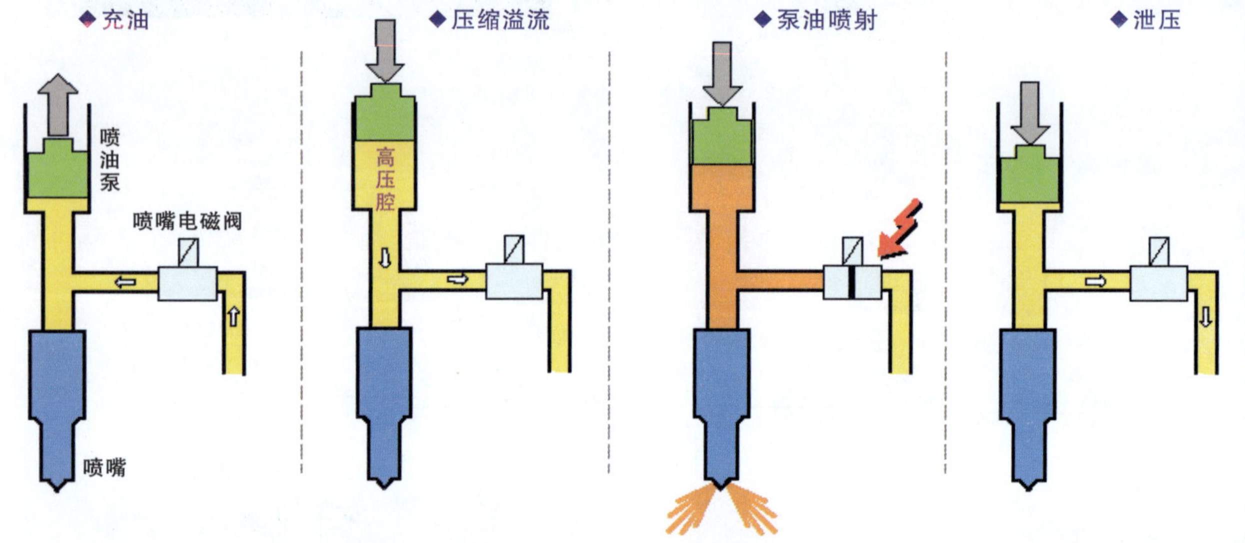

图3-41 泵喷嘴喷射基本原理

以下是电控泵喷嘴的整个工作循环：

1. 高压腔充注燃油

如图3-42所示，在供油循环期间，泵活塞在活塞弹簧的作用下向上移动，这样使高压腔的容积扩大。喷嘴电磁阀不动作，电磁阀针阀处于静止位置，供油管到高压腔的通道打开，由输油泵来的燃油流入高压腔。

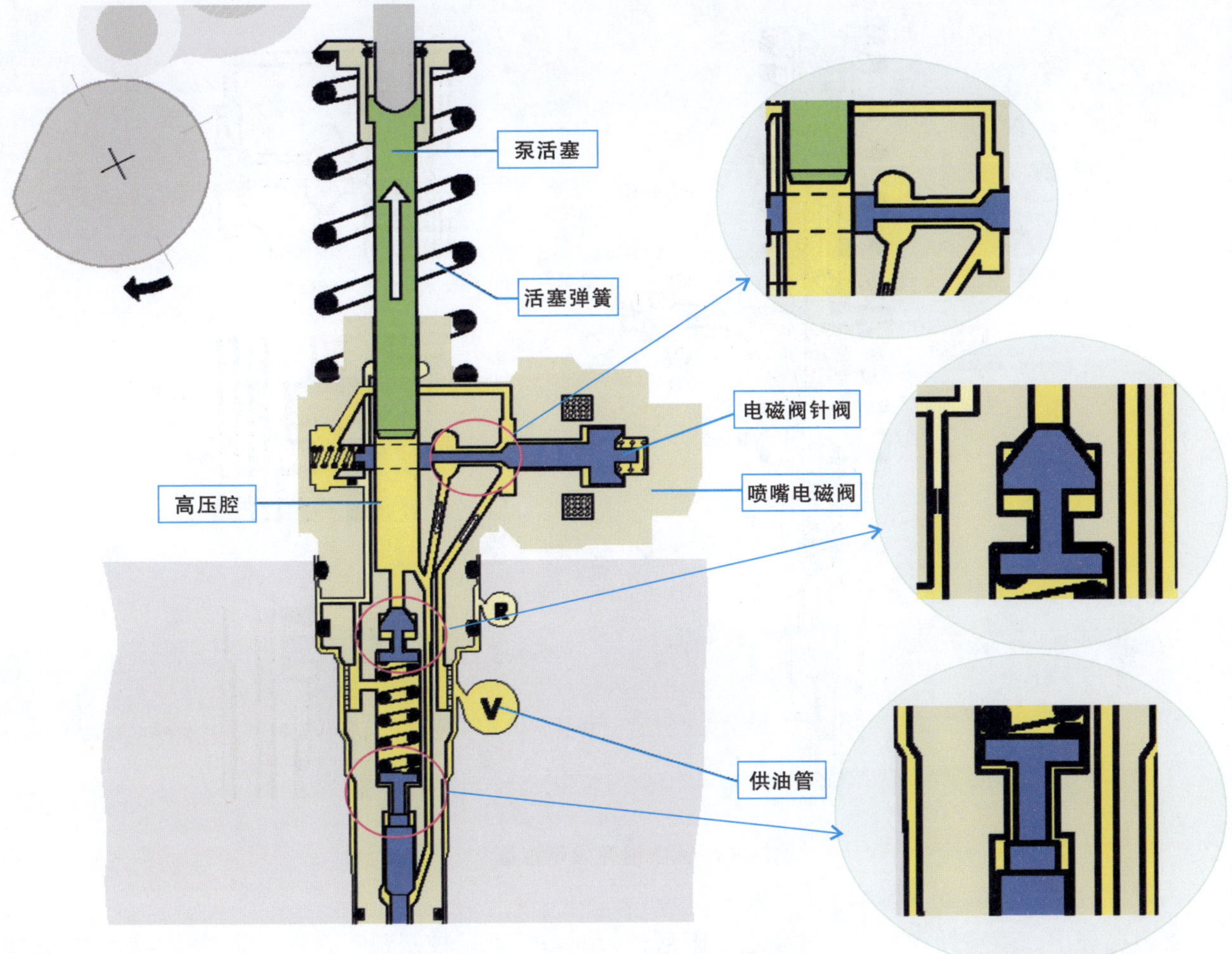

图3-42　高压腔充注燃油示意图

2. 预喷射循环开始

如图3-43所示，喷射凸轮通过滚柱式摇臂的杠杆作用将泵活塞压下，将高压腔内的燃油排出到供油管。发动机控制单元控制喷嘴电磁阀吸合，启动喷射循环。此时，电磁阀针阀被压入阀座内，关闭高压腔与供油管之间的通道，高压腔内开始产生压力，当压力达到18MPa时，针阀克服弹簧压力，喷嘴针阀上升，预喷射循环开始。要注意的是，此时预喷射喷出的高压燃油是少量的。

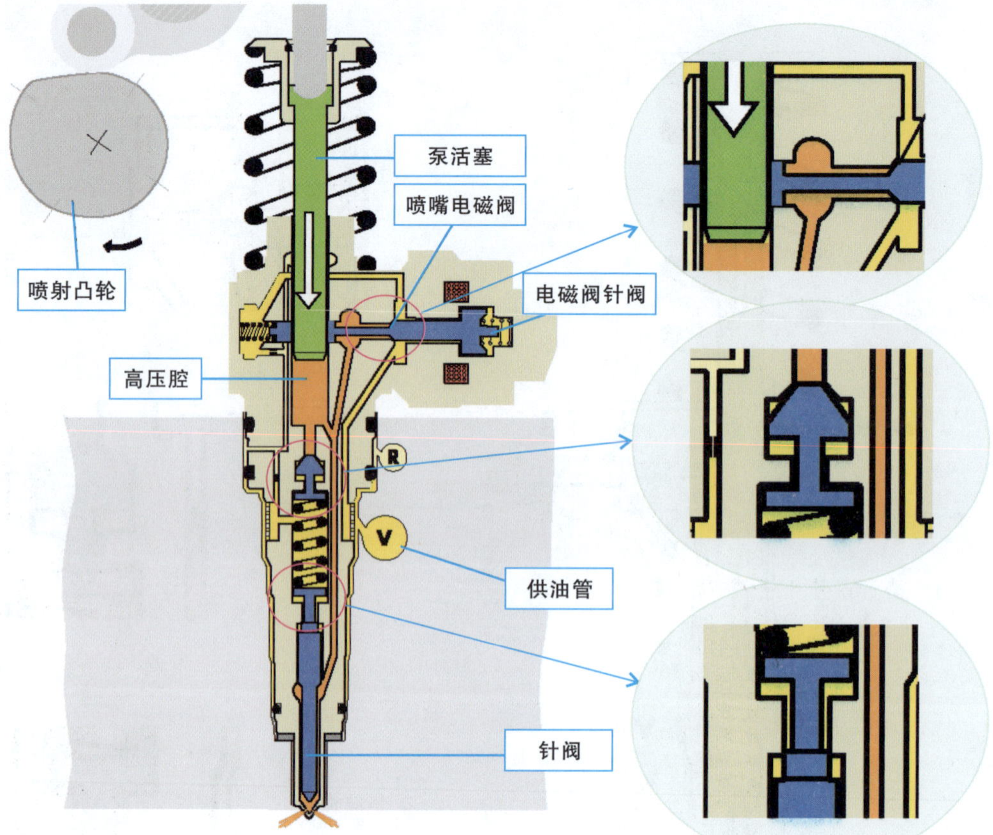

图3-43　预喷射开始示意图

预喷射循环中，喷嘴针阀的行程被阻尼垫阻尼，因此可以准确控制预喷射量。如图3-44所示，在喷嘴针阀打开的前1/3行程中，喷嘴针阀是无阻尼的，泵喷嘴将燃油喷入燃烧室。

当缓冲塞堵住喷嘴壳体的内孔时，针阀上部的燃油只能通过极小的泄油间隙排入喷嘴弹簧室，从而形成液力阻尼垫，限定预喷射循环的针阀行程。

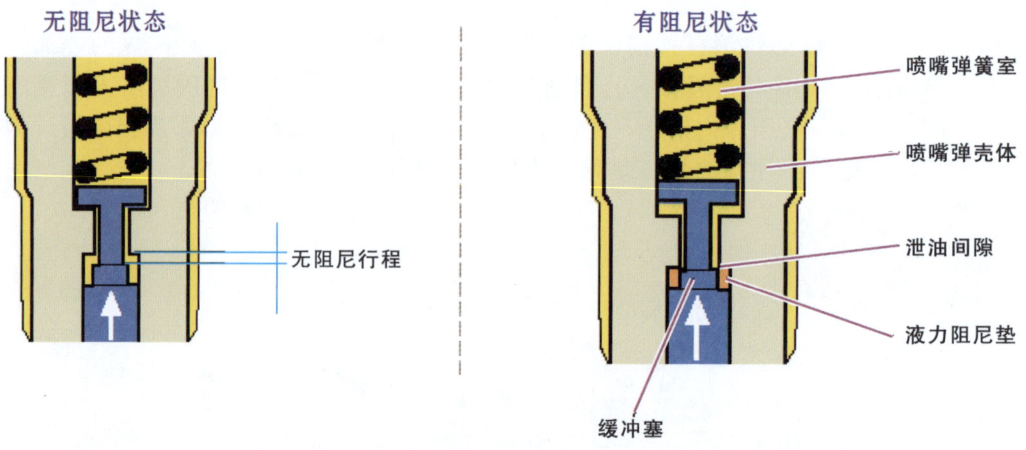

图3-44　喷嘴针阀的阻尼作用

3. 预喷射循环结束

如图3-45所示，高压腔燃油上升的压力使收缩活塞下移，使高压腔容积扩大，于是压力瞬间下降，这时，施加在喷嘴针阀上的弹簧力和液体压力增加，因此喷嘴针阀关闭，预喷射结束。

收缩活塞下移增加了喷嘴弹簧的压紧程度。若想再次打开喷嘴针阀，油压必须比预喷射过程中的油压高。

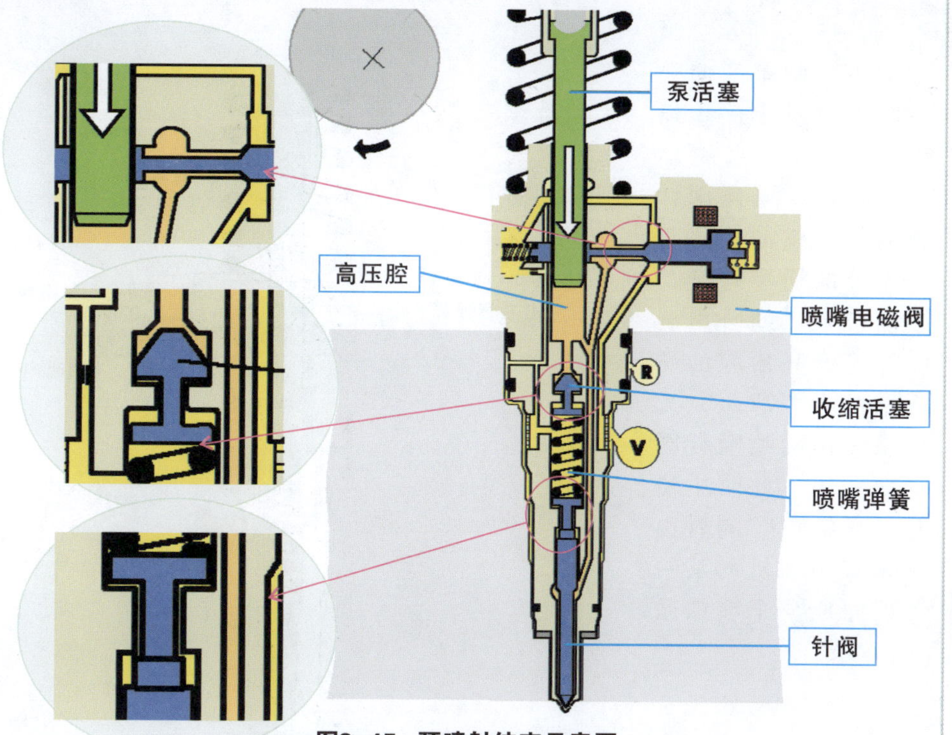

图3-45 预喷射结束示意图

4. 主喷射循环开始

在喷嘴针阀关闭后的短时间内，高压腔内压力立即重新上升。这时喷嘴电磁阀仍然关闭，泵活塞下移。约30MPa时，燃油压力高于喷射弹簧作用力，喷嘴针阀再次上升，主喷射循环开始。喷射过程中，进入高压腔的燃油多于经喷嘴喷出的燃油，压力不断上升，最高可达205MPa。主喷射的循环过程如图3-46所示。

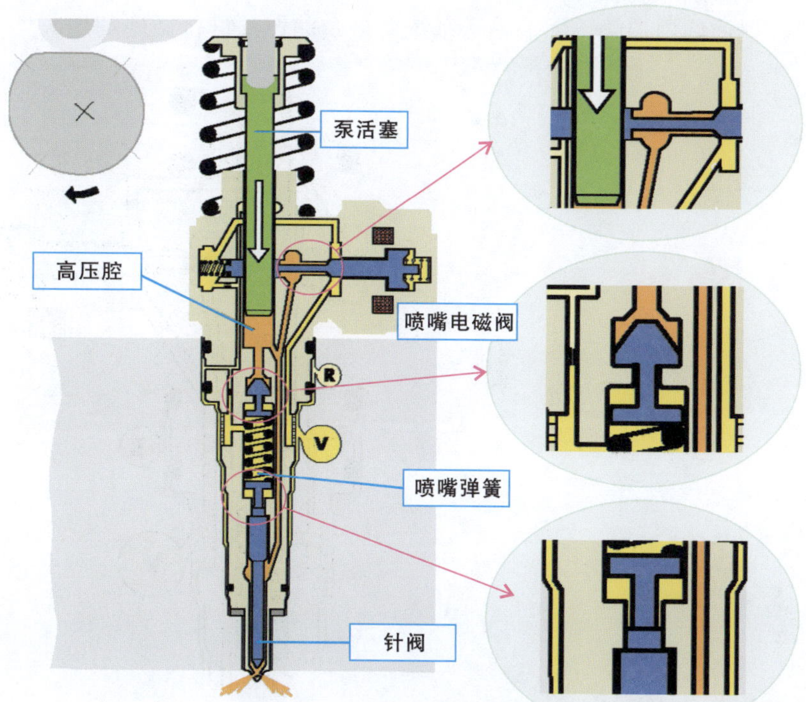

图3-46 主喷射开始示意图

5. 主喷射循环结束

如图3-47所示，当发动机控制单元向喷嘴电磁阀发出停止喷油的指令后，喷嘴电磁阀断电，电磁阀针阀回位，供油管路与高压腔的通道打开，燃油被泵活塞排出到供油管，高压腔的高压燃油立即泄压，无高压作用的喷嘴针阀立刻关闭。此时主喷射循环结束，同时也意味着发动机的某一气缸完成一个喷油循环。

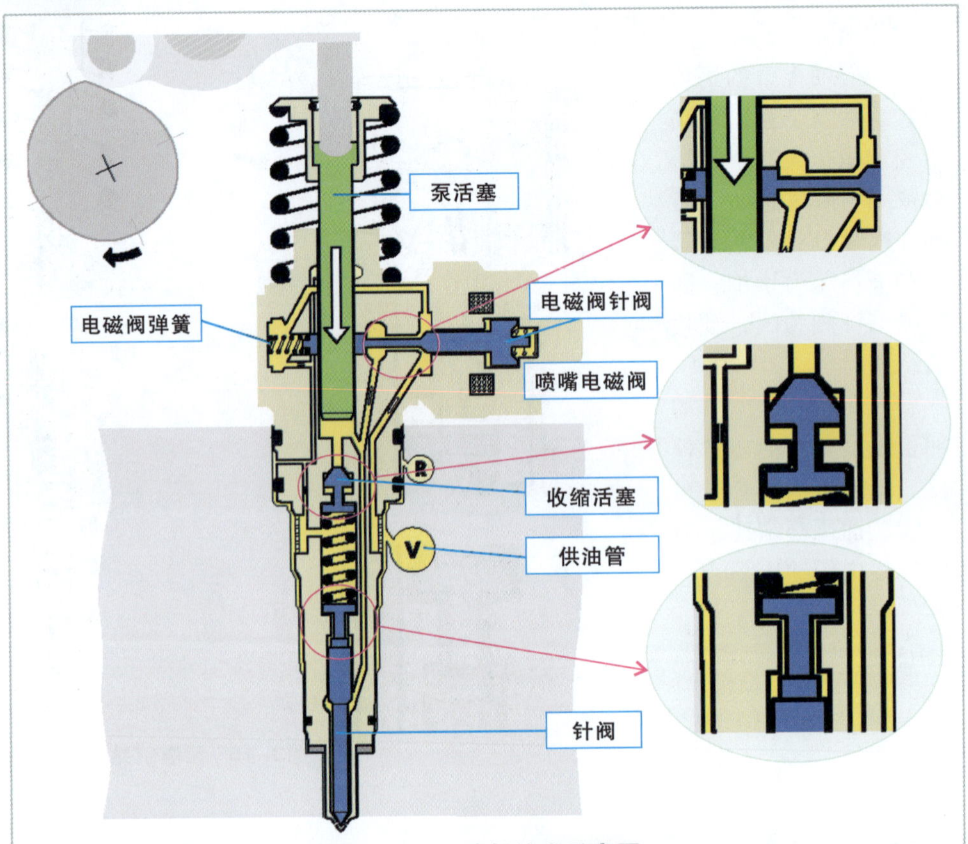

图3-47　主喷射结束示意图

在泵喷嘴的喷射循环中，供油管提供的多余燃油与泵喷嘴动作产生的泄压燃油都通过图3-48所示的节流孔返回到回油管，燃油输送系统对多余的燃油进行循环利用。

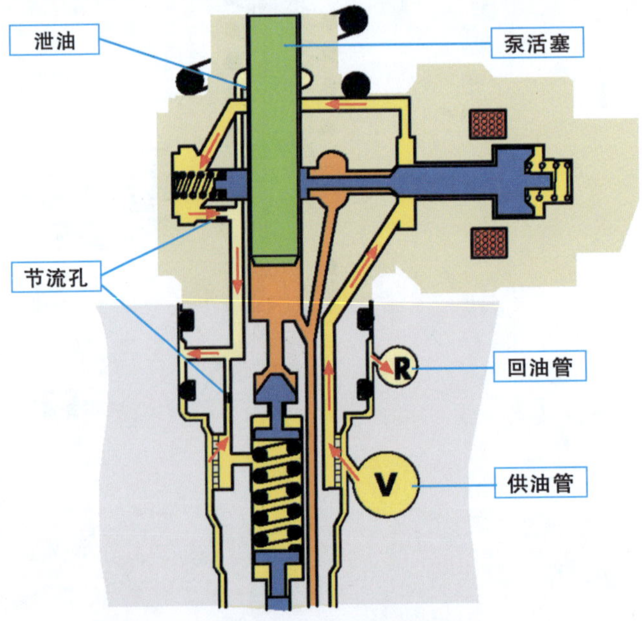

图3-48　燃油返回泵喷嘴及回油管

三、电控泵喷嘴与单体泵的共同特点

DDEC公司的DDEC Ⅱ、德尔福公司的EUI 200以及博世公司的UIS是典型的电控泵喷嘴系统。通过对电控单体泵及电控泵喷嘴系统的描述可以看出：尽管这些时间控制式电控喷射系统的电磁阀与产生高压的柱塞泵安装方式有所不同，但是都具有以下共同特点：

产生高压的方式相同。都是凸轮轴驱动柱塞压缩高压腔内的燃油产生高压，因此凸轮轴和凸轮线型轮廓的设计对供油速率很关键。

喷嘴电磁阀直接控制每个喷射循环过程，电磁阀的关闭时刻决定喷射始点，关闭的持续时间决定了喷油量，电磁阀的响应时间非常快，都在1ms以内。

各缸的喷射过程都由各自的电磁阀独立完成，因此各缸的控制命令和参数可以个性化设置，电磁阀在发动机ECU的控制下按照喷射时序完成喷射动作。

这些系统都必须有凸轮轴传感器和曲轴转速传感器来提供基本喷油信息，从而实现正确的喷射顺序、精确的喷射正时及喷油脉宽控制。

每个喷射循环只能够实现一次预喷射。由于供油凸轮对应的有效供油段是有限的，因此预喷射的次数和范围都受到凸轮上升曲线的限制。

时间控制式柴油喷射系统的特点

本章节对第二代时间控制式电控柴油喷射系统的结构与工作原理作了一个全面的介绍，下面对此类喷射系统的特点进行总结。

1 产生高压的装置与第一代位置控制式系统相同。位置控制式直列泵与时间控制式的直列泵，都是柱塞和柱塞套配合产生高压，都需要用凸轮轴来驱动柱塞，用压缩燃油的方式产生喷射需要的压力。时间控制式产生高压的装置类型更多，包括在分配泵、直列泵、泵喷嘴和单体泵。

2 油量控制和调节装置与第一代位置控制式系统已经完全不同。第一代位置控制式系统直列泵上，都依赖柱塞上的斜槽与柱塞套上的回油孔之间的相对位置来完成喷油量的调节；而第二代时间控制式则完全取消斜槽，直接由电磁阀的动作来完成每个喷射过程。

3 时间控制式对于喷射过程更加直接和精确。每次喷射过程中，电磁阀关闭的时间决定喷油定时，电磁阀关闭的持续时间决定喷油量的大小，电磁阀直接调整发动机的工况。位置控制式系统则只是通过改变齿条或者滑套的位置来间接调整发动机的工况。因此时间控制式的控制精度和灵活性也更高，使发动机的性能得到很大改善。

4 在时间控制式系统中，电磁阀是整个系统的核心与关键。

5 第二代时间控制式系统的不足之处是，仍然需要凸轮的驱动来产生喷射所需的高压，其喷射压力严重依赖于凸轮型线的设计，不仅喷射区间受到限制，而且还是脉动的，使喷油压力、喷油速和喷射定时都不能得到灵活的控制，精确度有限，从而限制了发动机性能的进一步提升。

思考与练习

一、填空题

1. 在第二代时间控制式柴油喷射系统中，根据产生高压装置的不同，可分为__________、__________、__________和_________电控燃油喷射系统。

2. 时间控制的电控分配泵又可分为__________和__________电控分配泵。

3. 电控分配泵采用__________的开闭来控制燃油喷射量，具有动作响应时间快的特点。

4. 油泵控制单元安装在_____________，由_____________控制。

5. 电控单体泵采用柱塞泵产生高压，通过电磁阀驱动锥阀接通或断开___________与_____________的通道来产生喷射。

6. 电控泵喷嘴的结构包括______________、______________、______________和喷嘴，其工作原理与单体

二、判断题

1. 博世公司生产的VP44喷油泵为轴向柱塞式分配泵。 (　)

2. VP44分配泵中的电磁阀阀针与分配轴是以同一转速旋转的。 (　)

3. 位置控制式分配泵和时间控制式分配泵对喷油提前角的调节机理是不同的。 (　)

4. 时间控制式直列泵喷射系统在直列泵出油阀和喷油器之间的高压油管上增加了一个喷油控制电磁阀。 (　)

5. 电控单体泵与电控泵喷嘴的结构不同，其喷射原理也不一样。 (　)

二、选择题

1. 关于电控泵喷嘴以“时间控制”方式控制柴油机的喷油量，以下描述不正确的是（　）。

A. 电磁阀断电：凸轮驱动喷油器内的柱塞泵油，但不能喷油。

B. 电磁阀通电：关闭回油道，凸轮驱动喷油器内的柱塞泵油，建立高压喷油。

C. 电磁阀通电时刻：决定喷油正时，也可以控制喷油压力。

D. 电磁阀通电时间：决定喷油量。

2. 喷射泵（如电控单体泵）的挺杆滚轮磨损时会造成何种影响（　）。

A. 喷射时间提早　　B. 喷射时间延迟　　C. 喷射量增加　　D. 喷射量减少

3. 对电控泵喷嘴系统的结构特点描述不正确的是（　）。

A. 电控泵喷嘴产生高压的柱塞泵与喷油器是一整体。

B. 电控泵喷嘴直接安装在气缸盖上，由气门凸轮驱动。

C. 电控泵喷嘴既能产生主喷射，也能产生预喷射。

D. 电控泵喷嘴的喷射压力较高，可达200MPa。

第四部分

第三代电控柴油喷射系统

针对第二代时间控制系统存在的不足，博士（BOSCH）、电装（DENSO）、德尔福（Delphi）等公司面向柴油电控领域推出了第三代共轨式电控燃油喷射系统。在这个系统中，柱塞产生的脉动高压被输送到一个共同的高压腔（轨道）中，使高压腔内的高压能够保持稳定。这样即使在任意时刻电磁阀进行喷射，喷射压力都是稳定而又相同的。共轨系统在发展过中种出现了不同类型，如美国卡特彼勒公司的 HEUI 系统，德国博世的CR系统，日本电装的 ECD-U2系统等。高压腔内的高压液体根据喷射控制方式的不同可以是高压燃油，也可以是高压机油。采用机油增压喷射的叫做液力活塞增压式共轨系统（HEUI），直接高压燃油喷射的称为高压共轨系统。本章主要讲述这两类共轨系统。

情境一：液力活塞增压式共轨系统（HEUI）

在HEUI燃油系统中，代替摇臂作用于各喷油器端部的是增压活塞上的高压机油，卡特彼勒发动机HEUI共轨系统的组成如图4-1所示。该系统具有共轨式柴油机电控燃油喷射系统的基本组成和结构，属于电控共轨式燃油喷射系统。

该系统的控制功能包括：燃油喷射控制、进气控制、启动控制、故障自诊断、失效保护和应急备用，同时还具有与其他控制系统进行数据传输的功能。

HEUI系统的喷油量控制采用了压力控制式的方式，通过由传感器、ECU和执行元件等组成的控制系统，对循环喷油量、喷油正时、喷油速率和喷油压力进行控制。

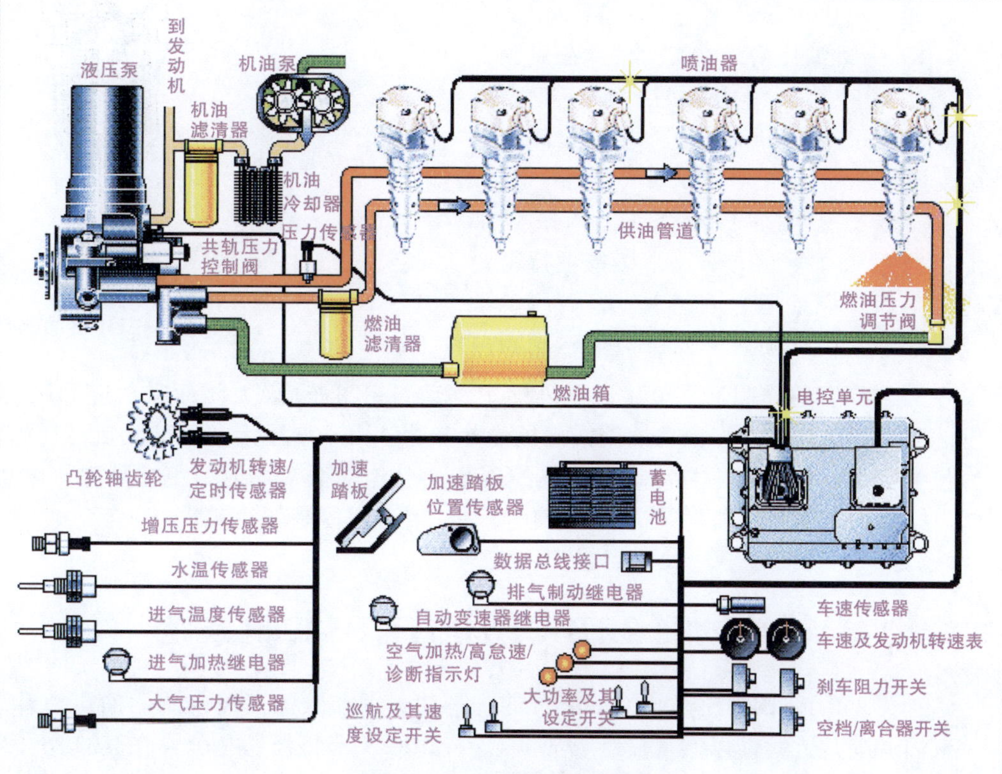

图4-1 HEUI共轨系统示意图

一、HEUI共轨系统的工作原理

发动机机油泵输送机油，经机油冷却器到机油滤清器，然后到达液压泵。HEUI共轨系统利用专门的液压泵，将机油泵输送的1MPa左右的常规机油加压到10~20MPa，然后输送到专门的共轨式蓄压腔中，共轨腔内机油压力的控制过程由共轨压力控制电磁阀和共轨压力传感器配合完成。共轨压力电磁阀控制从液压泵到共轨腔的机油量多少，机油越多，共轨腔的压力就越大；共轨压力传感器检测共轨腔中的机油压力，发动机控制单元将这一实际压力与期望值进行对比，对机油压力进行反馈控制。共轨腔入口有单向阀，共轨中建立压力后，只有液压泵输送的机油压力比共轨腔压力高，单向阀才能打开，即使发动机停止运转，液压泵不再工作，腔内压力也不会泄掉。

在HEUI燃油喷射系统中，进入喷油器内的不仅仅是燃油，还有共轨机油。在图4-1中，从喷油器上端经过的是机油回路；喷油器下端经过的是燃油回路。喷油器的结构如图4-2所示，电磁阀控制的好比是一个三通阀，这三个阀口分别是机油进油口、机油回油口和高压腔。当ECU根据传感器输入的信号向喷油器输出决定喷油量的脉宽调制（PMW）信号，驱动喷油电磁阀通电时，吸引衔铁和阀杆迅速向上移动，在密封座面B处关闭机油进油口和机油回油口之间的通道，与此同时，密封座面A打开，高压机油从共轨腔进入机油增压腔。增压活塞在高压机油的推动下克服弹簧预紧力向下移动，推动柱塞压缩燃油。由于增压活塞与柱塞的面积比为6~10：1，当机油压力为20MPa时，在克服弹簧预紧力和补偿阀间的泄漏后，还能产生100~140MPa的燃油压力，这个压力已经能够开启高压喷油器。

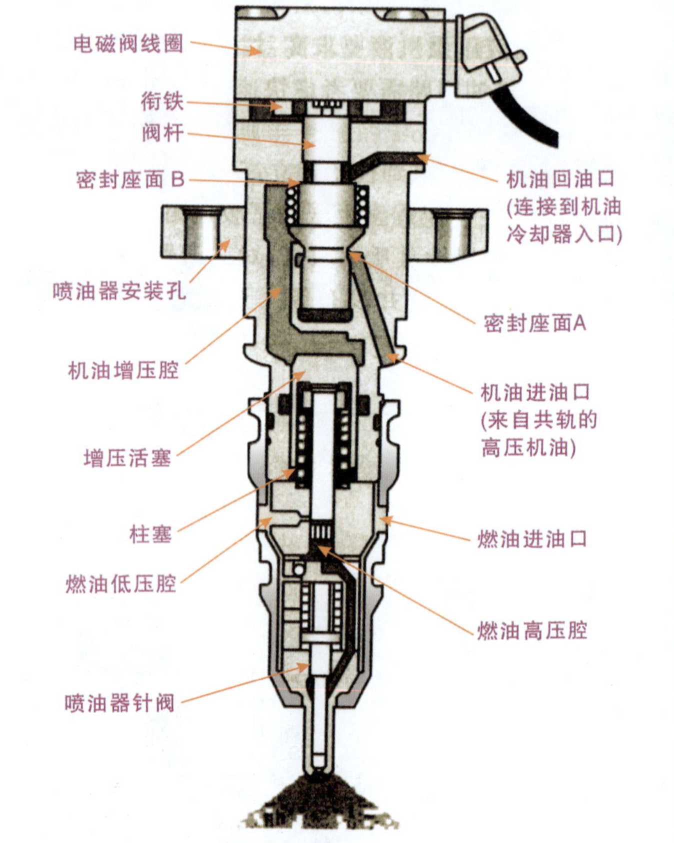

图4-2 HEUI 喷油器结构图

喷油器下端其实就是一个柱塞泵，燃油进油口向燃油高压腔供油，当柱塞下行密封该进油口后，燃油压力迅速上升，高压燃油打开喷油器针阀，喷射开始。当电磁阀断电后，在回位弹簧的作用下，电磁阀阀杆向下移动，密封座面A关闭而密封座面B打开，机油增压腔与低压（机油回油口）连通，多余机油流回到机油冷却器。由于增压活塞顶部无机油压力作用，增压活塞和柱塞在回位弹簧的作用下向上移动，燃油高压腔压力迅速降低，喷射结束。从整个喷射过程中可知，HEUI电磁阀与第二代时间控制喷射系统一样，仍然是喷射过程控制的关键。

二、卡特彼勒3126B发动机HEUI共轨系统

各种类型的HEUI共轨系统的最终目的都是使封闭在喷油套筒内的燃油压力升高到足以打开喷油器喷头总成内的喷油针阀，以实现控制喷油。Caterpillar（卡特彼勒）公司在其3116、3126、3408E、3412E和C-9型发动机上采用了HEUI共轨系统，下面首先介绍 3126B发动机HEUI共轨系统。

1. HEUI燃油系统的组成

卡特彼勒3126B发动机HEUI燃油系统的组成如图4-3所示，此燃油系统由六个基本的零部件组成：液压油泵、液压电子控制单体喷油器（HEUI）、喷油驱动压力控制阀（IAP控制阀）、喷油驱动压力传感器（IAP传感器）、燃油输油泵、电子控制模块（ECM）。

HEUI燃油系统是完全不同于其他机械启动的燃油系统的，是完全不用调整的，也不能对这些机械式的零部件进行调整，但可以在电子控制模块（ECM）中安装不同的软件来改变系统的参数及性能。

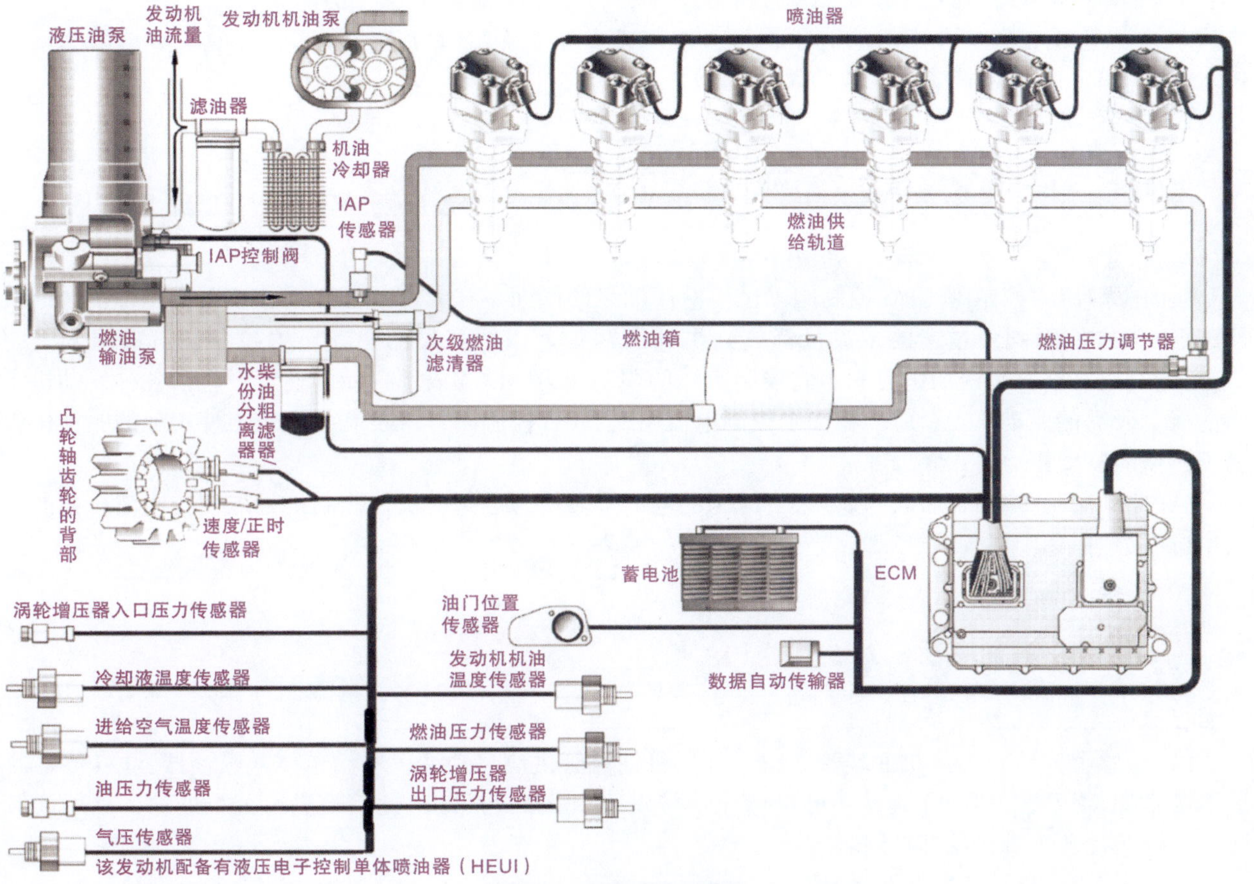

图4-3 HEUI燃油系统

（1）液压油泵

液压油泵位于发动机的左前角、具有不变排量的柱塞泵中。它使用一个轴向活塞，一部分发动机润滑油。液压油泵将发动机润滑油加压到喷油驱动压力，该压力是驱动HEUI喷油器所需要的。

（2）液压电子控制单体喷油器

HEUI燃油系统使用一个电子控制的单体喷油器，HEUI喷油器内部有一个柱塞或一个油缸筒将准确数量的燃油喷射到燃烧室中以便控制发动机性能。HEUI使用高压下的发动机机油来驱动柱塞，而其他的燃油系统则是使用喷油泵凸轮轴凸轮来驱动柱塞，这与HEUI有很大差别，因此技术人员必须使用不同的故障诊断和排除方法。

HEUI使用增压至6 MPa（870 psi）到24 MPa（3500 psi）的发动机润滑油，以便将燃油从喷油器中喷出。HEUI按照与液压油缸相同的方式工作，使高压机油的力量倍增，由于高压机油力量的倍增，HEUI能产生极高的喷油压力。高压机油压力被称为燃油的驱动压力，该压力驱动活塞来推压柱塞，实现压力的倍增。由于活塞面积大约比柱塞面积大六倍，因此，喷油压力大约比驱动压力大六倍。

燃油的低驱动压力会导致燃油的低喷油压力，在空转和启动之类的情况下，就要使用低的喷油压力；燃油的高驱动压力会导致燃油的高喷油压力，在高怠速和加速之类的情况下，就要使用高的喷油压力。如果喷油压力处于最小和最大之间，就还有许多其他的工作情况。不管发动机的速度如何，HEUI燃油系统提供喷油压力的无极控制。

（3）喷油驱动压力控制阀（IAP控制阀）

喷油驱动压力控制阀（IAP控制阀）位于液压油泵的侧面。在大多数情况下，该泵会产生多余的机油流量。IAP控制阀将过多的泵流量释放到机油回路中，以便将喷油驱动压力控制在所需级别上。IAP控制阀是一个高精度的电磁阀，它控制实际的驱动压力。ECM内部存储的性能图包括各种发动机工作情况下所需的驱动压力，ECM将一个控制电流发送到IAP控制阀，该控制电流应当使实际的驱动压力等于所需的驱动压力。

IAP控制阀是一个致动器，它将来自ECM的电信号转换为滑阀的机械控制信号以便控制液压泵的机油出口压力。

（4）喷油驱动压力传感器（IAP）

IAP传感器安装在高压机油歧管之中。高压机油歧管供应启动油以驱动单体式喷油器。IAP传感器监测喷油驱动压力，将一个连续不断的电压信号发回到ECM，ECM对此信号进行分析处理，利用该信号对喷油驱动压力进行反馈控制。

（5）燃油输油泵

燃油输油泵安装在液压油泵的后部。燃油输油泵是一个简单的齿轮泵，包含一个整体式安全阀，安全阀在泵的出口侧。燃油输油泵用于引导来自燃油箱的燃油，将燃油增压到450 kPa（65 psi），结果增压燃油输送至HEUI喷油器中。一般将燃油压力限制在400 kPa（60 psi）和830 kPa（120 psi）之间，过剩的燃油从安全阀经过内部通道流到泵的入口侧。

（6）电子控制模块（ECM）

电子控制模块（ECM）位于发动机的左侧。ECM是一个强大的计算机，它能对发动机性能进行全面的电子控制。

ECM使用由几个传感器收集的发动机性能数据，随后利用这些数据调节燃油供给、喷油压力和喷油正时等。ECM内部包含编有程序的性能曲线图（软件），以便限定功率、扭矩曲线和转速，该软件通常称之为个性模块模件。

某些发动机使用可替换计算机芯片的电子控制模块（ECM），发动机控制软件已安装在可替换的计算机芯片上。

ECM能记录发动机性能故障。当ECM同电子维修工具，如电子检测（ET）或电子控制分析器程序器（ECAP）一起使用时，它能自动运行诊断试验。

2. 低压燃油系统

3126B发动机低压燃油系统如图4-4所示，由五个基本零部件组成，分别是燃油输油泵、燃油滤清器、燃油箱、燃油压力调节器、柴油粗滤器油水分离器。

低压燃油系统向喷油器供应燃烧用的燃油，同时也提供额外的燃油流量以便冷却单体式喷油器并除去系统中的空气。

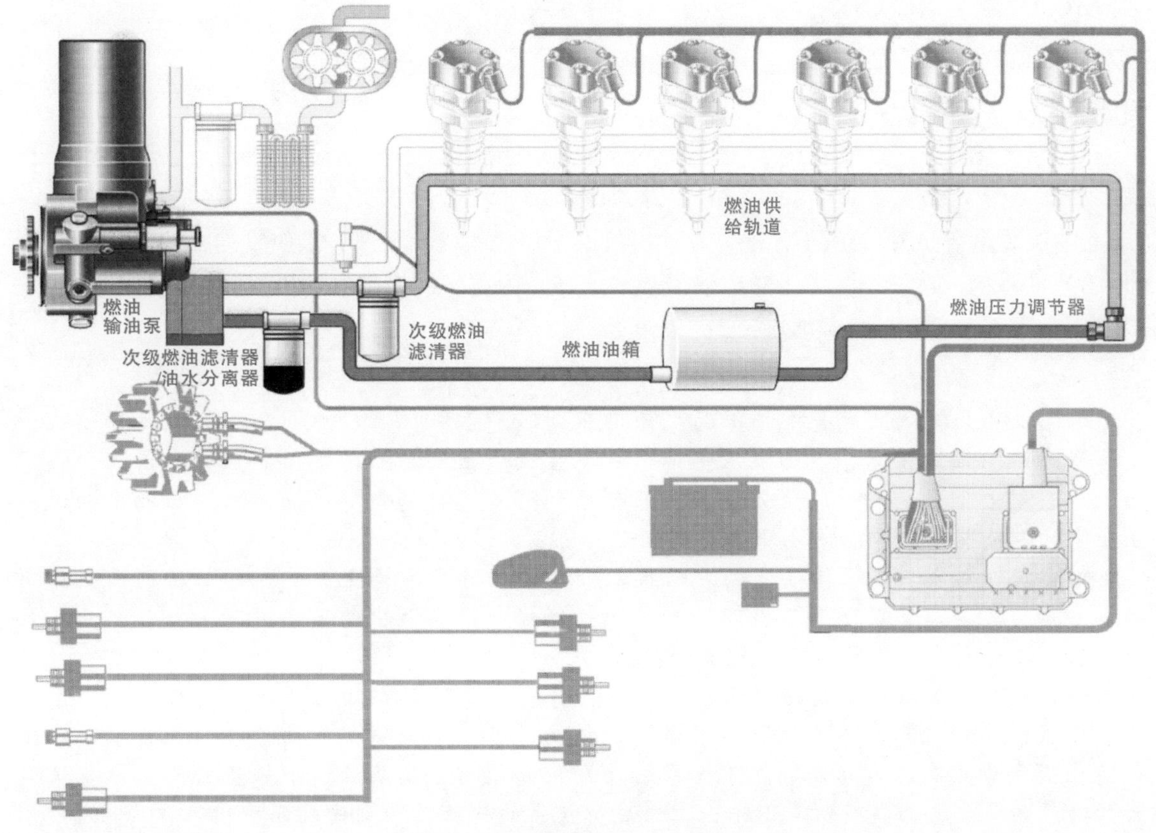

图4-4 3126B发动机低压燃油系统

燃油输油泵安装在液压油泵的背后，燃油输油泵将增压燃油从出口端压出并将新的燃油吸入进油口；整个流通过程如下：

燃油从燃油箱抽出并流过柴油粗滤器/油水分离器，然后从柴油粗滤器/油水分离器流到燃油输油泵的入口侧，接着从燃油输油泵的输出口流出并通过燃油滤清器，再从燃油滤清器流到缸盖内的燃油输送通道中。燃油输送通道是一个起始于缸盖前部的钻孔，一直延伸到缸盖的背面。该通道与每个单体式喷油器进油孔相接触，以便向单体式喷油器供油。燃油从输油泵流过缸盖而进入到所有的单体式喷油器中，多余的燃油通过燃油压力调节流出缸盖，最后回到油箱。

燃油压力调节器由孔口和弹簧加载单向阀组成。该孔口是增压供给燃油的节流孔。弹簧加载单向阀在35 kPa（5 psi）的压力下打开，以便让通过孔口的燃油回到燃油油箱。发动机关闭并且没有燃油压力存在时，弹簧加载单向阀关闭，以防止缸盖中的燃油流回到燃油油箱中。

3. 喷射驱动系统

喷射驱动系统有两种功能：

一是提供高压油以便开动HEUI喷油器；

二是通过改变油的驱动压力来控制由单体式喷油器产生喷射压力。

喷射启动系统由以下五个基本零部件组成：

液压油泵、发动机油泵、发动机机油滤清器、喷射驱动压力控制阀（IAP控制阀、喷射驱动压力传感器（IAP传感器））。

（1）驱动油流量

驱动油的流动路径如图4-5所示，来自发动机机油泵输送的机油大部分供应发动机润滑系统之需，另一部分供给燃油系统液压油泵。由于对机油需求的增多，因此必需提高发动机机油泵的容量以满足更多的流量需求。

发动机机油泵将从油底壳中抽出的机油增压到润滑系统机油压力，润滑油流过发动机机油冷却器和发动机机油滤清器，然后流入主油道中，主油道上的独立回路引导部分润滑油向液压油泵供油。发动机左侧上的钢管将主油道和液压油泵的进口连接起来，机油流入液压油泵的进口并向液压油泵的储油箱注满，以使泵储油箱在启动时可以向液压油泵供油。

泵储油箱也向液压油泵供油直到发动机机油泵能提升压力为止，它也向缸盖内的高压油通道提供补充油。在发动机关闭并冷却下来后，油便开始收缩，泵中的单向阀打开，让机油从泵储油箱中抽出，以使高压机油通道保持充满油的状态。

液压油泵对来自泵储油箱的机油进行增压，并在高压下将机油从泵的出口端压出。于是机油从液压油泵的出口流到缸盖内的高压油道中。该油道与每个单体式喷油器孔穴相接触，以便向单体式喷油器中供应高压启动油。在单体式喷油器用油之前，高压油道中一直充满机油。从单体式喷油器回流的多余机油在气门罩下排出，通过缸盖上的排油孔回到曲轴箱中。

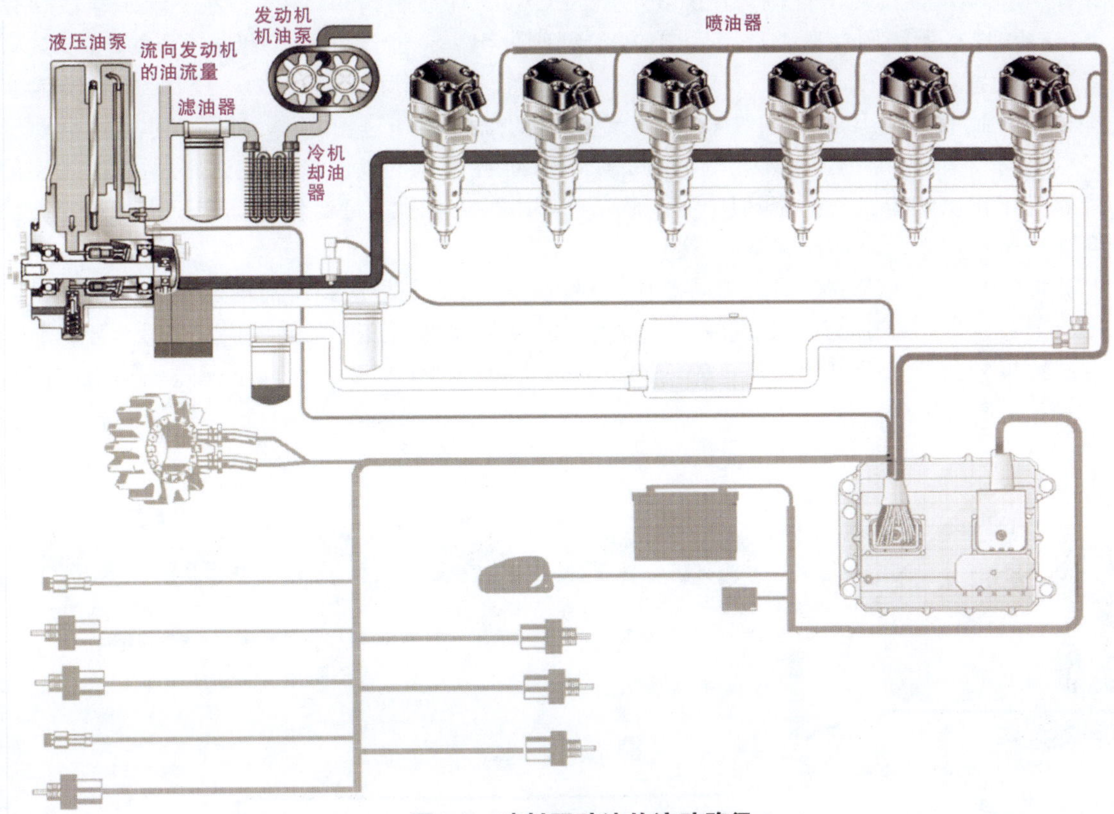

图4-5 喷射驱动油的流动路径

(2)驱动油压力控制

液压油泵是一个排量固定的轴向活塞泵，在大多数的工作情况下，液压油泵产生过流，必须将过流排放到泄油管中，以便控制系统压力。IAP控制阀通过将精确数量的油排放到泄油管中来调节系统驱动压力。

系统有两类驱动压力：所需驱动压力、实际驱动压力。

所需驱动压力

是喷射驱动压力，它是系统为达到发动机最佳性能所需要的。利用ECM中的性能曲线图确定的所需驱动压力，是根据多个传感器的信号输入来进行选择的。向ECM提供信号输入的传感器有速度—正时传感器、涡轮增压器入口压力传感器、油门位置传感器、涡轮增压器出口压力传感器和冷却液温度传感器。所需驱动压力是不断变化的，这些变化是以负载、各种传感器的输入和发动机速度为依据的。只有在稳定状态条件（稳定的发动机速度和负载）下，所需驱动压力才是恒定的。

实际驱动压力

是驱动喷油器的启动油的有效系统压力。IAP控制阀不断地改变着排放到泄油管中的泵流量。将泵流量排放到泄油管中是为了让实际驱动压力与所需驱动压力相匹配。

HEUI系统喷射驱动油的压力控制如图4-6所示，ECM、IAP控制阀和IAP传感器一起工作以便控制喷射驱动压力。ECM选择所需驱动压力，随后向IAP控制阀发出一个能产生所需驱动压力的电流。IAP控制阀通过改变减压设置对来自ECM的电流作出反应，并进而改变实际的驱动压力。IAP传感器监测实际驱动压力并向ECM发回信号电压。ECM对来自IAP传感器的信号电压进行解释以便计算实际驱动压力。ECM比较实际驱动压力与所需驱动压力，以便调整通往IAP控制阀的电流。IAP控制阀通过改变实际驱动压力对电流的变化作出响应，喷射驱动压力控制系统使其周期性地进行运作。这个过程每秒重复67次，这个不断重复的循环称之为闭环控制系统。

来自液压油泵的高压油流主要用于驱动单体式喷油器。过流是为达到所需的驱动压力而不是需要的泵流量。过流通过IAP控制阀回到泄流管中。过流从IAP控制阀向上流过泵储油箱中的U形管，通过一个钻孔通道而流到泵的前部。排出的油从泵的前部、泵传动齿轮的上方流出，向下流过发动机前齿轮系而进入贮油槽。

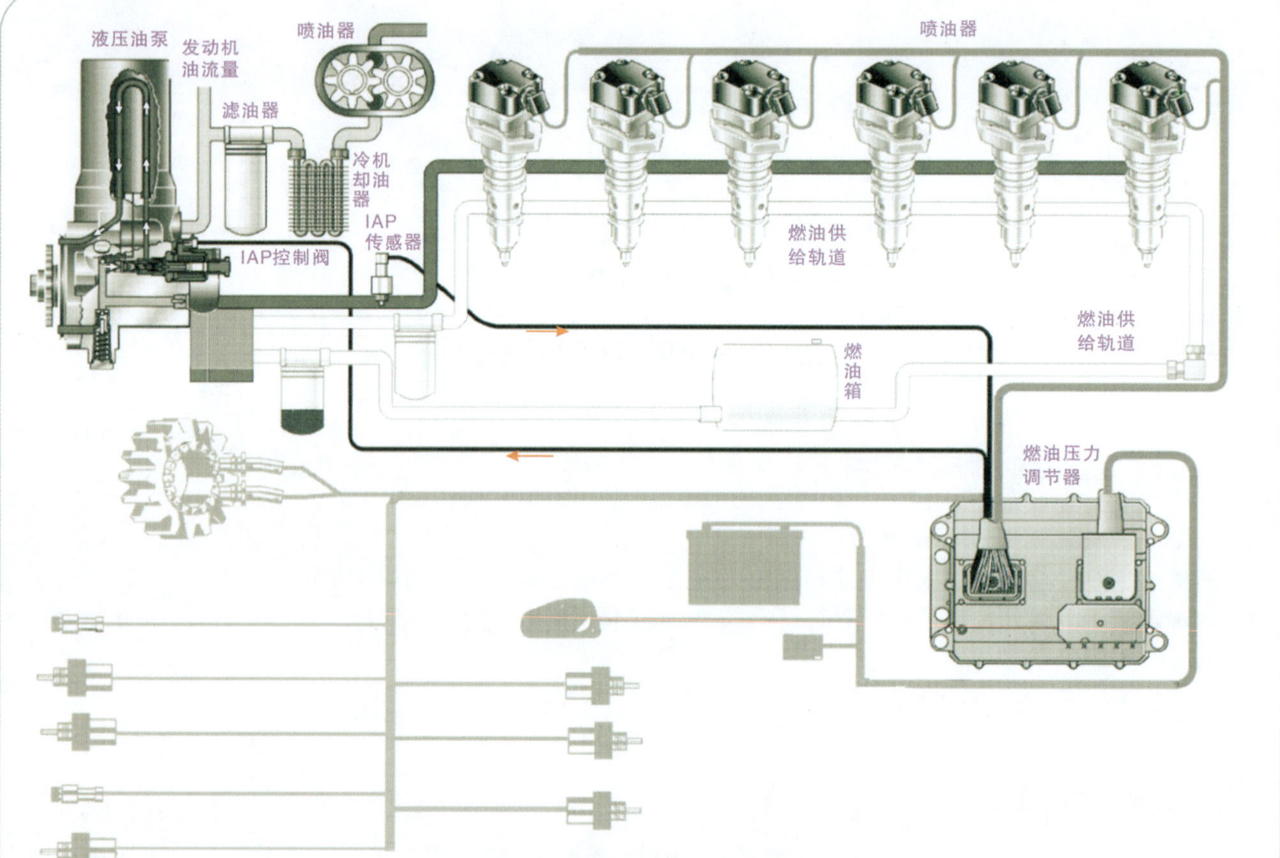

图4-6 喷射驱动油的压力控制

4. 喷射驱动压力控制阀（IAP控制阀）

（1）IAP控制阀的结构组成和工作原理

喷射驱动压力控制阀的结构如图4-7所示，IAP控制阀由六个基本的零部件组成：电枢、滑阀、滑阀弹簧、提升阀、推针、电磁线圈。IAP控制阀是一个电控操纵的压力控制阀，用来保持选中的系统驱动压力。不管发动机速度、泵流量和单体式喷油器的可变的所需用油量如何，都要保持燃油喷射系统计算出的驱动压力。

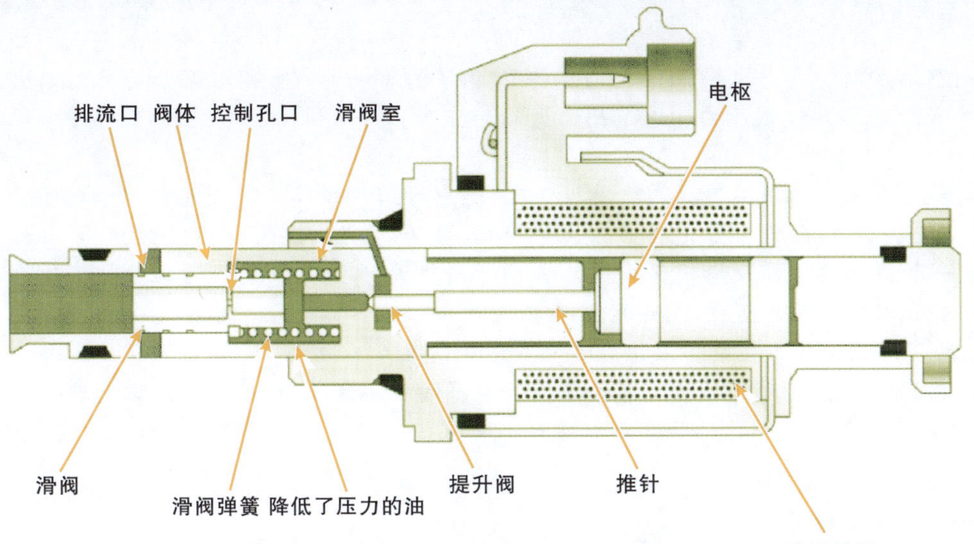

图4-7 喷射驱动压力控制阀

IAP控制阀利用来自ECM的可变电流进行工作，以便在电磁线圈中产生一个磁场。该磁场作用于电枢上并产生一个电磁推力，将电枢推向左边。电枢与推针相连，通过推针来控制提升阀的开闭。提升阀保持关闭的磁力受到滑阀室中减小了的液压压力的抵抗，该液压压力试图打开提升阀。在滑阀左侧高压机油的压力作用下，滑阀室内的液压压力不断升高，直至超过了电磁线圈的电磁力为止。当滑阀室内的液压压力超过了电磁线圈产生的电磁力时，提升阀就打开了，打开的提升阀为部分减压油开辟了通往泄油管的流动路径，这样就降低了驱动压力。当减压油的液压压力降至小于提升阀上的电磁力时，提升阀再度关闭。

(2) IAP控制阀的压力控制过程

a、发动机停机时的压力控制

发动机停机时，喷射驱动压力控制阀的状态如图4-8所示。此时由于发动机没有带动液压泵运转，因而没有泵出口压力，也没有从ECM流到电磁线圈的电流。滑阀弹簧将滑阀完全推到左边。当滑阀弹簧将滑阀完全推到左边时，就完全关闭了排流口，控制阀处于原始状态。

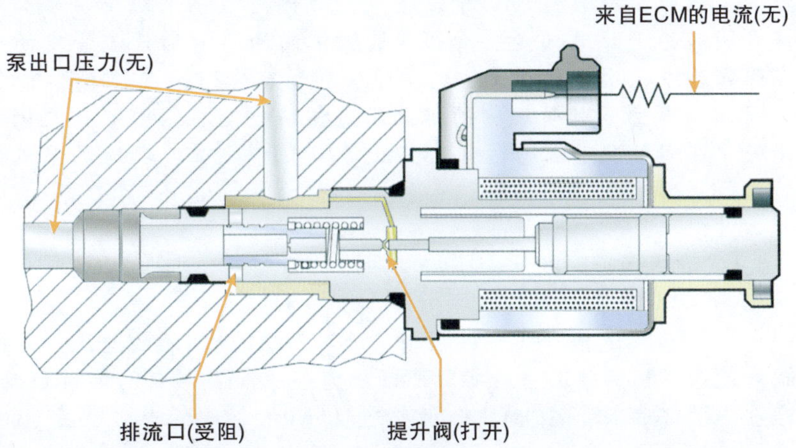

图4-8 喷射驱动压力控制阀的操作（发动机停机）

b、发动机启动时的压力控制

在发动机刚刚启动时，单体式喷油器大约需要6MPa（870 psi）的喷射驱动压力才能动作。低的喷射驱动压力产生了低的燃油喷射压力，这个压力大约为35 MPa（5000 psi）。低的燃油喷射压力有助于冷启动。

为了快速启动发动机，必须迅速提高喷射驱动压力。如图4-9所示，是发动机启动时喷射驱动压力控制阀的工作状态。由于液压油泵是按照发动机发车启动速度转动的，因此泵流量很低，ECM向IAP控制阀发送一个强电流，以使滑阀保持关闭，由于滑阀处于关闭位置，因而阻挡了流向排流口的所有液流。在达到6MPa（870 psi）的实际驱动压力之前，流向排流口的液流一直受阻。在达到6 MPa（870 psi）的实际驱动压力之前，单体式喷油器不能喷油。

如果发动机已经暖机，启动发动机所需的压力可能高于6 MPa（870 psi）。所需的驱动压力的数值存储在ECM的性能曲线图中，其数值随发动机温度而变化。一旦单体式喷油器开始运作，ECM就控制了通到IAP控制阀的电流。发动机启动之前，ECM和IAP控制阀保持6 MPa（870 psi）的实际驱动压力。ECM通过位于高压油歧管中的IAP传感器来监测实际驱动压力。ECM通过监测几个传感器输入信号来确定所需的驱动压力，并向IAP控制阀发送一个预定电流。ECM也对高压油通道中的所需驱动压力和实际驱动压力加以比较。ECM调整通往IAP控制阀的电流强度，以使实际驱动压力等于所需驱动压力。

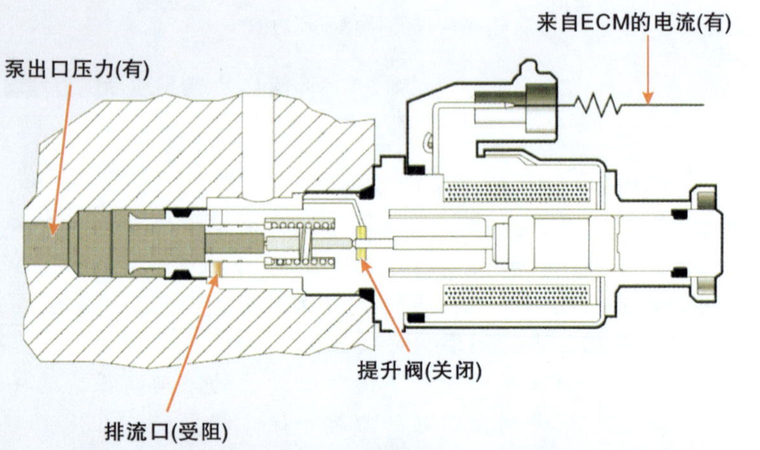

图4-9 喷射驱动压力控制阀的操作（发动机摇车起动）

c、发动机启动时的油流量

如上图4-10所示，发动机启动时，泵出口压力进入阀体末端，并作用于滑阀左侧。泵出口压力试图将滑阀推向右边（排流口打开方向），少量的机油流过滑阀中心的控制孔进入滑阀室（滑阀弹簧腔）。此时，来自ECM的电流使电磁线圈产生一个磁场，磁场力将电枢推向左侧，该电枢对推针和提升阀施力，提升阀是将滑阀弹簧腔中的油排放到排流管中的唯一通道。泵出口压力流使压力积聚在弹簧腔中，由于从弹簧腔到排流管的信道受阻，在弹簧腔中的压力等于泵出口压力。

滑阀弹簧力和弹簧腔中的机油压力相结合使滑阀固定在左侧，当滑阀固定在左侧时，排流口是关闭的。在实际驱动压力达到6 MPa（870 psi）之前，所有的泵流量都通往高压油歧管。

d、发动机运行时的压力控制

一旦发动机运转，ECM就控制了进入到IAP控制阀的电流，以便保持所需的驱动压力。IAP传感器监测缸盖内高压油信道中的实际驱动压力。ECM每秒钟对实际驱动压力和所需驱动压力比较67次。如果这些压力不匹配，ECM就会调整通往IAP控制阀的电流大小，以使实际驱动压力等于所需驱动压力。

通过调整电磁线圈的电流来调节使提升阀保持关闭的磁力，增加电流导致关闭提升阀的磁力增强。减少电流导致关闭提升阀的磁力减弱。

如图4-10所示，当提升阀关闭时，滑阀弹簧腔中的压力就会升高。当滑阀弹簧腔中的压力超过使提升阀保持关闭的磁力时，提升阀将向右运动，在滑阀弹簧腔中的一些压力油就逸出到排液管中，这将引起弹簧腔中的压力下降。当弹簧腔中的压力下降时，提升阀关闭。提升阀关闭时，压力再次升高，如此重复这个循环过程。此过程控制在滑阀弹簧腔中的减压油，减压油对滑阀产生作用，试图将滑阀移到左侧。当滑阀移到左面时，排流口就被堵住了，电磁力的大小决定了滑阀的位置。

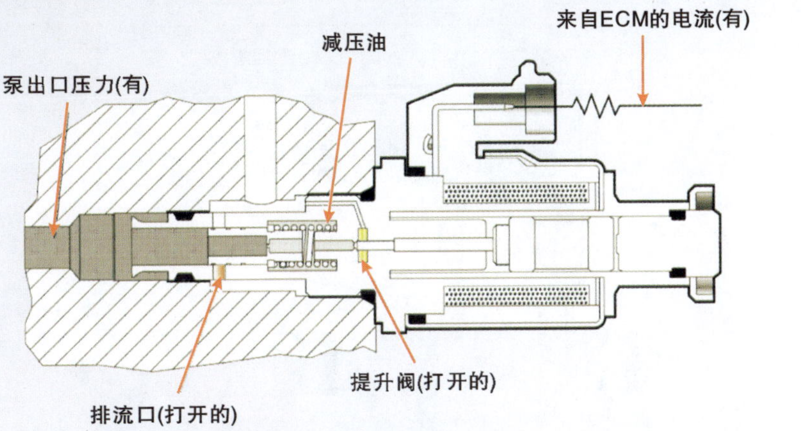

图4-10 喷射驱动压力控制阀的操作（运行发动机）

滑阀弹簧的力和滑阀弹簧腔中的减压油的力试图将滑阀推向左边，以便堵住排流口，排流口堵住后，泵出口压力将升高，升高了的泵出口压力又将滑阀推向右面。

由于机械弹簧有一个固定的弹簧变化率，因此必须调节滑阀中的减压油以便控制泵出口压力。可以用来自ECM的电流量来控制减压油，提升或降低滑阀中的减压油压力以便控制泵出口压力。在大多数情况下，提升阀和滑阀在部分打开的位置上工作。仅在下列情况下提升阀和滑阀才完全打开或完全关闭：加速、减速、快速地改变发动机负荷。

e、发动机运行时的油流量

当泵出口压力进入阀体末端时，有少量的油通过滑阀中的控制孔口流入滑阀弹腔。通过调节加在提升阀上的力来控制滑阀弹簧腔中的压力。调节提升阀上的力可以让提升阀泄掉一些滑阀弹簧腔中的油。磁场强度决定了提升阀上的力，该磁场是由来自ECM的电流产生的。提升阀对滑阀弹簧腔中的压力变化作出响应，而滑阀试图使其右侧上的力等于其左侧上的力这就需要改变位置以便平衡滑阀上的力，滑阀的位置决定了打开的排流口上的表面积的大小。

排流口的打开面积控制了由泵出口排出的油量。为了保持所需的驱动压力，就要从泵出口泄出部分高压机油。提升阀对滑阀两侧压力变化的响应过程是非常的快，从而能使滑阀一直保持在部分打开的位置上，并且能严格控制泵出口压力。IAP控制阀可以在6MPa（870 psi）到24MPa（3500 psi）之间对泵出口压力（1）进行无极的可变调节。

5. HEUI喷油器

（1）HEUI喷油器的结构组成和工作原理

HEUI喷油器的结构如图4-11所示，它是由五个基本零部件组成的，分别是：电磁线圈、提升阀、增压器活塞和柱塞、油缸筒、喷嘴总成。

HEUI喷油器能使供应燃油的压力从450 kPa（65 psi）升高到162 MPa（23500 psi），通过单体式喷油器喷嘴中的量孔喷出高压燃油，并将正确数量的雾化燃油均匀地分散到整个燃烧室中，从而起到喷雾器的作用。

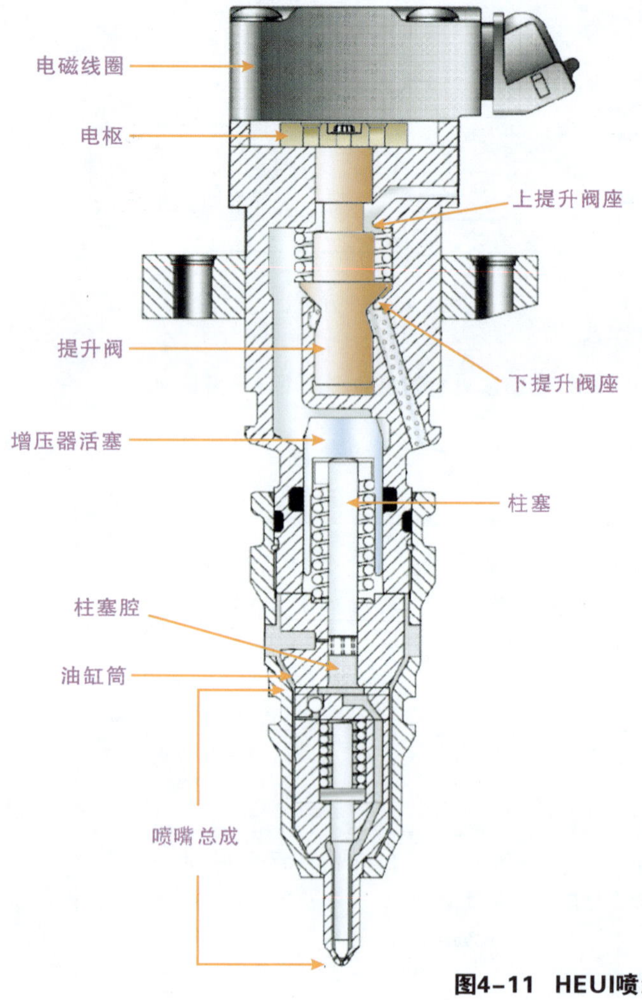

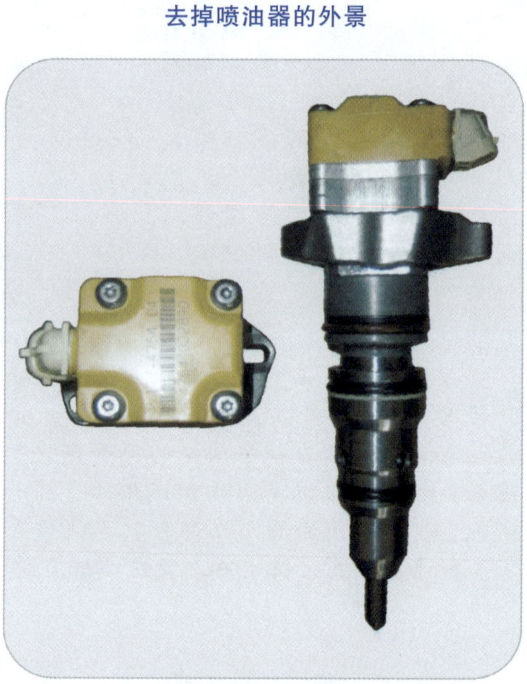

图4-11 HEUI喷油器的零部件

a、电磁线圈

电磁线圈与电枢组成一个电磁铁。在给电磁线圈通电时，电磁线圈就产生了一个很强的磁场。该磁场吸引用电枢螺钉与提升阀连接的电枢。当电枢朝着电磁线圈运动时，电枢举起提升阀使其脱离提升阀下底座。给电磁线圈通电和将提升阀从提升阀下底座上提起将导致燃油喷射过程的开始。

b、提升阀

提升阀有两个状态——打开与闭合。

在闭合状态下，弹簧将提升阀座固定在下提升阀座上。闭合的下提升阀座关闭高压驱动油进入单体式喷油器。打开的上提升阀座将位于增压器活塞上部腔体中的机油排放到机油回流通道中。

在打开状态下，电磁线圈通电，并将提升阀从提升阀下底座上举起来。在把提升阀从提升阀下底座上举起来时，上提升阀座关闭并堵住通往排流管的通道，下部的提升阀座打开，高压启动油进入单体式喷油器。当高压启动油进入单体式喷油器中时，高压机油推压增压器活塞的顶部。堵住通往排流管的通道可防止高压机油从单体式喷油器中泄漏出去，这种密封不良产生的泄漏将导致喷油器无法喷射。

c、增压器活塞

增压器活塞的表面积比柱塞的表面积大六倍。较大的表面积使作用力倍增。倍增的作用力可让24 MPa（3500 psi）的启动油产生162 MPa（23500 psi）的燃油喷射压力。当提升阀从下提升阀上移开时，高压机油就进入了单体式喷油器。当高压机油进入单体式喷油器中时，高压启动油推压增压器活塞的顶部。加在增压器活塞上的压力增高，该压力向下推压增压器活塞和柱塞。柱塞向下运动对柱塞腔体中的燃油加压。柱塞腔体中的增压燃油使喷嘴总成打开。喷嘴总成打开时，燃油开始供给到燃烧室中。增压器活塞周围的大的O型密封圈将增压器活塞上的机油和增压器活塞下的燃油分开。

d、油缸筒

油缸筒是紧固柱塞的油缸，柱塞在油缸筒内部运动，柱塞和油缸筒一起起着泵的作用。柱塞和油缸筒是精密配合偶件，它们之间的工作间隙为0.0025 mm。为了产生大于162 MPa（23500 psi）的喷射压力而且没有过多的泄漏，就需要紧密的间隙。

为了润滑柱塞，减少柱塞的磨损，需要少量的燃油受控泄漏。油缸筒也含有PRIME溢出端口，PRIME溢出端口是一个具有高精度公差的小孔。通过油缸筒的侧面将PRIME溢出端口机加工成柱塞。在柱塞的向下行程中，该端口暂时放出燃油喷射压力。

e、喷嘴总成

喷嘴总成的结构如图4-12所示。被加压到喷射压力的燃油从柱塞腔体中压出，通过喷嘴中的燃油通道而进入到喷嘴尖端中。喷嘴针阀弹簧作用力紧压在尖端末端的尖端量孔上，喷嘴是关闭的，这就能防止燃油从尖端量孔向外泄漏，并能在油缸点火时防止燃烧气体压入单体式喷油器中。

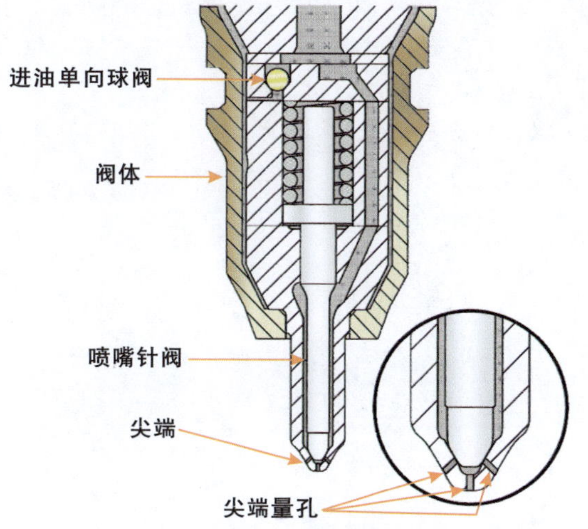

图4-12 喷嘴总成

当喷射压力增高到大约28 MPa时，加在针阀腔上的液压力就大于使喷嘴针阀紧压阀座的弹力。当液压力超过弹力时，喷嘴针阀就从尖端上移开，向上抬起，喷嘴打开，燃油从尖端末端上的尖端量孔中喷出，喷入燃烧室。喷嘴针阀保持在打开状态，燃油继续从尖端上喷出，直到燃油喷射压力降到28 MPa以下为止。在压力下降时，针阀关闭，燃油喷射停止。允许止针阀关闭的压力数值称之为阀门关闭压力。

在柱塞向上运动过程中，进油单向球阀从原位上移开，以便让柱塞腔重新注满燃油。在柱塞向下运动时，进油单向球阀回到原来位置并密封起来，以防止燃油喷射压力返回到低压燃油供给系统中。进油单向球阀的作用就是进油时单向打开，柱塞压缩燃油时关闭，使柱塞腔建立喷射压力。

（2）HEUI喷油器的喷射过程

HEUI喷油器的喷射有以下五个阶段：

●准备喷射（充注燃油）；
●预喷射；
●延迟；
●主喷射；
●喷射终止。

a、准备喷射（充注燃油）

HEUI喷油器在准备喷射时，工作状态如图4-13所示。在准备喷射循环中，HEUI喷油器内部零部件处于原始状态，电磁线圈没有通电，下提升阀座是关闭的。下提升阀座阻止了高压驱动机油进入到单体式喷油器中。柱塞和增压器活塞在活塞腔的顶部，柱塞腔中充满了燃油。柱塞腔中的燃油压力等于供油压力，供油压力大约为450 kPa（65 psi）。

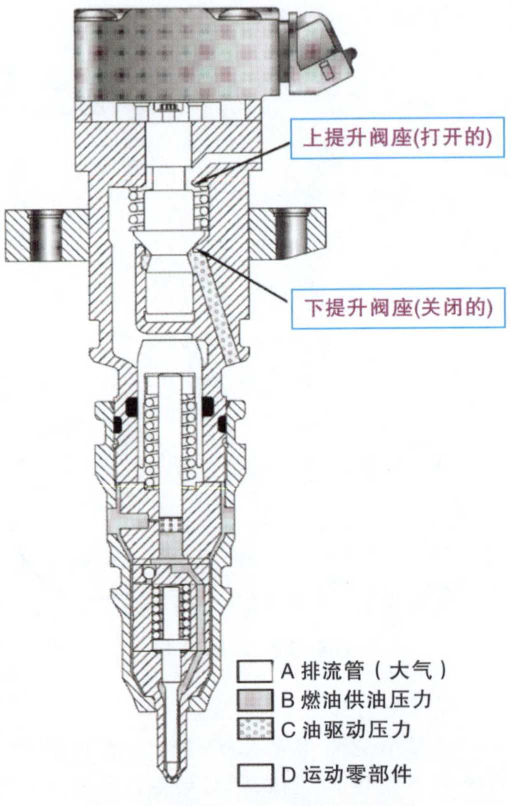

图4-13 HEUI喷油器准备喷射

b、预喷射

当ECM启动单体式喷油器时，ECM向喷油器电磁线圈输出一个驱动电流，该电流使电磁线圈产生一个强大的磁场，对电枢产生一个电磁吸力。电磁线圈的磁吸力超过了使提升阀保持关闭的弹簧张力时，提升阀打开，提升阀从下提升阀座上移出。

如图4-14所示，当提升阀打开时，上提升阀座堵住了活塞腔通往排流管的通路，下提

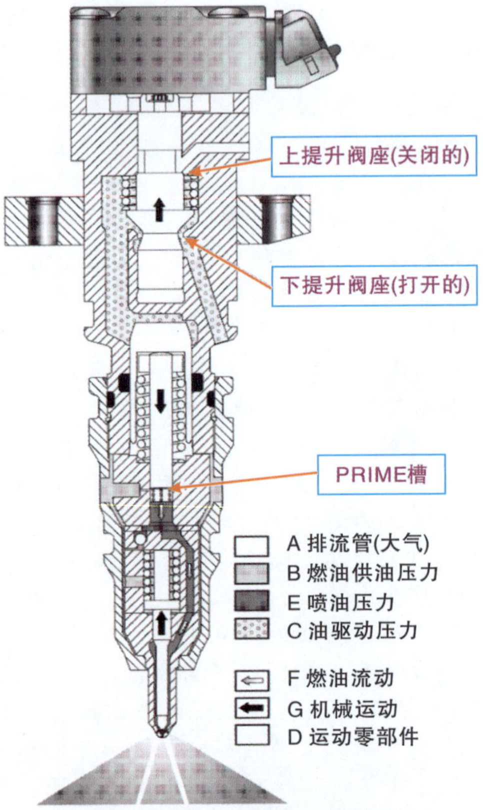

图4-14 HEUI喷油器的预喷射

升阀打开提升阀腔，以便引入高压工作油。高压机油沿着提升阀周围流动，经过机油通道进入增压器活塞的顶部。高压机油作用于增压器活塞的顶部，将活塞和柱塞往下压，柱塞向下运动并对柱塞腔和喷嘴总成中的燃油加压。当压力达到大约为28 MPa的阀开启压力（VOP）时，喷嘴针阀向上抬起，喷射开始，不过这个预喷射过程相对主喷射的持续时间是很短的。

在3126B柴油发动机上的燃油系统有一个称为预喷射计量（PRIME）的特征。预喷射计量（PRIME）是对低排放具有好处的一个特征，而且PRIME系统能显著降低燃烧噪音。与其他的燃烧系统在一个喷射循环中将大量的燃油一次性喷射到燃烧室所不同的是，PRIME喷油器将一个燃油喷射过程分为两个分离的部分：首先是一个在暂短延迟后的小的预喷射，然后，喷油器发送一个大的主喷射。预喷射的主要目的并非产生动力，而是企图建立一个火焰传播前沿。预喷射有助于使大的主喷射燃烧更为完全，并使其处于受控的方式之下。

在发动机的某些工作情况下（如重负荷），当喷油器在一次大的喷射中喷出燃油时，燃油趋向于爆炸燃烧而不是以受控的方式燃烧，这就会导致发动机敲缸，并排放出NOx（氮氧化物）。

PRIME喷油器在产生一个小的预喷射之前的暂短延迟给预喷射留下了为启动燃烧所需的时间。主喷射发生在预喷射之后，并被传送到由预喷射所建立的火焰前沿之中，因此主喷射立即被点燃，雾状柴油顺利而充分地燃烧。完全燃烧大大减少了颗粒（烟灰）和NOx的产生和排放，也使发动机的燃烧噪音减少了50%，发动机燃烧噪音的减少使发动机的工作噪声明显安静下来。

c、喷油延迟

在预喷射过程中，柱塞上的PRIME槽与油缸筒中的溢出端口对齐之前，电磁阀保持通电，柱塞继续向下运动并继续将燃油喷射到燃烧室中。如图4-15所示，当柱塞中的PRIME槽与油缸筒中的溢出端口对齐后，在柱塞下面的高压燃油能向上流动，高压燃油流过柱塞底部的三个孔。然后，高压燃油从柱塞槽和溢出孔中流出，并流回到燃油输送通道中。高压燃油的损耗使喷射压力下降到阀门关闭压力（VCP）以下。当针阀弹簧的弹力超过了降低了的喷射燃油液压力时，止回阀关闭，燃油喷射停止。这样就结束了预喷射并开始了暂短的喷射延迟期。

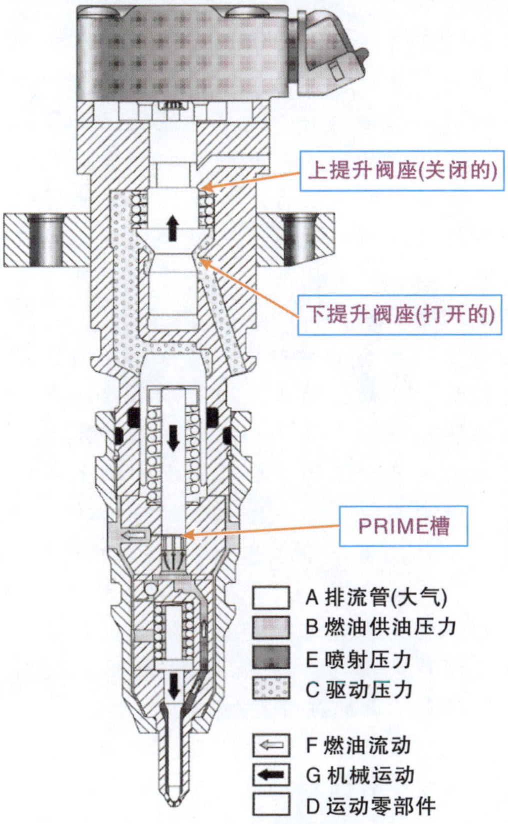

图4-15 HEUI喷油器延迟

d、主喷射

HEUI喷油器的主喷射过程如图4-16所示，在对电磁线圈通电时，提升阀仍然是打开的。当提升阀打开时，高压机油继续进入活塞腔，向下推压增压器的活塞和柱塞。喷射压力在34 MPa和162 MPa之间波动，其大小取决于发动机的需要。喷油继续到电磁线圈断电或增压器活塞下行到柱塞腔底部时为止。当电磁线圈断电时，提升阀弹簧立即关闭提升阀，当提升阀关闭时，高压油就被切断了。预喷射之后的一个持续时间相对较长的喷油就是主喷射过程。

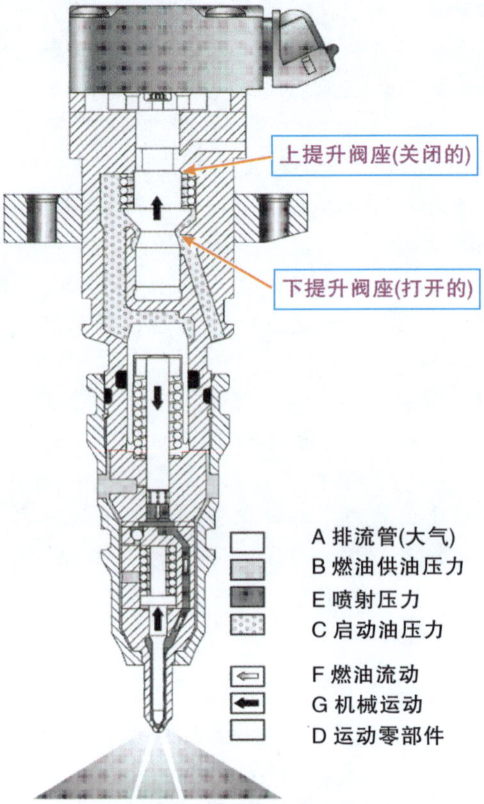

图4-16 HEUI喷油器的主喷射

e、喷射结束

如图4-17所示，当ECM切断通到单体式喷油器电磁线圈的电流时，电磁线圈的磁场受到破坏，磁场力不能超过提升阀弹簧的弹力，提升阀回到下提升阀座中。当提升阀关闭时，高压油就不再进入单体式喷油器。随着下提升阀座的关闭，上提升阀座向排流管打开。当上提升阀座向排流管打开时，油的驱动压力下降。

柱塞下的燃油喷射压力对柱塞和增压器活塞施加一个向上的力。随着增压器活塞上方的油驱动压力下降，加在增压器活塞上的向下的力也开始下降。柱塞下面的向上的燃油喷射压力变得比加在增压器活塞上的向下的力还要大。增压器活塞和柱塞的向下运动停止。

增压器活塞顶部的受压机油通过打开的上提升阀座流出到排流管，通过排油孔道而进入气门罩下面的摇臂室。

在柱塞向下的运动停止后，燃油也停止流动。在喷嘴针阀打开的同时，剩余的燃油压力将少量的燃油从量孔中压出。这就引起一个大的压力降，它使喷射压力降到阀门关闭压力（VCP）之下。在喷嘴针阀上的弹簧张力使喷嘴针阀重新回复到尖端之中并且喷射停止。

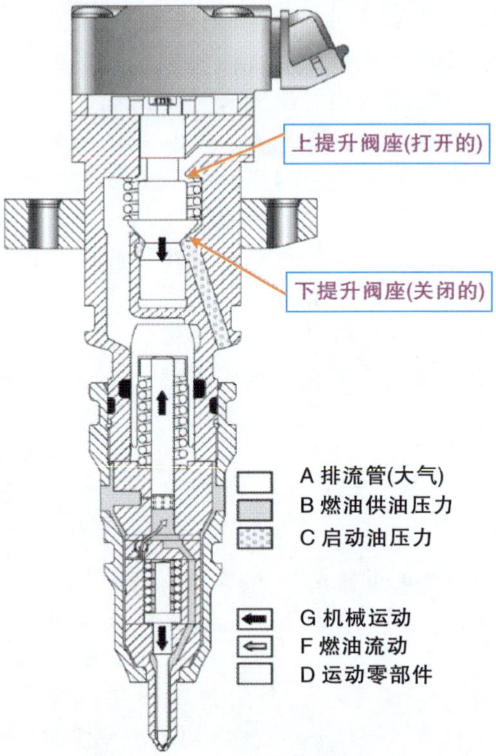

图4-17 HEUI喷油器结束喷射

在喷嘴针阀关闭时，喷射停止。喷射停止时，燃油充注循环过程开始。在增压器活塞腔上面的区域通过上提升阀座对大气压力敞开，该压力在增压器活塞上面的腔体中迅速下降到接近于零。柱塞的回程弹簧向上推压柱塞和增压器活塞。在杆塞和增压器活塞向上运动时，迫使机油沿着上提升阀座流动。机油流过上提升阀座之后，从排油孔道流出。

随着柱塞上升，在柱塞腔中的压力也下降到接近于零。燃油供油压力为450 kPa（65 psi）。燃油供油压力使柱塞进油单向球阀微微打开，以便用燃油注满柱塞腔。当增压器活塞被推压到孔穴顶部时，加注循环过程就结束了。加注循环结束时，燃油就填满了柱塞腔，进油单向球阀的钢球回到原来位置，在增压器活塞和提升阀腔室上方的压力为零。此时，就完成了燃油喷射循环过程，单体式喷油器准备重新开始工作。

三、卡特彼勒C-9发动机HEUI共轨系统

1. HEUI燃油系统的组成

卡特彼勒C-9发动机也是采用HEUI共轨燃油系统，其控制原理与3126B发动机相似，只是液压泵和喷油器这两大主要部件的结构有所不同。如图4-18所示，C-9这种发动机的燃油系统由以下五个基本组件组成：

- 液压电子单体式喷油器（HEUI）。
- 电子控制模块（ECM）。
- 液压泵。
- 燃油输油泵。
- 喷油促动压力传感器。

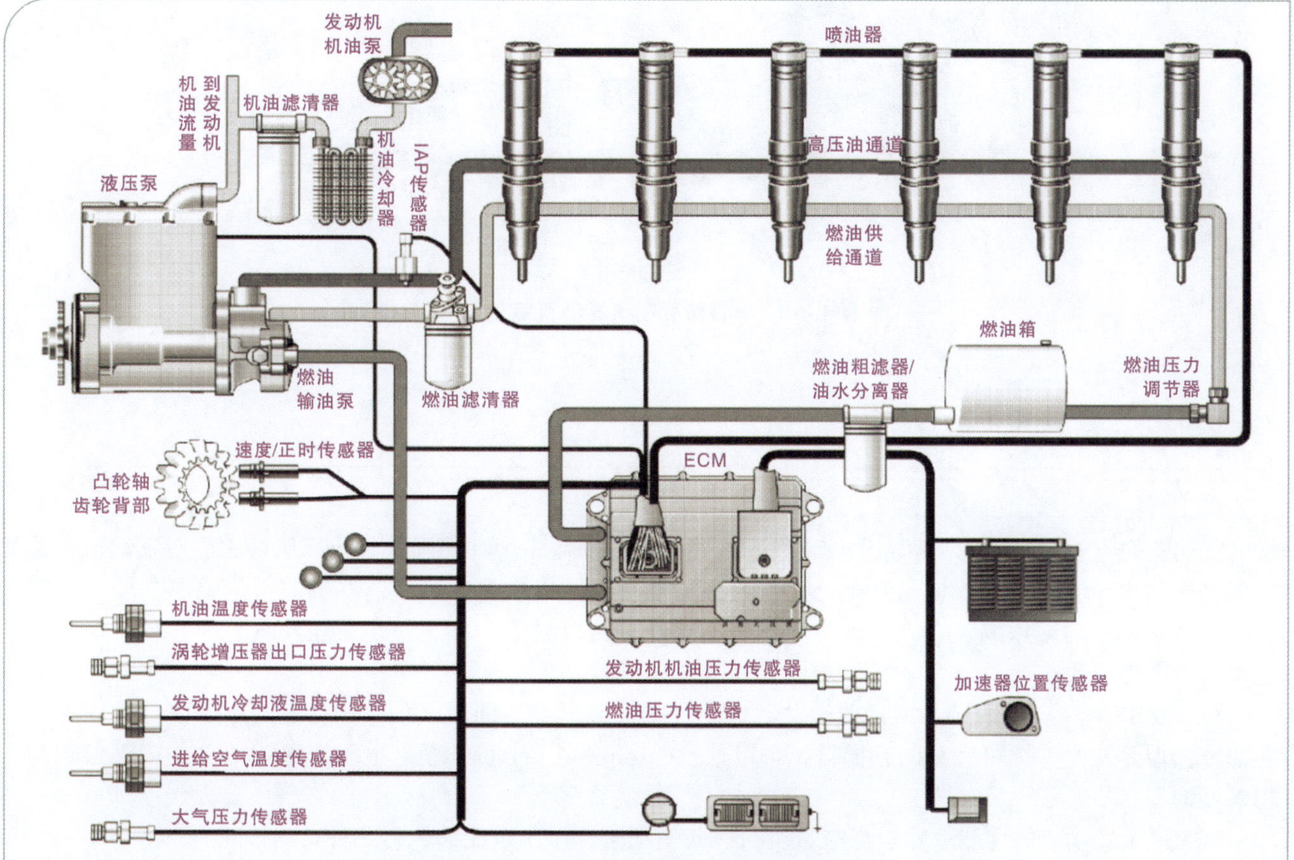

图4-18 C-9发动机HEUI燃油共轨系统

（1）液压电子单体式喷油器

卡特彼勒C-9发动机的喷油器外形如图4-19所示，电液压单体式喷油器（HEUI）燃油系统利用电子控制的单体喷油器进行喷射。柴油机的所有喷油器的内部都包括柱塞和泵筒，以便在高压下将燃油泵入燃烧室。HEUI使用高压发动机机油为柱塞提供动力，泵入精确数量的燃油进入燃烧室，这是为了控制发动机的性能。

HEUI使用加压到6 ~25 MPa的发动机润滑油从喷油器中泵出燃油。HEUI和液压油缸的工作方式相同，以增加高压油的压力。通过增加高压油的压力，HEUI能产生非常高的喷油压力。燃油压力的增加通过将高压油的压力施加到活塞上来实现，同3126B发动机的喷油器类似，活塞的大小约是柱塞的六倍，活塞由发动机的高压润滑油提供动力，并能够推动柱塞。发动机的高压润滑油称作机油的促动压力，机油的促动压力产生单体式喷油器的喷油压力，喷油压力大约为促动压力的六倍。

较低的机油促动压力产生较低的喷油压力。在怠速和启动等低速状态下，喷油器具有较低的喷油压力。

较高的机油促动压力产生较高的喷油压力。在最大扭矩和加速等高速状态下，喷油器产生较高的喷油压力。

在最小和最大的喷油压力之间，存在许多其他的工作状况。不管发动机的转速如何，HEUI燃油系统都能提供无限的喷油压力控制。

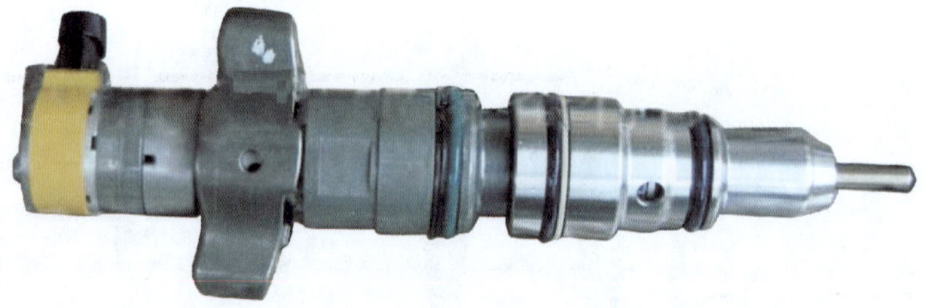

图4-19　卡特彼勒C-9发动机喷油器

（2）电子控制模块（ECM）

发动机的电子控制模块（ECM）位于发动机左侧。ECM是一个功能强大的计算机，它能对发动机性能实现完全的电子控制。ECM使用几个传感器收集的发动机性能数据，利用这些数据来调整燃油输送、喷油压力及喷油正时。ECM包含有编程的性能图（软件），以说明功率、扭矩曲线及每分钟转数。该软件通常称为个性模块。

与3126B发动机不同的是，C-9柴油发动机的程序存储器是不能更换的，因为它在ECM内部是固定的一部分，但是它是一个可擦写的存储器，可以通过Caterpillar（卡特彼勒）电子技术（ET）的闪烁编程功能来再编程。

ECM记录发动机的性能故障。当ECM和ET一起使用时，ECM也能够执行几种自动诊断测试。

(3)液压泵

单体式喷油器液压泵高压油泵位于发动机左前角，其外形如图4-20所示。C-9发动机的单体式喷油器液压泵是一种变量输送活塞泵。

单体式喷油器液压泵使用一部分发动机润滑油，将这部分发动机润滑油的压力增加到所需的喷油促动压力，以给HEUI喷油器提供喷射压力。

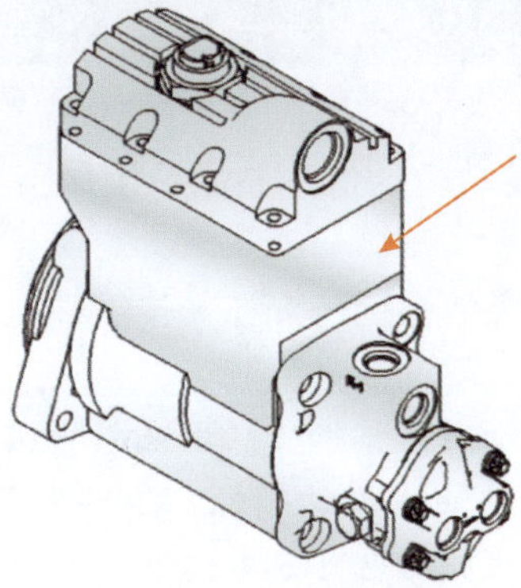

图4-20 液压泵

(4)泵压力调节器

泵压力调节器在单体式喷油器液压泵内部。泵压力调节器是一种高精度阀，它通过改变泵的输出流量来控制泵的输出压力（促动压力）。ECM的性能图包括一个用于每种发动机工况的理想促动压力，ECM向泵压力调节器发送一个控制电流，控制电流能将实际的促动压力调节到接近于理想促动压力，两者几乎相等。

泵压力调节器是一种执行组件，它将ECM的电信号转换为对柱塞衬套的机械控制，从而改变泵的输出流量和输出压力。

(5)燃油输油泵

如图4-21所示，燃油输油泵安装在单体式喷油器液压泵的后面。使用燃油输油泵是为了从燃油箱中泵取燃油。同时，使用燃油输油泵还能够将燃油压力增加到450 kPa（65 psi）。增压后的燃油被供应到喷油器。

燃油输油泵是一种齿轮泵，由液压泵的泵轴驱动。燃油输油泵的安全阀将输出压力限制在689±69 kPa（100±10 psi）以内。燃油从油箱中吸出，进入泵的入口。齿轮的旋转使燃油通过次级燃油滤清器流出泵的出口，并进入缸盖内的供油通道。

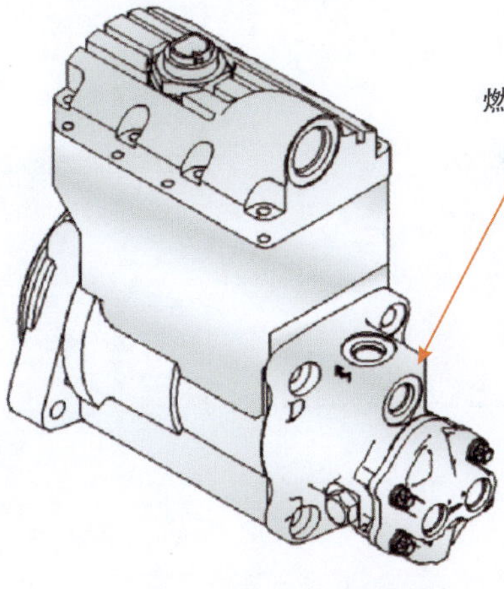

图4-21 燃油输油泵

(6)喷油促动压力传感器（IAP）

喷油促动压力传感器（IAP）安装在高压油歧管内，如图4-22所示。高压油歧管提供起促动作用的机油，给单体式喷油器提供喷射能量。IAP传感器监控喷油促动压力，将连续的电压信号反馈到ECM，ECM将该信号进行转换，使ECM在任何时候都能够感知到喷油促动压力。

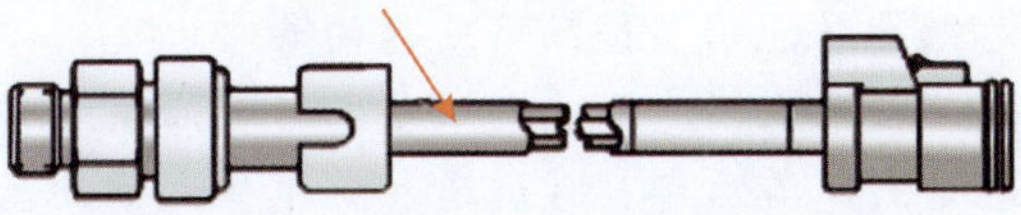

图4-22 喷油促动压力传感器（IAP）

2. 低压燃油系统

C-9发动机的低压燃油系统如图4-23所示，它具有两种功能，一是为喷油器提供用于喷射的燃油，二是提供多余的燃油以排除系统中的空气。除此之外，低压燃油还流经ECM，用于冷却ECM元件。

低压燃油系统由五种基本组件组成：燃油箱、燃油粗滤器/油水分离器、两微米次级燃油滤清器、燃油输油泵、燃油压力调节器。

燃油输油泵将燃油从燃油箱中吸出，并流经十二微米燃油粗滤器/油水分离器。燃油粗滤器/油水分离器清除燃油中大的颗粒，这些颗粒可能在泵油过程中进入油箱，也可能通过燃油箱的通风口进入油箱。燃油粗滤器也可分离出燃油中的水分，水分在燃油粗滤器/油水分离器底部的滤杯中被收集起来。

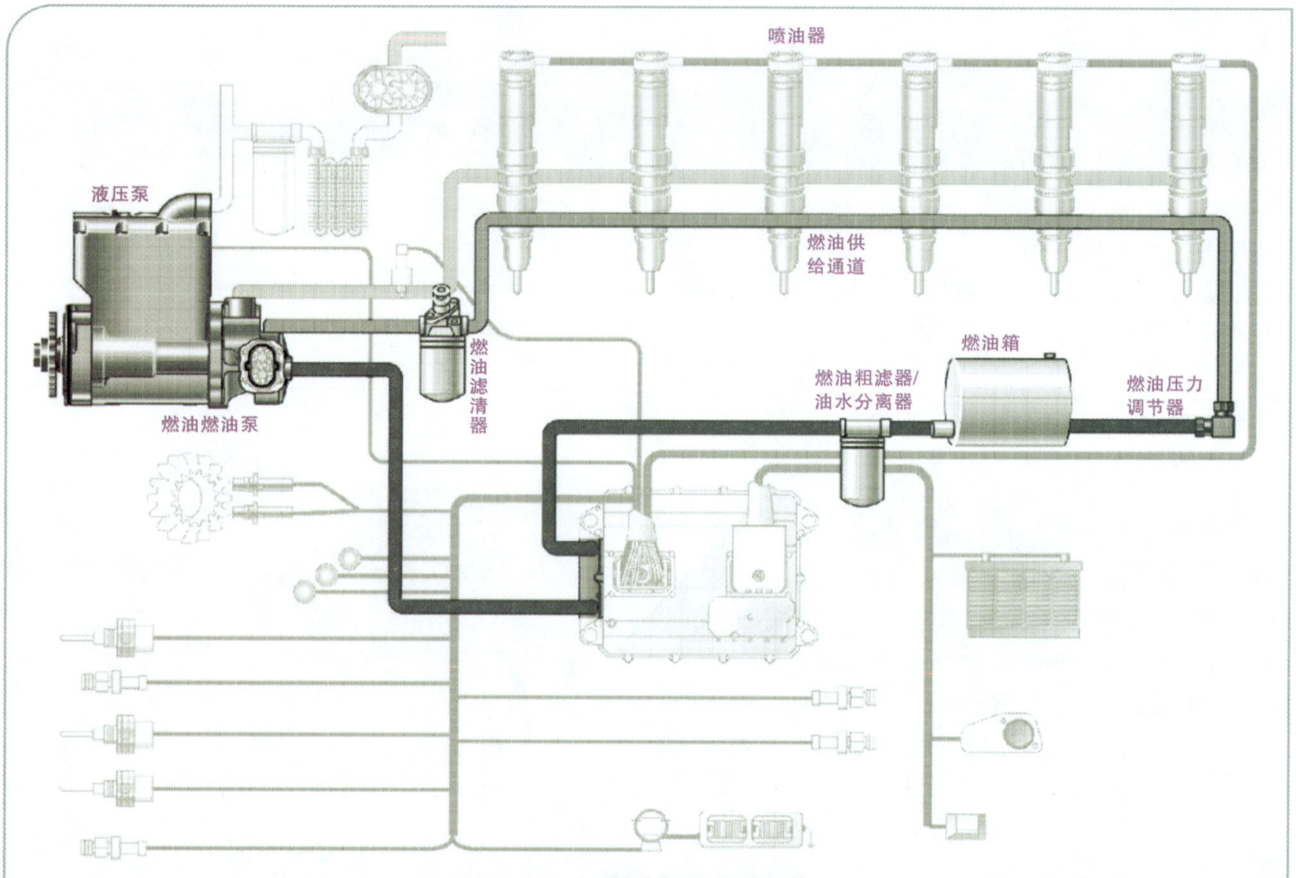

图4-23　C-9发动机低压燃油系统

燃油从燃油粗滤器/油水分离器流向燃油输油泵的进口侧，燃油输油泵进口的单向阀打开以允许燃油流入泵内；燃油停止流动后，单向阀关闭以防止燃油从进口流出。燃油在泵内从进口流向出口，增压后的燃油从泵的出口流向两微米次级燃油精滤器。这些燃油滤清器都是高效率的，能够清除燃油中十分细小的磨蚀污染物，而燃油粗滤器/油水分离器不能滤出这些细小的污染物。燃油精滤器能够清除98%的两微米颗粒以及那些大于两微米的颗粒，而这些颗粒能导致单体式喷油器磨蚀损坏，精滤器的使用和定期维护能明显提高喷油器的寿命。

燃油从精滤器流向缸盖内的燃油供给通道，燃油供给通道是一个钻出的孔，该孔起始于缸盖前端，延伸到缸盖后部，该通道和各单体式喷油器孔相通以向单体式喷油器提供燃油。燃油从输油泵通过缸盖流向所有的单体式喷油器，多余的燃油从缸盖后部流出，再流入燃油压力调节器。

燃油压力调节器由一个节流孔和一个有弹簧的单向阀组成。节流孔是一个流量限制装置，它能够增加供油压力。簧压的单向阀在压力为35 kPa（5 psi）时打开，以使从节流孔流出的燃油流回油箱。当发动机熄灭并且不存在油压时，簧压的单向阀关闭。簧压的单向阀关闭是为了防止缸盖中的燃油流回油箱。

3. 喷射促动系统

（1）促动油流量

喷油促动系统如图4-24所示。它具有两种功能：一是供应高压油以给HEUI喷油提供喷射动力。二是喷油促动系统也能控制喷油压力，该压力是通过改变机油的促动压力并由喷油器产生的。

喷油促动系统由四种基本组件组成：发动机机油泵、发动机机油滤清器、液压泵和喷油促动压力传感器（IAP传感器）。

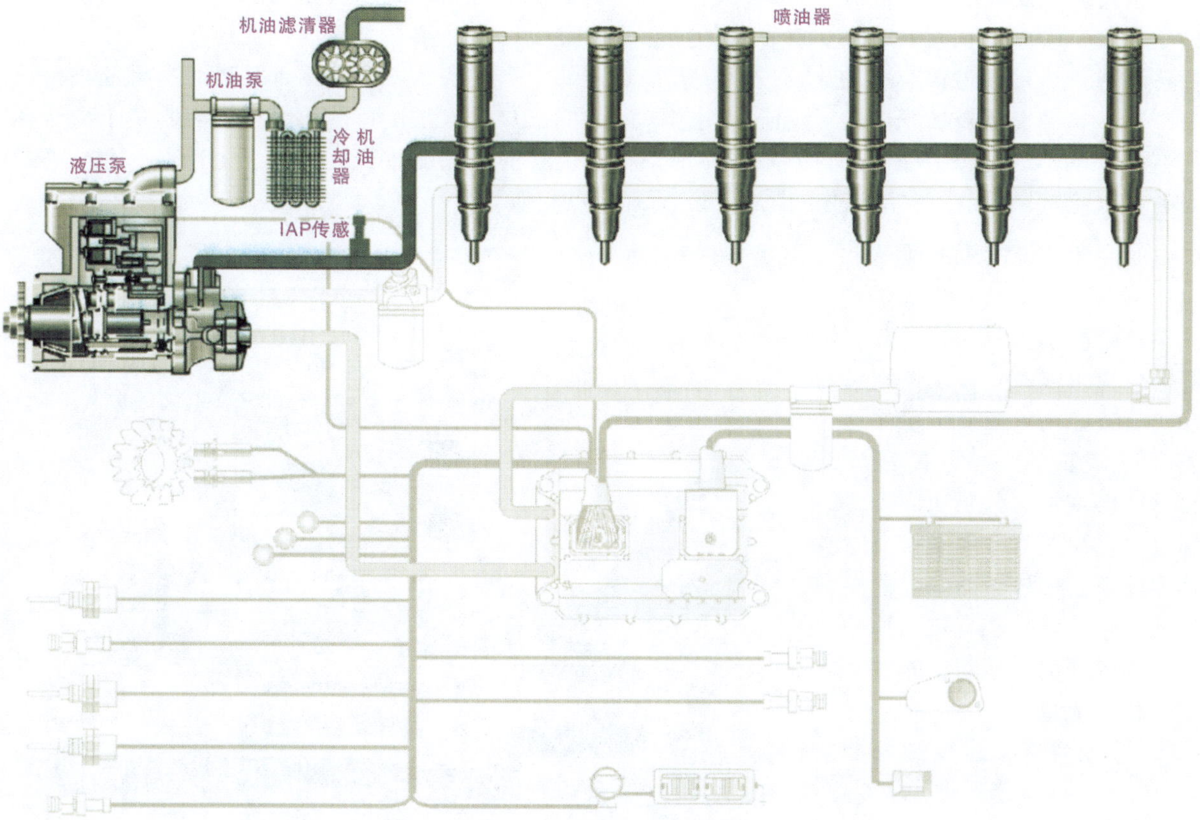

图4-24 喷射促动系统

同3126B发动机一样，发动机机油泵中的机油首先满足发动机润滑系统的需要，其次再供应到喷油促动系统的液压泵，以满足液压泵产生高压机油的需要。为了符合必要的额外流量的需求，发动机机油泵的容量已经被提高。

如图所示，从机油箱中吸出的机油被发动机机油泵加压到润滑系统的机油压力，机油从发动机机油泵流出，通过发动机机油冷却器、发动机机油滤清器，然后流进主油道。从主油道分离出来一个油路，引导一部分润滑油并把机油供给液压泵。发动机左侧的钢管把主油道和液压泵进口连接起来，连接点在发动机侧盖上歧管的顶部端口处。

机油流入单体式喷油器液压泵进口并充满泵腔。泵腔在启动过程中为单体式喷油器液压泵提供机油，直到发动机机油泵能够升高压力，泵腔还能为缸盖的高压油道补给机油。当发动机熄火并且发动机冷下来时，机油冷缩。泵内的单向阀允许从泵腔中吸出机油，以使高压油道保持充满状态。

泵腔内的机油在单体式喷油器液压泵中被加压，使得机油在高压下被排出液压泵的出口，然后机油从单体式喷油器液压泵的出口流入缸盖内的高压油道。

高压油道和各单体式喷油器孔相通以向喷油器提供高压促动机油。高压促动机油从单体式喷油器液压泵通过缸盖流向所有的喷油器。机油被容纳在高压油道内，直到被单体式喷油器使用。已经被单体式喷油器排出的机油，在气门盖下被排出，这些机油通过缸盖内的排油孔流回曲轴箱。

（2）促动油压力控制

单体式喷油器液压泵是一种变量输送活塞泵，此泵的设计是为了在最大需求下产生足够的流量。

单体式喷油器液压泵的结构如图4-25所示，液压泵由发动机前面的齿轮传动机构来驱动，泵前面的主动齿轮驱动泵的主动轴，泵主动轴上的偏心驱动盘使得泵柱塞在泵筒内往复运动。当柱塞朝着泵筒外移动时，机油通过偏心驱动盘的进口吸入柱塞内部。当柱塞朝着泵筒内部移动时，机油被挤压出柱塞。这些机油能通过柱塞内的溢流孔或流出单向阀的出口进入泵出口。每个柱塞包含一个溢流孔，该孔在柱塞的部分冲程中被滑动衬套罩住。滑动衬套位置的变化能改变柱塞的有效冲程，并升高或降低泵的输出流量，这跟轴向柱塞分配泵的控油原理有点相似。

喷油促动系统的压力通过泵输出流量和喷油促动系统所要求的流量相匹配来控制。柱塞滑动衬套的位置可以改变，以控制泵的输出流量。滑动衬套向左移动能够盖住较长的一段柱塞溢流孔，这能够增加有效泵油冲程并提高泵的输出流量。滑动衬套向右移动能够盖住较短的一段柱塞溢流孔，这能够减小有效泵油冲程。滑动衬套向右移动也能够降低泵的输出流量。

柱塞滑动衬套连接到一个惰轮上，惰轮连接到促动活塞上，促动活塞左右移动能够使惰轮和滑动衬套向左或向右移动相同的距离。

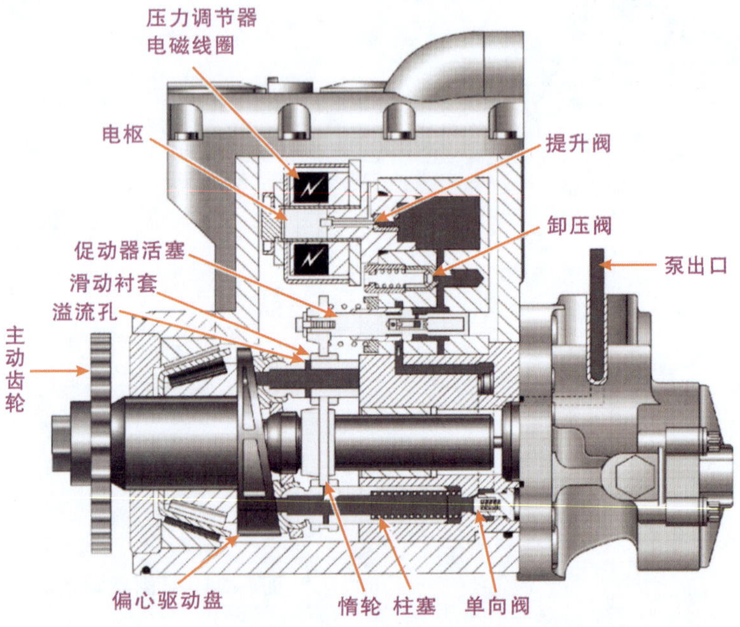

图4-25 液压泵的结构

有三种力作用在促动活塞上，它们是弹簧力、泵的输出压力、控制压力，这些作用力确定了促动活塞的位置。

弹簧力和控制压力的合力与泵输出压力的方向相反，这三者的合力确定了促动活塞的位置。泵输出压力作用在促动活塞的左侧，这个力使得促动活塞向右移动并降低泵的流量；控制输出压力作用在促动活塞的右侧，这个力使得促动活塞向左移动并增加泵的流量；弹簧力也作用在促动活塞上，这种力使得促动活塞向左移动并增加泵的输出流量。

控制压力取决于从ECM到泵压力调节器电磁阀电流大小。较少的泵输出油量进入促动活塞内的一个小油槽中，流出节流孔并进入控制压力腔。腔内的压力受到一个小提升阀的限制，提升阀打开能允许腔内的一部分机油流向排油孔。由作用在电枢上的磁场产生电磁力使得提升阀闭合，磁场的强度确定了控制压力腔内的机油压力，该压力能够打开提升阀。

电磁阀电流的增强能引起下列因素的增强：

a、磁场强度
b、电枢和提升阀的作用力
c、打开提升阀的控制压力

电磁阀的电流下降能引起下列因素减弱：

a、磁场强度
b、电枢和提升阀的作用力
c、打开提升阀的控制压力

电磁阀的电流增强引起控制压力升高，使泵输出压力随之升高；电磁阀的电流减弱引起控制压力降低，使泵输出压力随之降低。

ECM监控促动压力，不断地改变泵压力调节器的电流以控制促动压力。闭环电路中，ECM、喷油促动压力传感器（IAP）、泵压力调节器三大组件协同工作以控制促动压力。

闭环电路按下列方式工作：

a、ECM通过收集传感器输入的信息和软件工作图确定理想的促动压力。
b、ECM通过来自IAP传感器的恒定电压信号来监控实际的促动压力。
C、ECM不断地改变泵压力调节器的控制电流，改变泵的输出压力。

理想促动压力是指为使发动机性能最优化，系统所需要的喷油促动压力。理想促动压力由ECM内的性能图确定，ECM选择理想的促动压力。这种选择是建立在许多传感器输入信号的基础上，这些传感器包括：加速踏板位置传感器、增压压力传感器、速度-正时传感器、冷却液温度传感器。

理想促动压力是不断变化的，其变化以不同的输入信号为依据，发动机转速和负载的变化也能导致理想促动压力发生变化，理想促动压力只有在稳定状态（稳定的发动机转速和负载）下才是恒定的。实际促动压力是正在为喷油器提供动力的促动油的实际系统压力，ECM和泵压力调节器不断改变泵的输出流量，这种不断的变化使得实际的促动压力和理想促动压力趋于相等。

（3）泵压力调节器阀的工作

泵压力调节器阀的工作有以下三个阶段：

· 发动机熄火时调节阀的控制
· 发动机启动时调节阀的控制
· 发动机运转时调节阀的控制

下面给以一一分析。

a、发动机熄火时调节阀的控制

如图4-26所示，当发动机熄火时，由于发动机不运转，液压泵不工作。因此，没有来自液压泵的泵输出压力，也没有从ECM发送给压力调节器的电流。此时，只有促动弹簧力的作用，促动弹簧推动促动活塞完全地向左移动，图中未标出的惰轮和滑动衬套也向左移动。滑动衬套位于最左边，液压泵位于最大流量位置。

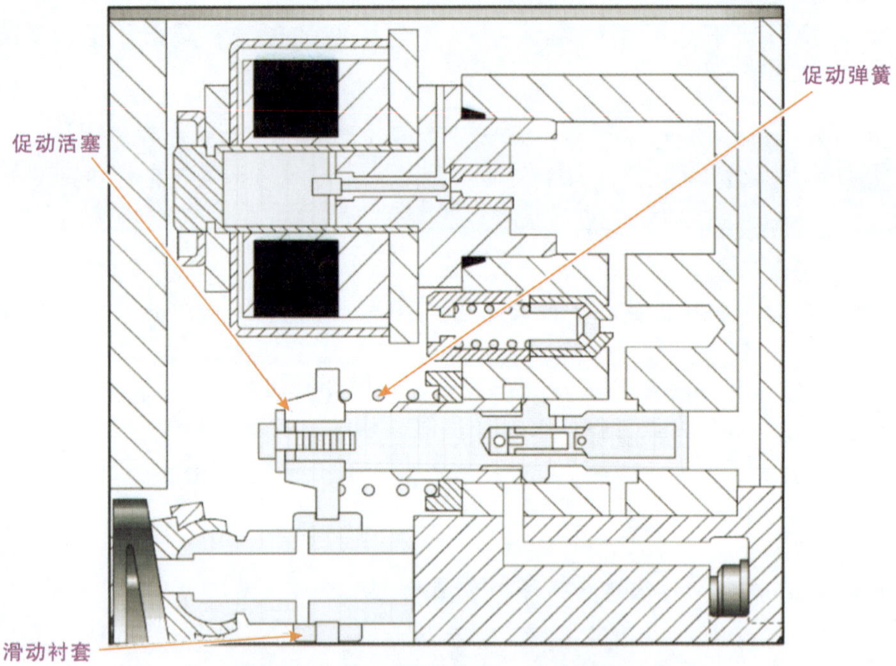

图4-26 调节阀的控制（发动机熄火）

b、发动机启动时调节阀的控制

在发动机启动过程中，大约需要6 MPa（870 psi）的喷油促动压力来激活单体式喷油器。这个低的喷油促动压力产生一个大约35 MPa（5000 psi）的燃油喷射压力。低的燃油喷射压力有助于冷启动。

为了迅速启动发动机，喷油促动压力必须迅速升高。因为单体式喷油器液压泵正在以发动机的启动速度运转，所以泵流量非常低。如图4-27所示，发动机启动时，ECM向压力调节电磁发送一个强电流以使提升保持关闭，当提升阀位于关闭位置时，流向排油孔的所有机油被阻止，控制压力等于泵的输出压力，作用在促动活塞两侧的液压力相等。促动弹簧将促动装置固定在左侧，泵产生最大流量直到达到6 MPa的理想压力。这时，ECM减小供给压力调节电磁阀的电流以降低控制压力。控制压力的降低允许促动活塞向右移动，这能够降低泵的输出流量以保持6 MPa的理想压力。

如果发动机已经预热，启动发动机所需的压力可能要高于6 MPa。理想促动压力值存储在ECM的性能图中，其值随发动机的温度而不同。一旦组合式喷油泵开始工作，ECM就会对压力调节器的电流加以控制。ECM和压力调节器电磁阀将保持促动压力在6 MPa左右，直到发动机启动。ECM通过位于高压油歧管内的IAP传感器来监控实际的促动压力，通过监控几种电子输入信号来建立理想促动压力，并且向压力调节器电磁阀发送一个预先确定的电流。ECM还将理想促动压力和高压油道内的实际促动压力加以比较，调整供给压力调节器电磁阀的电流以使实际促动压力和理想促动压力趋于一致。

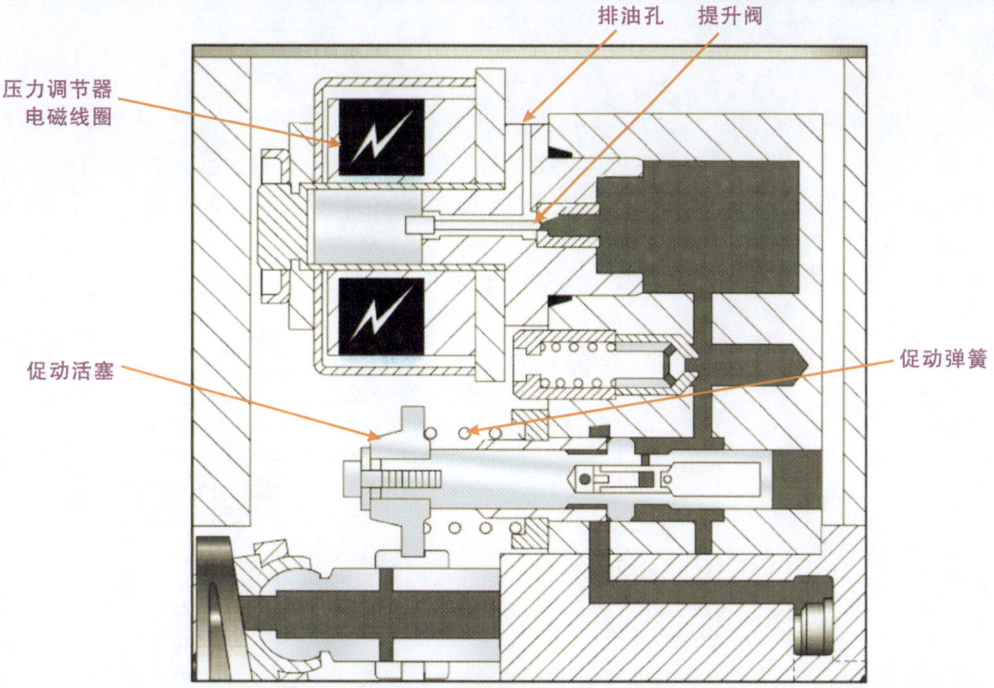

图4-27 调节阀的控制（发动机起动）

c、发动机运转时调节阀的控制

一旦发动机启动，ECM就会对泵压力调节器的电流加以调节，以保持理想的促动压力。IAP传感器监控缸盖高压油道内实际的促动压力，ECM每秒将实际促动压力和理想促动压力比较几十次，当实际促动压力和理想促动压力不匹配时，ECM调整泵压力调节器的电流，从而调节液压泵的出口压力，即实际促动压力。

发动机运转时泵压力调节阀的工作状态如图4-28所示。泵输出流量的少量机油流经促动活塞并进入控制压力腔，控制压力升高。升高的压力使得提升阀离开阀座，提升阀打开，以允许机油流向排油孔，泄出一部分机油，这将使促动活塞右侧的机油压力降低。由于此时促动活塞左侧的机油压力大于右侧，故促动活塞带动滑动衬套向右移动一个距离，调节机油出口压力。ECM通过升高或降低压力调节器电磁阀的电流以及提升阀的合力来改变控制压力。

这个调节过程是闭环控制的，下列组件构成了一个闭环系统：电子控制模块（ECM）、喷油促动压力（IAP）、压力调节器。

这种闭环系统能对泵输出压力提供连续控制，泵的输出压力范围为6~25 MPa。

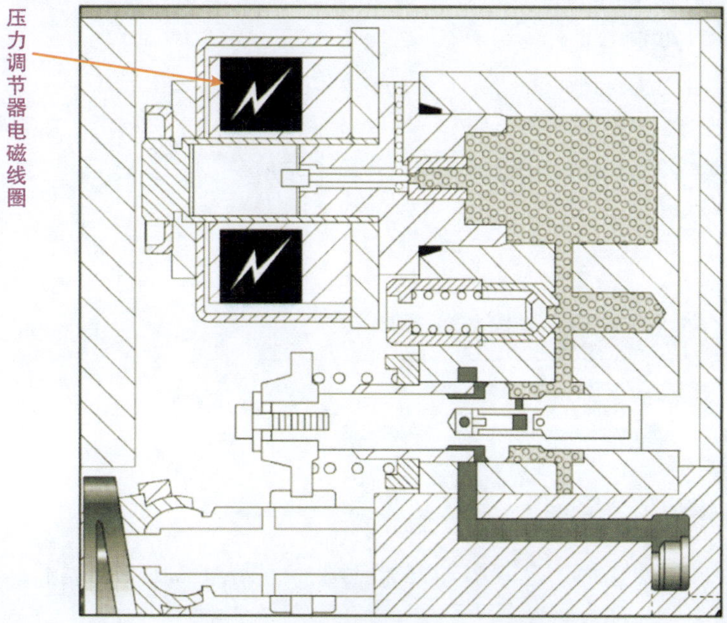

图4-28 调节阀的控制（发动机运转）

3. 喷射促动系统

在液压共轨电喷燃油系统上市5年之后的2000年，卡特彼勒公司完成了第二代产品（B型）的设计方案。在HEUI-B系统中，最大的结构区别是以两级阀代替了菌型阀。B型液压共轨电喷喷油器具有一个独特的阀门装置，单个电磁线圈控制放大器燃油压力和控制喷嘴单向阀燃油压力。新一代HEUI-B喷油器的供油速率和喷油压力更高。

（1）HEUI-B 喷油器的结构组成

HEUI-B喷油器的结构如图4-29所示，由三个主要部分组成：上端的促动器（A）、中部的泵油装置（B）、下端的喷嘴组件（C）。

喷油器的上端（A）包括下列组件：电磁线圈、电枢、电枢弹簧、滑阀、滑阀弹簧、座销、增压活塞止回球。

喷油器的中部（B）包括下列组件：增压活塞、回程弹簧、柱塞、柱筒。

喷油器的下端（C）包括下列组件：喷嘴壳、挡块、进口止回件、衬套、逆流单向阀、喷嘴弹簧、止回活塞、喷嘴止回件、喷嘴尖头。

这些组件共同工作以产生不同的燃油喷射速率，燃油喷射速率由ECM内的性能软件进行电子控制。

HEUI-B喷油器具有四大功能。HEUI-B喷油器将供应的燃油加压到450 kPa至175 MPa之间。HEUI-B喷油器的工作就象一个喷雾器，它通过喷油器尖端的节流孔将高压燃油喷出。HEUI喷油器将正确数量的雾状燃油喷入燃烧室，并使雾状燃油均匀地分散到燃烧室内。

HEUI-B系统可以用下面3种方式形成喷射：斜面形、矩形或分开形。所有这些形状都是喷油压力对曲轴转角的函数。

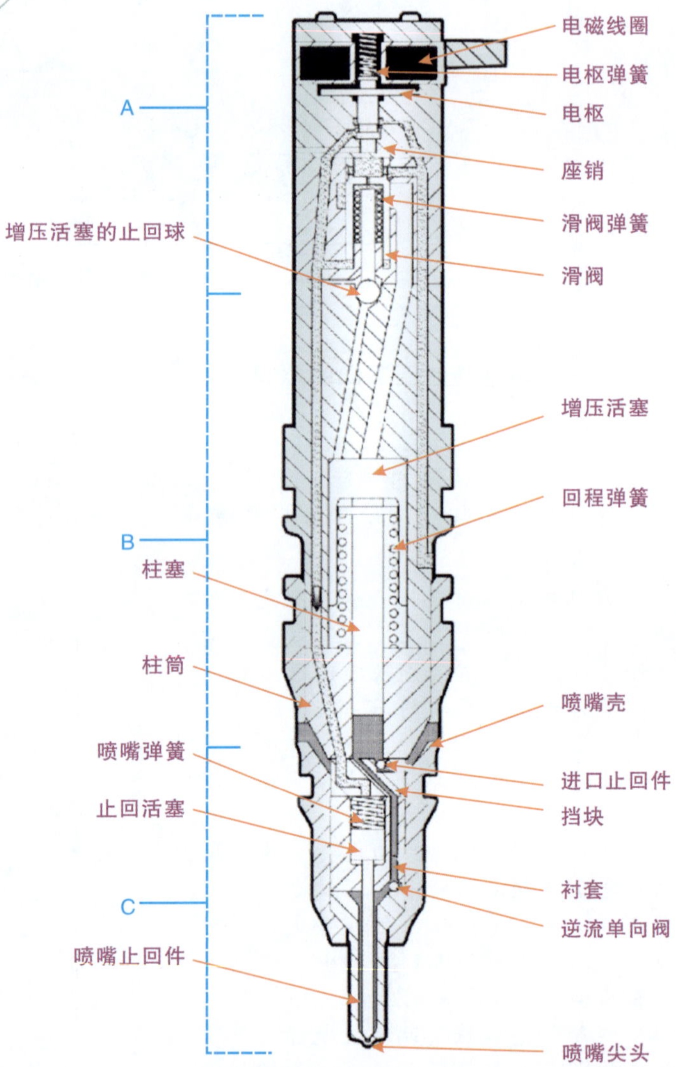

图4-29 HEUI-B 喷油器的结构

斜面速率形状从喷油开始到喷油结束都不断增加喷油压力。卡特彼勒认为成形喷射法可以降低氮氧化物（NO_X）和噪音，在气缸压力限制正时（增加喷油正时提前角）的情况下，降低了燃油消耗率。

矩形速率形状具有一个平坦的压力分布，实际上是最大平均有效压力（MEP）的形状，它的好处是降低烟度、改善中等负荷的燃油消耗率（由于缩短了燃油喷油喷射持续期，平均有效压力提高），并由于缩短了燃油喷射持续期和低烟度，从而改善了反应特性。

分开喷油形成了引导（流量、正时和喷油压力）喷油速率和主喷油率，这样可以降低燃烧噪音，降低低负荷时的碳氢化合物（HC）排放和氮氧化物（NOx）+碳氢化合物（HC）排放。

（2）HEUI-B 喷油器的燃油喷射过程

HEUI-B喷油器工作时分开的喷油循环分成几个部分。分开的喷油循环有五个喷射阶段：

a、准备喷射
b、辅助喷射
c、喷射延迟
d、主喷射
e、补充喷射

a、准备喷射

喷油器处于准备喷射阶段时，其工作状态如图4-30所示。柱塞和增压活塞位于活塞孔的顶部，柱塞下面的腔充满燃油。在喷油器上端，电枢和座销被电枢弹簧压紧，高压促动机油进入喷油器，然后沿着座销的周围流到止活塞的顶部，这在不喷油的所有时间段内为喷油嘴止回件提供了一个向下的压紧力。

滑阀被滑阀弹簧固定在滑阀孔的顶部。在这个位置，滑阀阻止促动机油到达增压活塞，滑阀的顶部和底部都有促动压力，于是滑阀上的液压力是平衡的，滑阀由滑阀弹簧的弹力固定在上部位置或说是关闭位置。

b、辅助喷射（预喷射）

如图4-31所示，当ECM向电磁线圈发送控制电流时，电磁线圈产生一个磁场，磁场力吸引电枢和座销升起。座销有一个下座和一个上座，当座销被电枢升起时，上座封阻止流向止回球的促动压力油。而下座打开，使止回活塞顶部的促动机油向排油孔泄流，聚集在滑阀下方的促动油也将流向排油孔泄压，通过喷油器

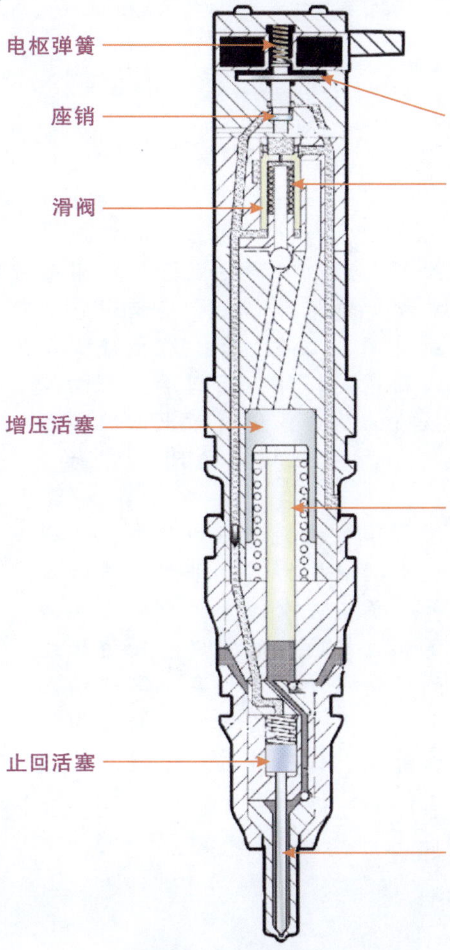

图4-30 喷油器准备喷射

一侧的排油孔排出。

滑阀下方的压力降低产生一个压力差，该压力差作用在滑阀上。当液压力作用在滑阀顶部时，这个液压力促使滑阀向下朝着打开的方向移动，这时促使油流过打开的滑阀并流向增压活塞的顶部。当滑阀和座销迫使增压活塞的止回球回到球座上，处于关闭位置时，滑阀停止下移，这样就阻止增压活塞腔内的促动压力的卸载，而止回活塞上促动压力的降低将解除止回活塞上向下的作用力。

活塞和柱塞的下移把柱塞腔内的燃油压向喷嘴尖头，当喷油压力升高到足以克服提升起喷嘴止回件的喷嘴弹簧力时，辅助喷射开始。

在电磁阀通电、滑阀保持打开状态且止回活塞顶部没有促动压力的条件下，辅助喷射将继续进行。

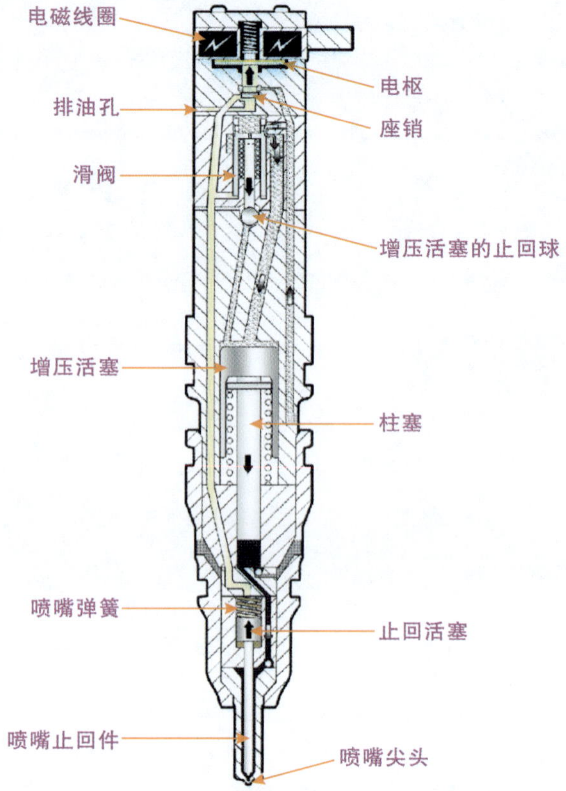

图4-31 辅助喷射（预喷射）

c、喷射延迟

如图4-32所示，当电磁阀上没有控制电流，即电磁阀断电时，喷射延迟开始。当磁场断电时，电枢弹簧推动电枢和座销下移。座销使其下座关闭，上座打开。这允许促动压力到达止回活塞的顶部，止回活塞上的液压力迅速克服喷油压力，使喷嘴止回件紧压在喷嘴尖端上，喷嘴止回件关闭，喷射停止。

这时，滑阀下方的促动压力升高，使得滑阀顶部和底部的液压力趋于平衡。此时减弱的滑阀弹簧力作用在滑阀上，使得滑阀缓慢关闭。当滑阀保持打开时，促动压力油继续流过滑阀到达增压活塞和柱塞。当喷嘴止回件保持在关闭位置时，喷嘴和柱塞腔内的喷油压力迅速升高，但不能进行喷射，形成了一个短暂的喷射延迟过程。

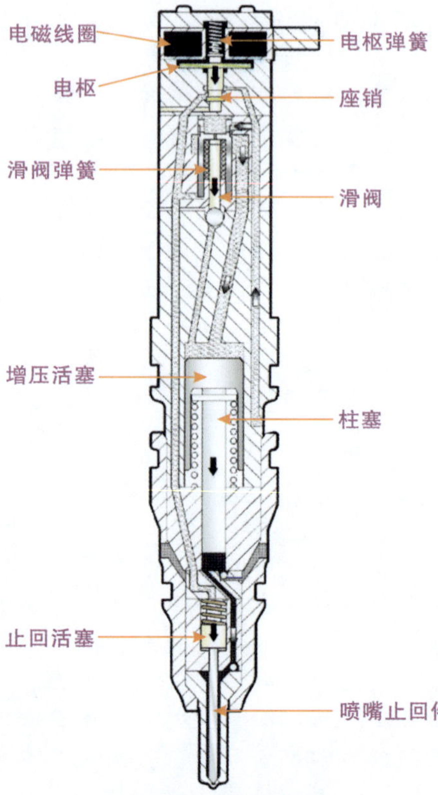

图4-32 喷射延迟

d、主喷射

如图4-33所示，当电磁阀线圈再次通电时，主喷射开始。磁场随之产生并且磁场力提升电枢和座销，上座封阻止促动压力油流向止回活塞的上部和滑阀的下部，并打开止回活塞和滑阀底端促动机油通向排油孔的通道，使喷嘴止回件闭合的液压力迅速解除。此时，喷油压力将喷嘴止回件打开，这样主喷射就开始了。滑阀上也产生液压压力差，这个压力差促使滑阀下移。当滑阀下移时，增压活塞的止回球，保持在关闭位置，如果电磁阀保持通电，主喷射将持续一段时间。

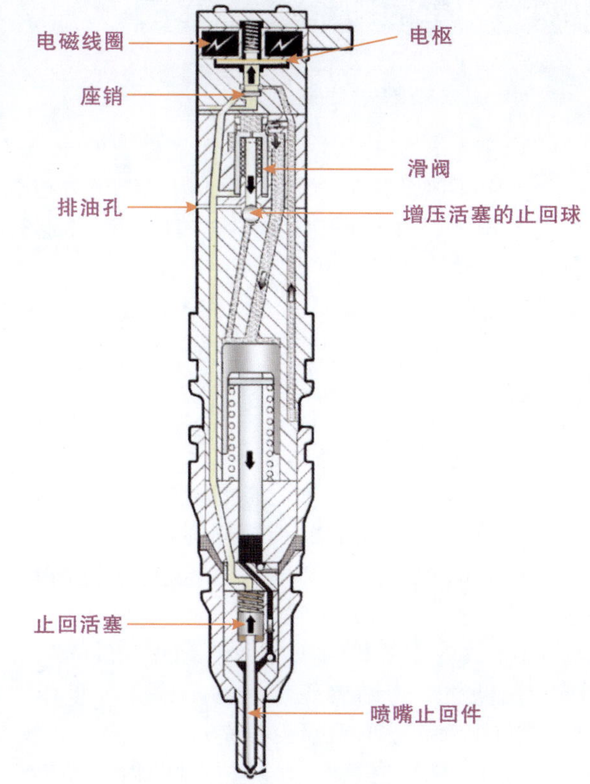

图4-33 主喷射

e、喷射停止

当主喷射正在进行，电磁阀断电时，主喷射停止。电枢弹簧迫使电枢和座销向下移动，座销使其下座关闭，上座打开，止回活塞顶部的促动压力得以恢复，这使得喷嘴止回和喷嘴尖端闭合。滑阀下面也有促动机油，产生促动压力，滑阀上的液压平衡也得到恢复，造成滑阀弹簧慢慢地关闭滑阀，这使得促动油停止向增压活塞流动。随着滑阀升起，增压活塞的止回球不再保持关闭。增压活塞腔内的促动机油将止回球从阀座上提起，并通过喷油器一侧的孔流向放油孔卸荷，回程弹簧推动柱塞和增压活塞上移，这使得所有的促动油从增压活塞腔内排出。柱塞上升时，进油口的单向阀离开阀座。这使得供应的燃油流进柱塞腔。

喷射停止过程如图4-34所示。

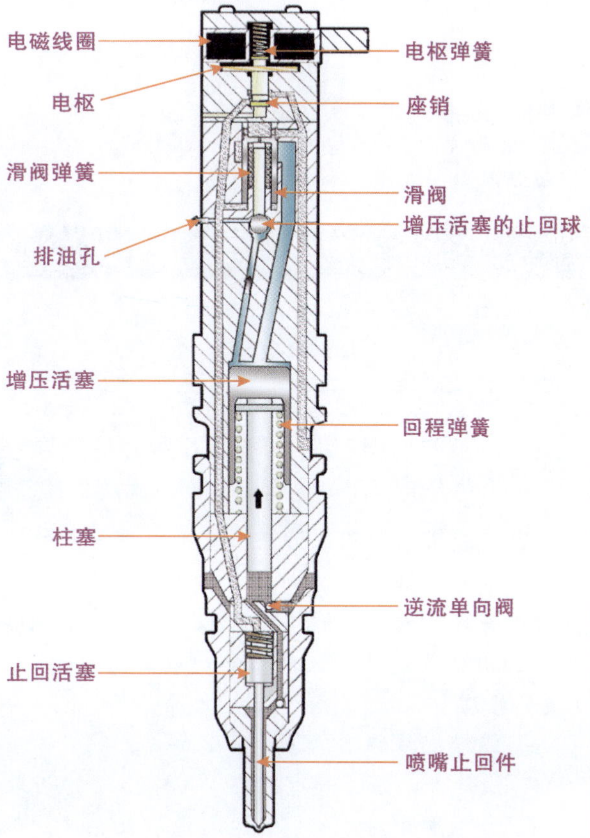

图4-34 喷射停止

4. HEUI共轨系统的特点

HEUI系统的主要特点是：

取消了传统的凸轮轴直接驱动柱塞的压力产生机构，增加了机油泵、机油压力控制电磁阀、机油压力传感器以及机油蓄压轨道，用机油压力控制喷油。HEUI燃油系统中的燃油供给为低压系统，而喷油压力较高，最高可达160MPa。HEUI喷油器柱塞在喷油电磁阀只有收到来自ECU的驱动信号时才会动作，因此定时控制更加精确，而且该系统的喷油速率随着发动机的转速而变化，能快速结束喷射和实现高压喷油，因此改善了燃油经济性并降低了发动机的排放和噪音。

HEUI系统的主要优点是：

a、HEUI喷射定时范围不受限制。HEUI系统共轨压力任何时刻都处于中等压力水平，通过电磁阀通电来控制高压喷射，而第二代时间控制式系统中，凸轮柱塞只能在凸轮型线上升段才可能喷射。

b、共轨中的机油压力决定了HEUI的喷射压力，机油压力随着发动机在不同工况下所需的最佳喷射压力而灵活调整。

c、HEUI喷射系统可以进行预喷射，改善了发动机的燃烧状况，降低了尾气排放，提高了发动机功率和燃油经济性。

HEUI系统的缺点在于：

a、系统结构复杂，由于系统对机油液压要求高，所以机油液压泵加工精密复杂；带有电磁阀和增压活塞的喷油器设计和制造水平要求高；机油回路需要考虑快速启动、低温冷启动以及高速高负荷时的散热等问题。

b、从电磁阀通电到增压活塞运动再到柱塞建立高压再到喷射开始，就有了较多的环节时间延迟，因而整个喷射系统的响应较慢，在一定程度上限制了较短时间多次喷射的可能性。

c、整个系统成本较高，机油和燃油品质要求高，对滤清器等要求高。

HEUI系统主要应用在排量较大的柴油电控发动机上，如卡特彼勒的六缸大功率发动机。很多大型机械，如挖掘机、装载机、坦克、轮式装甲车搭载了这种大功率发动机。

5. C-9发动机燃油系统的测试与调整

（1）燃油系统的检查

向发动机输送燃油的零件发生故障可能导致燃油压力降低，这可能引起发动机性能下降，甚至因压力过低或不供油而停止运转。**燃油系统的检查步骤如下：**

a、检查燃油箱内燃油液位，确保燃油盖的通风孔中没有脏物。

b、缓和不正确的弯曲部分，核实回油管没有被压扁使回流受阻。

c、安装新的燃油滤清器。

d、用机油滤清器切削工具切削旧滤清器开口，检查滤清器是否污染过度。确定污染来源，进行必要的修理。

e、维修燃油粗滤器（如有配备）。

f、操作手动泵（如有配备）排除空气，如果感觉阻力很小，则测试燃油中是否存在空气。

g、如系统中存在空气，则排除燃油系统中的所有空气。

（2）燃油中空气的测试

燃油中空气的测试用来检查燃油中是否存在空气，而且也有助于发现空气的来源。

a、检查燃油系统是否泄漏，确保燃油管接头正确拧紧。检查燃油箱内的燃油液位，如液位过低，空气可能在燃油输油泵和燃油箱之间的吸入侧进入燃油系统。

b、在回油管内安装一个燃油流量管（目测仪）。如有可能，在全长为304.8mm的笔直燃油管部分安装目测仪，不要在下列产生紊流的设备附近安装目测仪：

· 弯管
· 安全阀
· 单向阀

在启动发动机的过程中观察燃油的流动情况，查看燃油中的气泡。如果目测仪中没有燃油，则启动燃油系统。如果发动机启动，在不同的发动机转速下检查燃油中的空气。如感觉有空气存在，则在怀疑燃油中有空气的状态下运转发动机。图4-35为燃油流量管中看到的燃油空气状况。

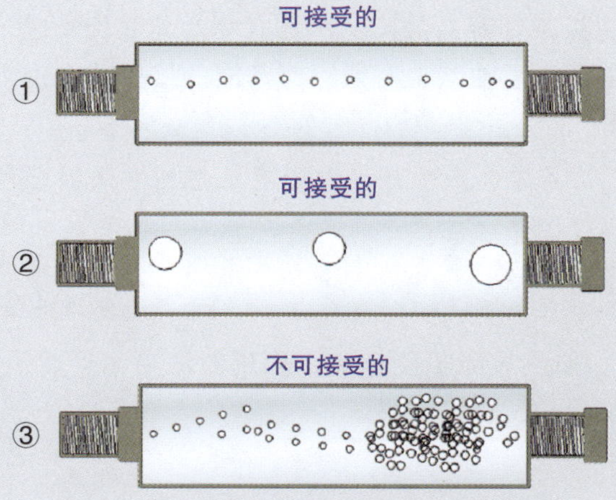

图4-35 2P-8278燃油流量管（目测仪）

a）直径大约为1.60 mm的小气泡稳定流动，说明燃油中含有的空气数量还是可以接受的。

b）如果气泡出现之间有2至3秒的间隔，直径约为6.35mm的气泡也是可以接受的。

c）燃油中气泡过多，气泡冒出又非常频繁的话是不可接受的，应该排除燃油中的空气。

C、如果回油管的目测仪中可以看到过多的气泡，则在燃油输油泵的进口处安装另一个目测仪。如没有另外的目测仪，则将回油管处的目测仪移开，并安装到燃油输油泵的进口处。在启动发动机的过程中观察燃油的流动情况，查看燃油中的气泡。

· 如发动机启动，在不同的发动机转速下检查燃油中的空气。

· 如燃油输油泵进口看不到过多的空气，则空气是从燃油输油泵的之后的部分进入系统的，此时则跳至空气测试第6点。

· 如燃油输油泵进口能看到过多的空气，则空气正从燃油系统的吸入侧进入。

d、将油箱加压到35 kPa（5 psi）。为了避免油箱损 坏，不要使用超过55 kPa(8 psi)的压力给油箱加压。检查燃油箱和燃油输油泵之间的燃油管是否泄漏，如发现任何泄漏，进行修理。检查燃油压力以确保燃油输油泵工作正常。

e、如果找不到空气来源，从油箱上断开供油管路，并将外部供油管连接到燃油输油泵的进口处。如果这样做能够解决故障，修理油箱或油箱中的竖管。

f、如果喷油器衬套磨损或损坏，燃烧气体可能泄漏到燃油系统中。如果喷油器衬套上的O形密封圈磨损、丢失或损坏，燃烧气体也可能泄漏到燃油系统中。

（3）电子单体式喷油器的测试

电子单体式喷油器的测试有助于识别喷油器不点火的原因，只有在进行“气缸关断测试”后才能执行该项测试。由于电子单体式喷油器装置使用90~120V的电压，因此该测试存在电击危险。

a、执行这个步骤之前，应先检查燃油中是否有空气。

b、拆下气门盖并寻找破裂的零件，修理或更换所发现的任何破裂零件。检查电磁阀的所有配线，寻找松动的连接，同时寻找擦破或断开的导线，对每根导线进行拉伸试验。确保单体式喷油器电磁阀的接头连接正确，检查电磁阀的接线柱是否击穿。

c、寻找燃油泄漏的迹象，调查燃油泄漏的来源，修理导致燃油泄漏的地方。

d、对怀疑有故障的单体式喷油器，检查该气缸的气门间隙设置。

e、确保固定单体式喷油器的螺栓拧紧到正确的扭矩。为了检查扭矩，松开固定单体式喷油器的螺栓，将螺栓拧紧到12±1N·m。

f、拆下怀疑有故障的单体式喷油器并检查喷油器上面是否有冷却液，冷却液将会使喷油器生锈；如果单体式喷油器上有残留冷却液的迹象，应拆下喷油器衬套并进行检查；如果喷油器衬套损坏，将其更换。

·检查单体式喷油器是否有延伸到喷油器尖端以上的过多褐色污点。如果发现有过多的污点，则应检查燃油质量，更换喷油器上的密封件并重装喷油器。

·检查喷油器表面上是否有炭烟。有炭烟则表明燃烧气体有泄漏。应当找出泄漏的来源并加以修理。如果故障只是燃烧气体泄漏，就不必更换喷油器。

g、如果故障不能解决，则用新的喷油器将有故障的喷油器更换掉。为了验证新的喷油器正常工作，进行“气缸关断测试”。

（4）找出1缸活塞上止点的位置

要找出1缸活塞上止点的位置需要用到表4-1所列的专用工具。

表4-1 专用工具

工具	零件号	零件名称	数量
A	9S-9082	发动机翻转工具	1
B	178-8615	发动机翻转工具	1
C	214-7340	防倒转棘轮	1
D	136-4632	正时销	1

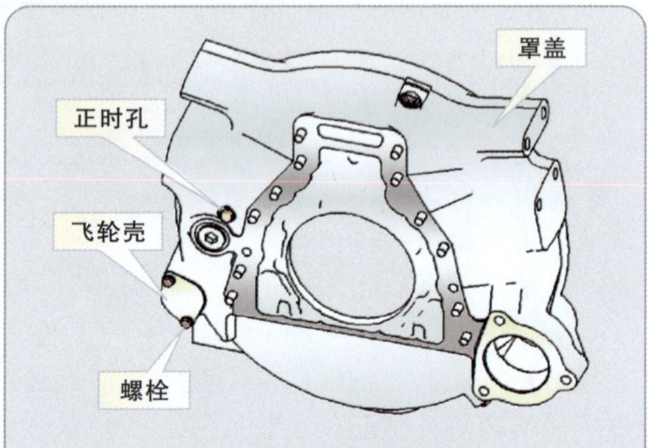

图4-36 飞轮正时机构

a、如图4-36所示，从飞轮壳上拆下两个螺栓和罩盖以打开旋孔。

b、从正时孔上拆下塞子并将工具（D）装入孔内。正时孔位于飞轮壳内旋孔的上方。使用工具（A）和工具（C）沿发动机的旋转方向转动飞轮。从发动机的飞轮端看上去，发动机的旋转方向为逆时针。转动飞轮，直到正时销进入飞轮内的螺纹孔中。

·如果发动机没有罩盖或是无法够及罩盖，可使用工具。

·如果飞轮在接合点以外转动，它的旋转方向必须和发动机的正常旋转方向相反。转动飞轮大约30°，然后沿发动机的正常旋转方向转动飞轮，直到正时销进入飞轮中螺纹孔。当1号活塞位于上止点时，该步骤能消除齿轮的齿隙。

c、从发动机上拆下前气门机构罩盖。

d、如果1号活塞在压缩冲程，则1号气缸的进气门和排气门完全关闭，并且摇臂因气门间隙能稍微移动。所以如果摇臂不能移动，并且气门稍微打开，则1号活塞在排气冲程。如果当前冲程的位置已经确定，需要确定其他冲程的位置时，则从飞轮上拆下正时螺栓，然后沿发动机的正常旋转方向转动飞轮360°，并重新装上正时螺栓。

除了采用上述方法外，还可以用Cat电子技术（Cat ET）校准电子喷油正时。当下列条件存在时，应该进行正时校准：

- 更换了ECM。
- 改变了前齿轮组件。
- 更换主要的发动机组件。

（5）燃油质量的测试

该测试用于检查有关燃油质量的故障，测试时按下列步骤进行：

A、测定燃油中是否有水和（或）其他污染物。检查油水分离器（如有配备），如果没有油水分离器，进行步骤b。如有必要，排空油水分离器。当油水分离器实际上充满水时，它看上去却可能像充满了油。燃油箱充满燃油能将燃油夜间形成的冷凝减小到最低程度。

b、确定燃油中是否存在污染物。从油箱底部取出需要测试的抽样燃油，对抽样燃油进行目视检查，查看是否有污染物，燃油的颜色不足以说明燃油质量。然而，黑色、棕色其他类似于淤泥的燃油可能表明燃油中有较多的菌类物质或机油污染。寒冷条件下，混浊的燃油表明它不适用于工作状态。可以使用下列方法来避免蜡状物质堵塞燃油滤清器：

- 燃油加热器
- 将燃油和添加剂混合
- 利用煤油等较清洁的燃油

c、对于发动机功率降低的故障，使用9U-7840流体和燃油校准组件检查燃油API。当在15℃（60°F）测量燃油API时，它可接受的范围是30-45。但在这个范围内功率并没有明显的差别。校正因素大于1.000，可能是低功率和（或）燃油消耗量过大的原因。

d、如果仍然怀疑燃油质量是有关发动机性能故障的原因，则断开燃油进油管，给发动机另外提供优良的燃油，使其暂时运转，这能够确定故障是否由燃油质量造成。如果确定故障由燃油质量引起，排空燃油系统并更换燃油滤清器。发动机性能可能受下列特性的影响：

- 燃油的十六烷值
- 燃油中的空气
- 燃油的其他特性

（6）燃油系统的启动

燃油系统启动试验的注意事项：燃油泄漏或溅落到热的表面或电气组件上可能导致失火。为了防止可能造成的伤害，在更换燃油滤清器或水份分离器组件时，应断开启动开关。迅速清除溅出的燃油。

燃油手动泵如图4-37所示，如果燃油系统耗尽燃油或者进入空气，可能要执行下列步骤。

①给燃油箱添加燃油后，拆下塞子。使用一个合适的容器接纳任何可能溅出的燃油。立即清洁任何溅出的燃油。

②打开并运转手动泵，将燃油泵入燃油系统。这样能够清除燃油系统中的空气。当油口出现燃油时，停止运转手动泵。

③安装塞子，立即清洁任何溅出的燃油。

④转动手动泵直到感觉到泵上有很强的压力，并从燃油滤清器底座听到咔嗒声。这能将系统加压到大约345 kPa（50 psi），大大降低启动发动机所需的启动时间。

⑤推入手动泵柱塞并用手拧紧。

⑥给系统加压后尽可能快地启动发动机。发动机应当在15秒内启动。如果发动机30秒后不能启动，停止启动发动机。重复步骤4至6。

要注意的是，不要连续启动发动机超过30秒。再一次启动发动机之前，使启动电机冷却2分钟。

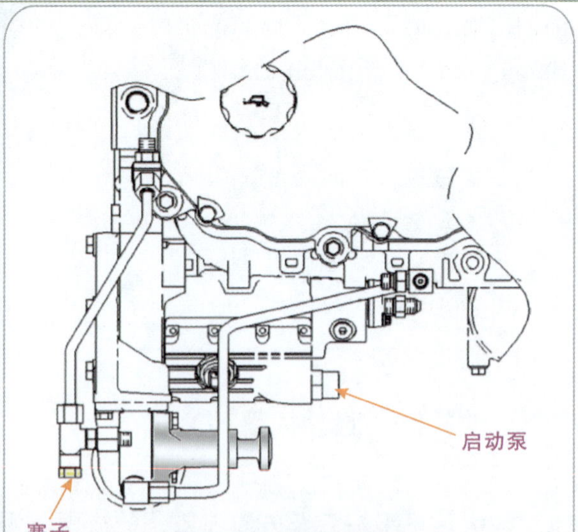

图4-37 燃油手动泵

（7）燃油系统压力的测试

①低燃油压力故障

低燃油压力能导致发动机功率降低。低燃油压力也能导致燃油出现气蚀，从而损坏喷油器。下面的情况可能导致低燃油压力：

- 堵塞的燃油滤清器
- 燃油启动泵（如有配备）的单向阀内有碎屑
- 燃油输油泵内的燃油压力调节阀粘住或磨损
- 缸盖后部的回油压力调节器阀严重磨损
- 燃油输油泵的齿轮磨损
- 压扁的或型号不对的燃油管
- 由于膨胀导致内径缩小的旧燃油管
- 内表面恶化的燃油管
- 压扁的或型号不对的燃油管接头
- 油箱、油管或燃油系统组件中有产生节流的碎屑

②高燃油压力故障

过高的燃油压力能导致燃油滤清器垫圈破裂。下面的情况可能导致高燃油压力：

- 燃油压力调节阀内的油孔堵塞
- 燃油输油泵内的燃油压力调节阀粘住
- 压扁的燃油回流管

③检查燃油压力

●燃油泄漏或溅落到热的表面或电气组件上可能导致失火。迅速清洁溅出的燃油。

●保持所有的零件清洁无污染，污染能够加快磨损并缩短零件寿命。

●在进行产品检查、保养、测试、调整和修理时，必须要小心确认系统中含有液体。在打开任何箱体或拆卸任何含有液体的部件之前，应准备好合适的容器以收集液体。

●使用以下步骤测量燃油精滤器后面的燃油压力：

注：供油歧管附近的燃油压力读数有一个压力峰值，压力峰值是由从喷油器流回燃油系统的过多燃油引起的，仪表指针可能出现过度摆动。用合适的软管连接仪表，软管中的空气能够吸收峰值，给出一个平均读数，使指针稳定，仪表应该保持在测量点以上。

将1u—5470发动机压力组件安装到柱塞油口中。无论是在正常工况还是在有负荷的工况下，燃油压力都应在以下范围：

·455~579 kPa（66~84 psi）。

低怠速时，燃油滤清器进口的燃油压力应在以下范围：

·400~434 kPa（58~63psi）

如果不考虑滤清器两端的压力变化（压力差△P），燃油通道内的燃油压力应该相等。当使用新的滤清器时，滤清器两端的压力差通常为：

·35 kPa（5 psi）

当燃油滤清器聚集有沉淀物时，压力差将增大。如果燃油通道内的燃油压力降低到大约69 kPa（10 psi），发动机将发生缺火现象。

燃油压力调节器阀安装在缸盖内燃油通道后部的回油口处，燃油压力调节器阀保持低发动机转速时的燃油压力。调节器阀还包括一个弹簧加载的单向阀，弹簧加载的单向阀在发动机停止工作后，能够防止燃油通道中的燃油流回油箱。

（8）单体式喷油器液压泵的测试

①喷油促动压力的测试

喷油促动压力测试用以检查下列情况：

·单体式喷油器液压泵产生的最大压力。

·泵压力调节器正常工作。

·单体式喷油器液压泵磨损。

·系统泄漏

进行本测试要用到Caterpillar（卡特彼勒）电子技术（ET）。

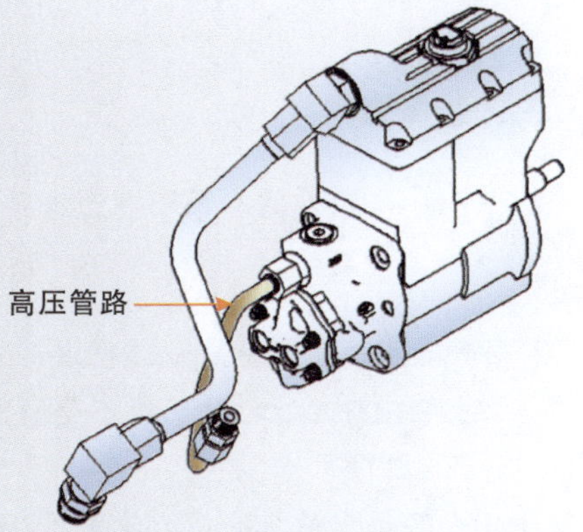

图4-38

②液压泵空载测试

单体式喷油器液压泵空载测试用于确定下列状态：

·喷油工作压力电路处于工作状态。

·单体式喷油器液压泵正在正常工作。

为了检查单体式喷油器液压泵压力，从泵上拆下泵输出管（图4-38中的高压管路）。从HEUI的125-2580工具组件中选取合适的仪表进行安装。使用的仪表应当包括34 MPa（5000 psi）的压力范围。

注：确保安装一个盖子或塞住通向高压油道的管接头。

启动发动机约3s以得到最大压力，如果记录的压力低于26.5 MPa（3850 psi），应该更换泵。如果记录的压力等于或高于26.5 MPa（3850 psi），说明泵工作正常。

思考与练习

一、填空题

1. 在HEUI燃油系统中，代替泵油摇臂作用于各喷油器端部的是增压活塞上的______________。
2. 卡特彼勒的3126B发动机采用的是______________型喷油器，而C-9发动机采用______________型喷油器。
3. 卡特彼勒的3126B发动机的喷油器是通过______________结构实现预喷射的。
4. 3126B发动机和C-9发动机都采用______________检测高压机油驱动压力。
5. HEUI发动机在启动过程中，最低只需要______________的喷油促动压力就可以激活喷油器。

二、判断题

1. 液力活塞增压式共轨系统不属于电控共轨式燃油喷射系统。（　）
2. HEUI喷油器电磁阀与第二代时间控制喷射系统一样，仍然是喷射过程控制的关键。（　）
3. HEUI喷油器通过控制高压机油进入增压活塞上方来加压燃油，产生高压喷射。（　）
4. 卡特彼勒的3126B和C-9发动机的HEUI喷油器都可以产生预喷射，使发动机燃烧效率更高。（　）
5. HEUI喷油器产生的喷射压力差不多是喷油器内高压机油压力的六倍。（　）

三、选择题

1. HEUI-A喷油器在预喷射过程中，柱塞上的PRIME槽与油缸筒中的溢出端口对齐时将出现（　）。

A. 主喷射　　B. 预喷射　　C. 喷射延迟　　D. 主喷射结束

2. 对HEUI系统的特点叙述错误的是（　）。

A. HEUI喷射定时范围不受限制，而第二代时间控制系统中，喷油器只能在凸轮型线上升段才可能喷射。

B. 共轨中的机油压力决定了HEUI的喷射压力。

C. 系统结构复杂，对机油液压系统要求高。

D. 系统的喷油速率不会随着发动机的转速变化而变化。

3. 以下零部件不属于卡特彼勒3126B发动机HEUI燃油系统的是（　）。

A. 液压油泵　　B. HEUI喷油器　　C. IAP传感器　　D. PCV压力控制阀

情境二：高压共轨系统

高压共轨电喷技术是指在高压油泵、压力传感器和电子控制单元（ECU）组成的闭环系统中，将喷射压力的产生和喷射过程彼此完全分开的一种供油方式。它是由高压油泵将高压燃油输送到公共供油管（油轨），通过公共供油管内的油压实现精确控制，使高压油管压力大小与发动机的转速无关，长期保持在一个稳定状态。柴油机共轨式电控燃油喷射技术是一种全新的技术，因为它集成了计算机控制技术、现代传感检测技术以及先进的喷油结构于一身。它不仅能达到较高的喷射压力、实现喷射压力和喷油量的精确控制，而且能实现预喷射和后喷，从而优化喷油特性形状，降低柴油机噪声和大大减少废气的排放量。

一、系统组成

如图4-39所示为高压共轨式电控柴油喷射系统的结构组成图，高压共轨式电控发动机系统由以下四大部分组成：

低压燃油系统	包括油箱、油箱内或高压泵内的输油泵、燃油滤清器、低压输送油管和低压回油管。
共轨压力控制系统	包括高压泵、高压油管、共轨压力控制阀（PCV）、共轨、共轨压力传感器、安全泄压阀和流量限制阀。
燃油喷射控制系统	包括带有电磁阀的高压喷油器、凸轮轴位置传感器和带齿缺的曲轴转速传感器。
发动机管理系统	包括发动机的各个传感器、控制单元（ECU）以及电子执行器。

目前世界上主要有三大公司在研发和生产柴油机高压共轨系统，他们是德国的博世（BOSCH）、日本的电装（Denso）和美国的德尔福（Delphi）。

德国博世公司从推出第一代、第二代柴油高压共轨系统后，现在已经发展到第三代高压电控制式共轨喷射系统。

下面分别介绍德国博世公司的CR系统、日本电装公司的ECD-U2系统。

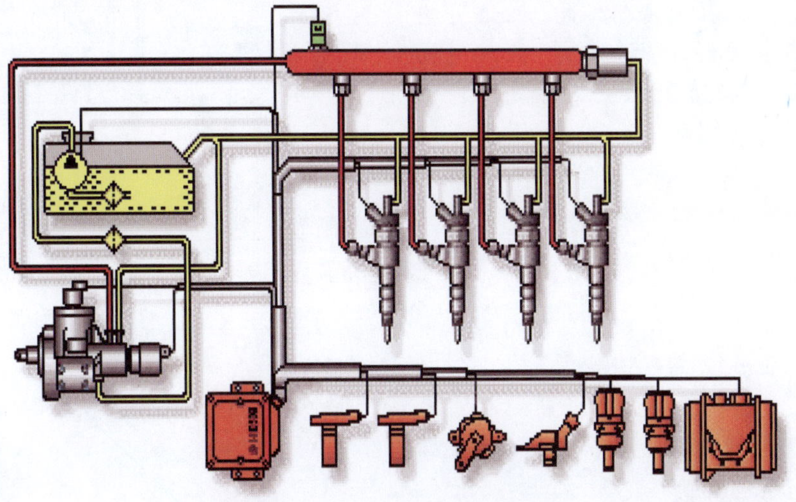

图4-39 高压共轨系统的组成

二、博世高压共轨系统

1997年至今，博世公司已经连续推出了三代共轨系统，在前两代共轨系统中主要重视喷油压力的提升：第一代是135 MPa；第二代是160MPa。而第三代共轨系统的重心转移到系统的技术复杂度和精密度上，其压力暂时保持在160MPa。第三代共轨系统的特殊之处在于它采用了一个紧凑的快速开关式压电直列喷油器，设计一个压电执行器内置于喷油器轴体上，且非常靠近喷油器喷嘴针阀。如图4-40所示，是一台安装了博世高压共轨系统的柴油机。下面详细讲述博世的前两代共轨系统。

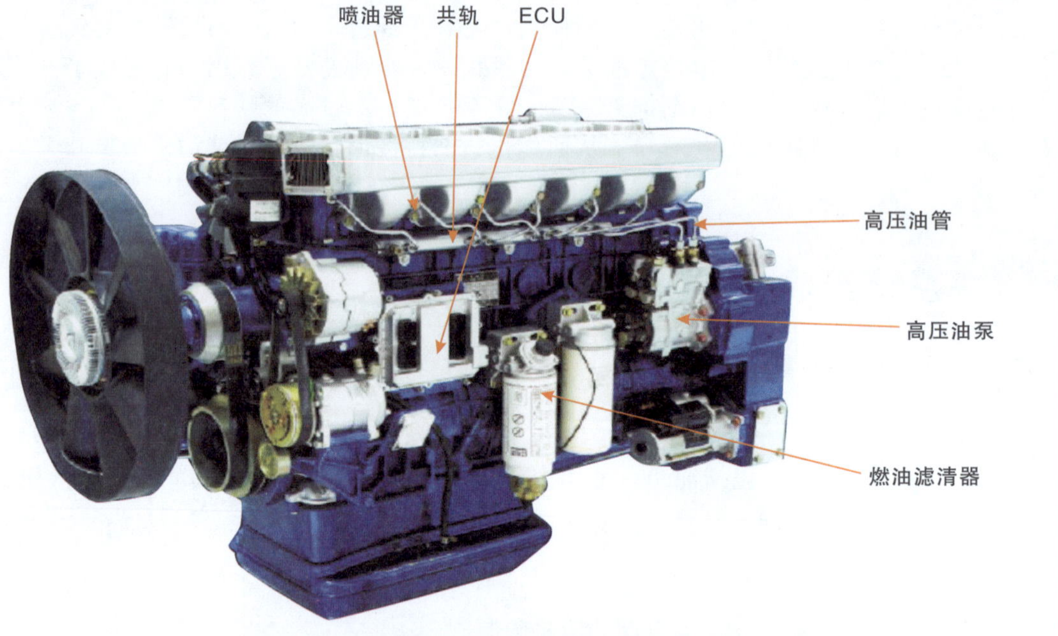

图4-40 博世共轨系统在发动机上的典型布置

博世高压共轨发动机的燃油系统分为低压供油部分和高压供油部分。低压部分为高压部分提供足够的燃油，主要部件有：油箱、燃油滤清器（包括油水分离器、手动输油泵）、低压输油管、回油管、安装于高压油泵上的齿轮式吸油泵或叶片式吸油泵；高压供油部分除产生高压燃油外，还进行燃油分配和燃油压力测量，主要零部件有：高压泵（包括流量计量阀）、高压蓄压器（轨道，包括轨压传感器）、喷油器、高压油管。

带博世CP1高压泵的共轨系统如图4-41所示，带博世CP2高压泵的共轨系统如图4-42所示。

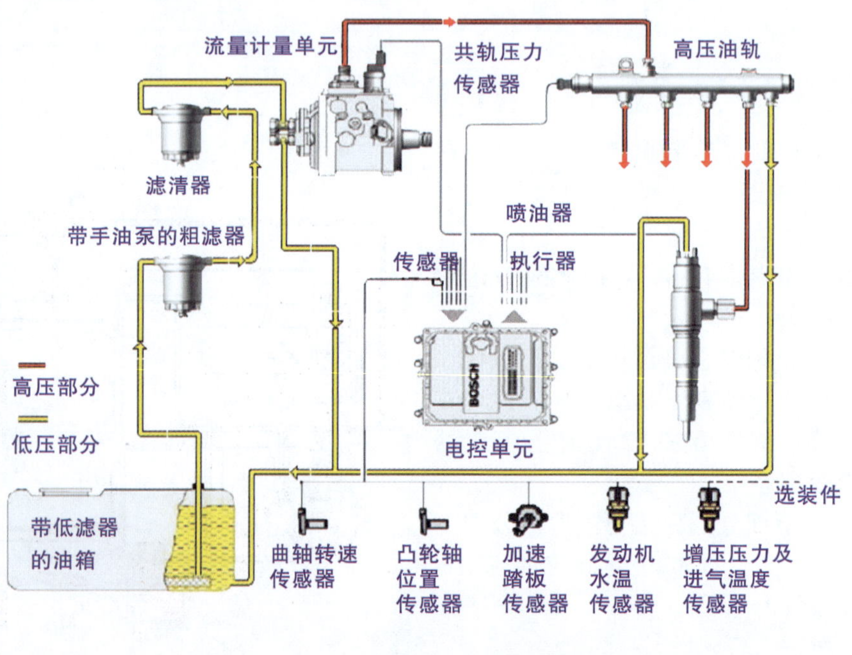

图4-41 带CP1高压泵的共轨系统原理图

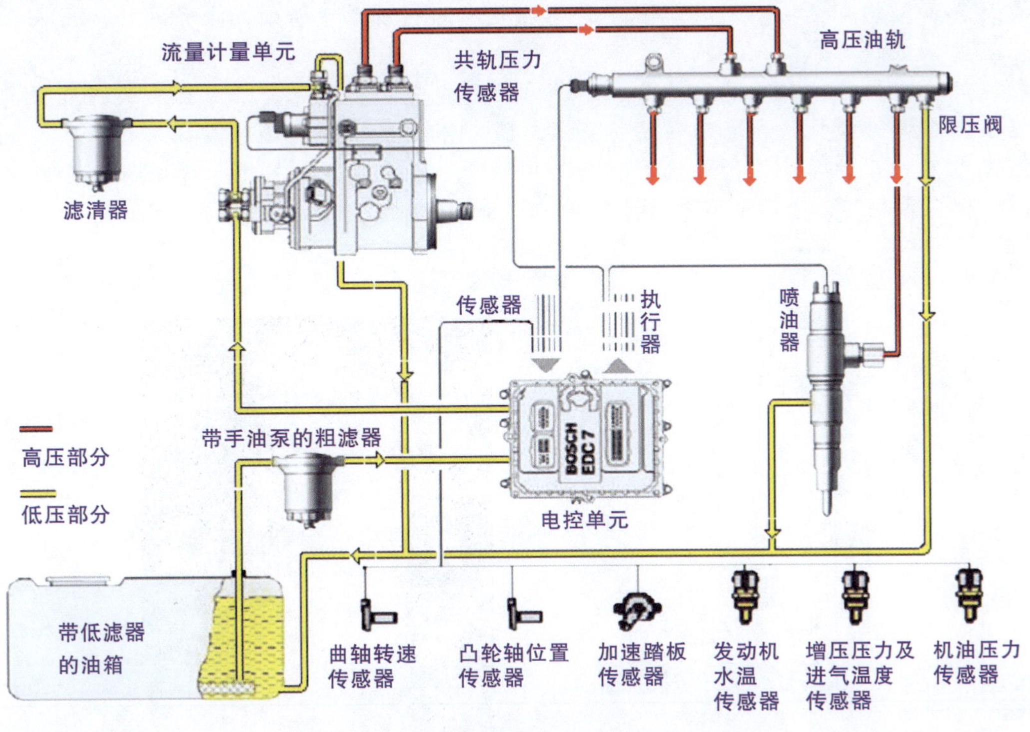

图4-42 带CP2高压泵的共轨系统原理图

1. 燃油粗滤器和精滤器

柴油发动机上燃油滤清器分粗滤器和精滤器（如图4-43）。带手动油泵和油水分离器的燃油粗滤器可以滤去燃油中的污染物、杂质、颗粒物和水份，并可对分离出来的水量进行监控。手动输油泵是向燃油滤清器内提供燃油的设备，也是保证发动机首次启动必须使用设备。当发动机燃油耗尽后、进行油水分离器内排水工作、更换燃油滤清器后，重新启动发动机前要先按压手动输油泵直到按不动为止。燃油细滤器安装在粗滤器与高压泵柱塞之间，对进入高压泵柱塞前的燃油进一步过滤。电控共轨系统对燃油滤清的分离效率、流量和水分离能有特殊的要求，燃油粗滤器的滤水能力要达到93%，燃油精滤器的滤清能力要达到5μm的颗粒滤清效率为95%。

图4-43 燃油粗滤器和精滤器

燃油粗滤器的结构如图4-44所示。水量传感器是燃油滤清器中必配的电子元件，用来探测燃油滤清器中燃油过滤下来的水分情况，根据传感器反馈的信息，ECU使仪表上警告灯适时点亮，并通过降低发动机转速及输出扭矩，来对发动机共轨燃油系统采取保护。此时，应放出燃油滤清器上的水分。有的粗滤器上还带燃油加热器和燃油温度传感器。ECU根据燃油温度传感器提供的信息决定是否控制燃油加热器继电器打开对燃油进行加热。燃油加热器是一个电阻式加热器；燃油温度传感器和普通温度传感器的特性基本相同，检测时可参考水温传感器或进气温度传感器的检测方法。

▲原理图

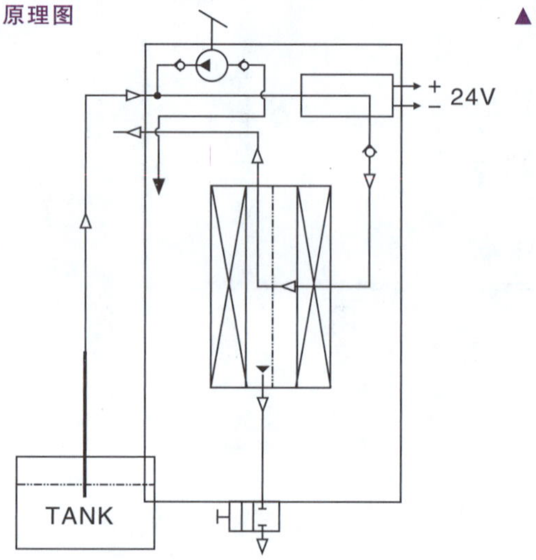

▲实物图

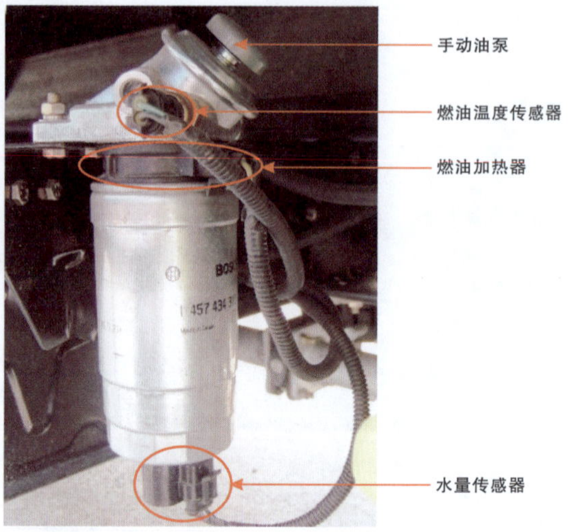

图4-44　燃油粗滤器结构图

2. 低压输油泵

高压泵的后面一般安装有齿轮泵式吸油泵或叶片式吸油泵，由高压泵的轴驱动，把油从油箱中抽出并输送到高压泵。如图4-45所示，是齿轮式输油泵的结构图。输油泵出现故障时无法给高压泵提供足够的燃油会造成高压过低使发动机无法正常工作或无法成功启动。齿轮泵不需要维修，如果损坏则直接更换。首次启动前或当油箱被抽干时需为其加注燃油，可把手动泵直接安装在齿轮泵或低压油管上。吸入负压、输出油压和回油流量是齿轮输出性能的相关参数，因为齿轮泵与高压泵集成在一起，无法测量输出压力；又因为回油流量与发动机其他参数有关（如喷油器工作性能、发动机转速、高压泵性能等），所以吸入压力就成了测量齿轮泵最常用的方法。齿轮泵的吸入压力为−70~−30kPa（即0.3~0.7bar）。该压降来自燃油滤清器的过滤阻力。

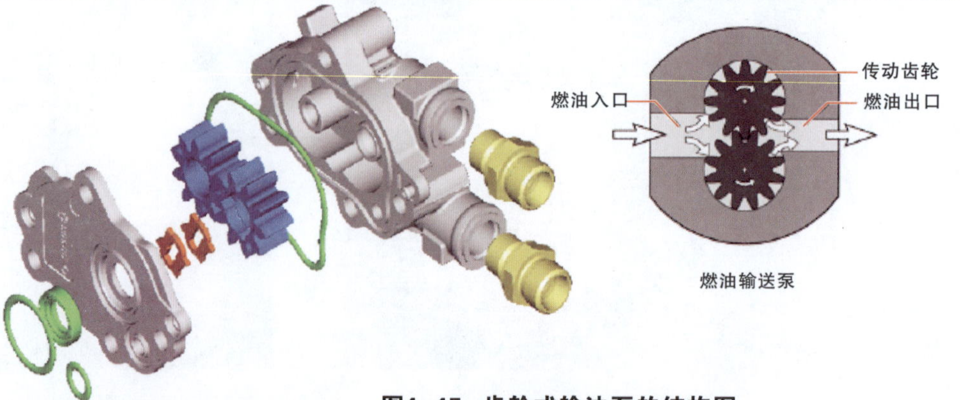

图4-45　齿轮式输油泵的结构图

3. 高压油泵

高压油泵的内部结构如图4-46所示，高压油泵的作用是向共轨系统提供高压燃油。一个高压油泵上有三套柱塞组合，由驱动轴带动的偏心轮驱动，三个柱塞在圆周角上相位相差120° 。偏心轮驱动平面和柱塞垫块之间为面接触，比起分配泵的凸轮与滚轮之间的线接触，面接触的接触应力小得多，这有利于产生压力更高的燃油喷射。

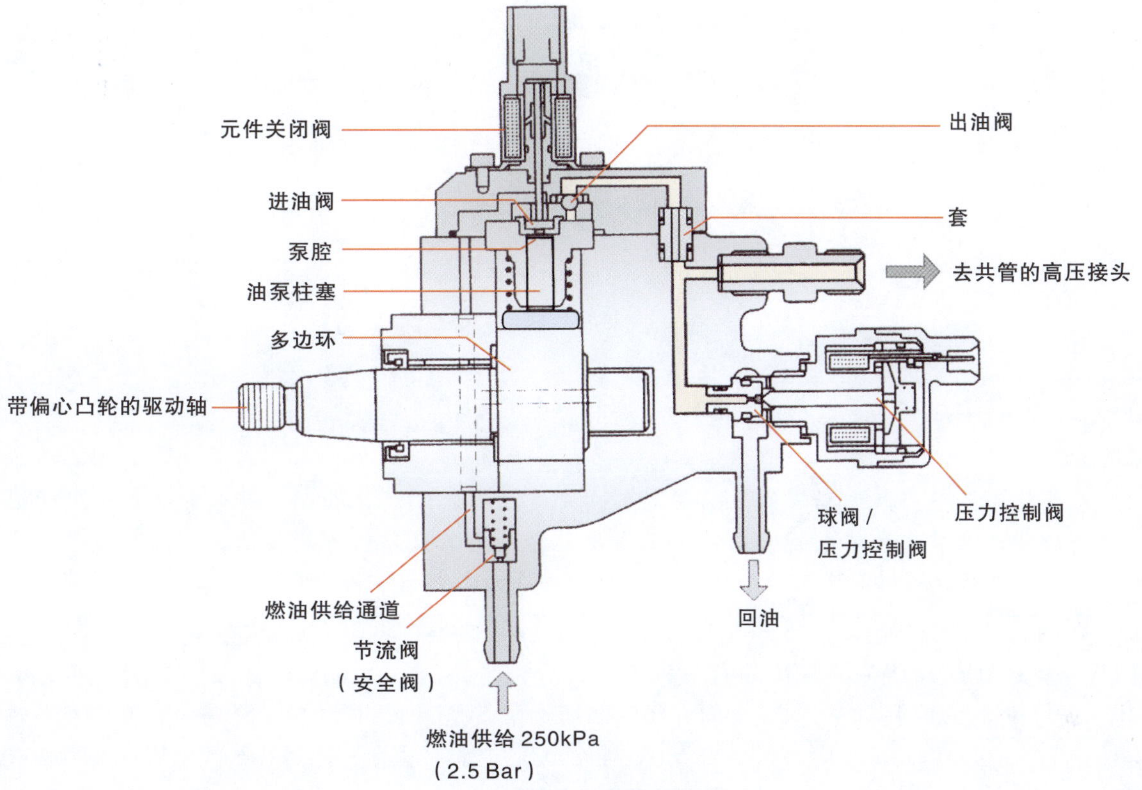

图4-46 高压泵的纵向结构图

高压油泵的工作原理如图4-47所示，当供油油压超过安全阀的开启压力（50~150kPa）时，燃油进入进油阀，当柱塞往下运动时，由于柱塞腔内产生吸力，进油阀打开，燃油经进油阀进入柱塞压缩腔；当柱塞向上运动时，由于柱塞腔不再吸油，进油阀关闭，燃油建立起高压，当柱塞腔的压力高于共轨中燃油的压力时，出油阀打开，高压燃油在压力控制阀（PCV）的控制下进入共轨管内。驱动油泵上升的动力与共轨中设定的压力和油泵的转速（输油量）成正比，博世第一代共轨系统设定压力为135 MPa，而第二代共轨系统设定压力为160 MPa。在高压泵内燃油由三个径向排列的活塞压缩，每个循环进行三次输送冲程，由于每次旋转都产生三次压送冲程，只产生低峰值驱动力矩，因此泵驱动装置的受力保持均匀。高压泵将燃油压缩至一个最高由系统设定的压力，最终压力即系统压力是由PCV来调节的。

CP1高压泵是为大供油量而设计的，在怠速和部分载荷的工况下过量高压燃油经压力控制阀流回油箱。压缩燃油在油箱中释放压力，由于能量是消耗在第一次压缩燃油的过程中，这个过程不仅对燃油不必要加热，整体的效率也下降了。从某种程度上讲，这种效率损失可以由关闭一个泵油部件来补偿。当元件关闭电磁阀被触发时，一个与它连接的销轴持续使进油阀打开，该泵油部件被断开。结果，被引入泵油部件内的燃油在供油行程不能被压缩，因为在部件腔内没有压力产生，燃油又流回低压管道。

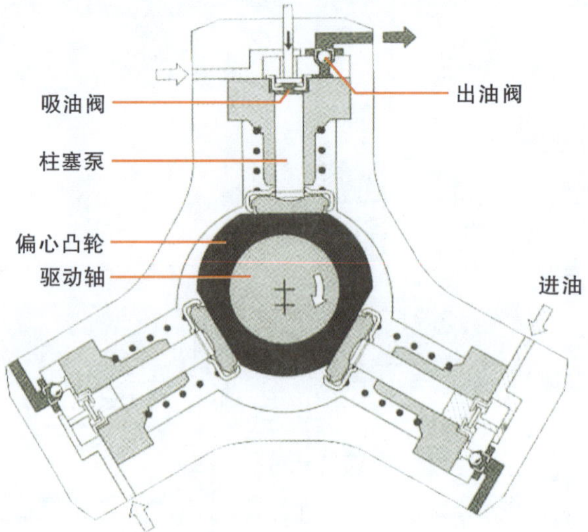

图4-47　高压泵工作原理图

需要注意的是：新的高压油泵启用时，内部是没有燃油的，而高压油泵是不允许“干运转”的。高压油泵在首次运转或排空维修之后首次运转之前需充入15ml的柴油，充油时最大压力不大于400kPa，最好采用粗滤器上的手油泵进行充油（点火之前应该排出泵内低压回路内的空气）。

博世（BOSCH）高压油泵常用的有三种型号，分别是：CP1、CP2、CP3。CP1的外形如图4-48所示，内部结构和接口如图4-46所示。上面介绍的高压油泵就是CP1，它的特点是有一个第三柱塞关闭电磁阀和调节共轨压力的压力控制阀，压力控制阀是常开电磁阀，调节输送的燃油压力从25MPa到135MPa，即CP1向供油系统提供最高为135MPa的燃油压力。

图4-48　博世CP1高压油泵

博世CP2型高压油泵外形及结构如图4-49所示，CP2高压油泵由曲轴正时齿轮通过齿轮传动带动凸轮轴旋转，泵内有2个直列柱塞泵，因而油泵有两个高压油出口。驱动直列柱塞泵的凸轮轴凸轮有三个凸起，因此驱动轴每转一圈，每个直列柱塞有3次泵油动作。CP2高压油泵上集成了燃油输油泵，并安装了燃油计量阀 M-PROP（用于进油调节），ECU通过占空比信号对燃油计量阀进行控制，实现对共轨压力的调节。

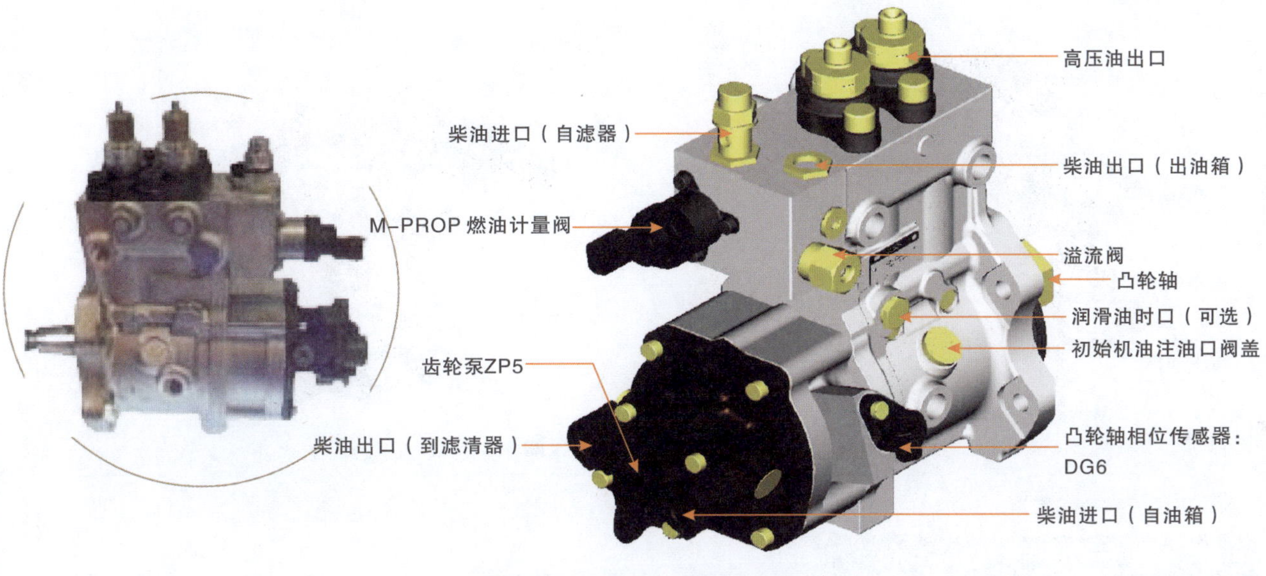

图4-49 博世CP2高压油泵

CP2高压油泵上有一个ZP5输油泵，外形及内部传动结构图如图4-50所示。ZP5齿轮式输油泵集成在高压油泵上，并由高压泵的凸轮轴驱动。输油泵是一个外齿轮啮合泵，它由一个驱动齿轮、一个主齿轮和一个副齿轮组成。内齿轮安装在高压油泵凸轮轴上，与内齿轮相啮合的外齿轮通过一个轴与齿轮泵相连。

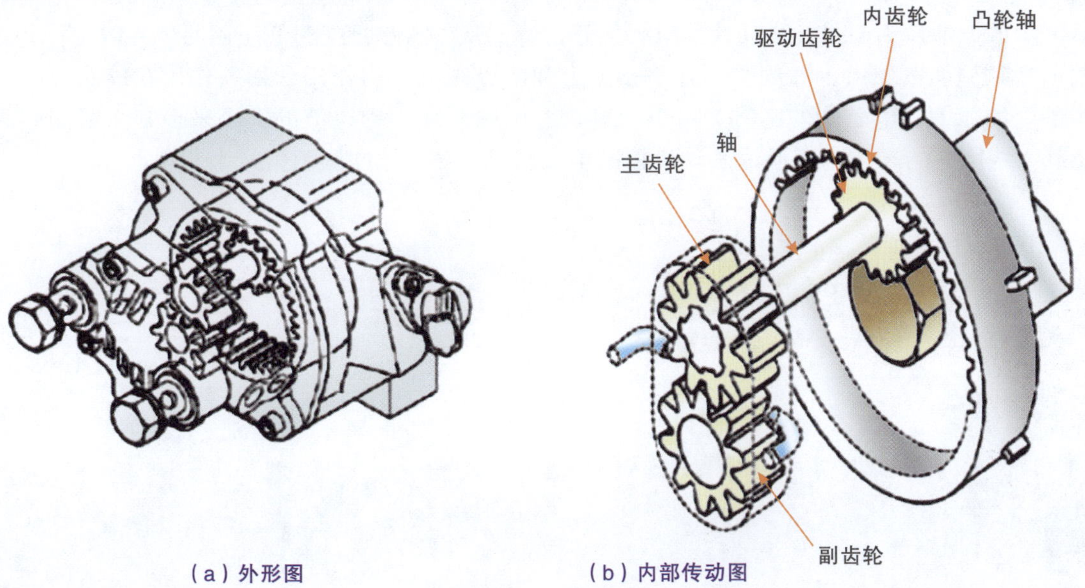

（a）外形图 （b）内部传动图

图4-50 ZP5输油泵

博世CP3的外形接口及内部结构如图4-51所示，其泵油原理与CP1相同，在高压泵内燃油由三个径向排列三个柱塞在圆周角上相位相差120° 的活塞压缩。对于CP3高压油泵而言，通过一个燃油计量比例阀控制进入高压油泵的燃油量，从而控制高压油泵的供油量，以便满足共轨压力的要求。此种设计方案能有效的降低动力消耗，同时避免对燃油进行不必要的加热。

Zp18齿轮式输油泵集成在高压油泵上，并由高压泵的凸轮轴驱动。

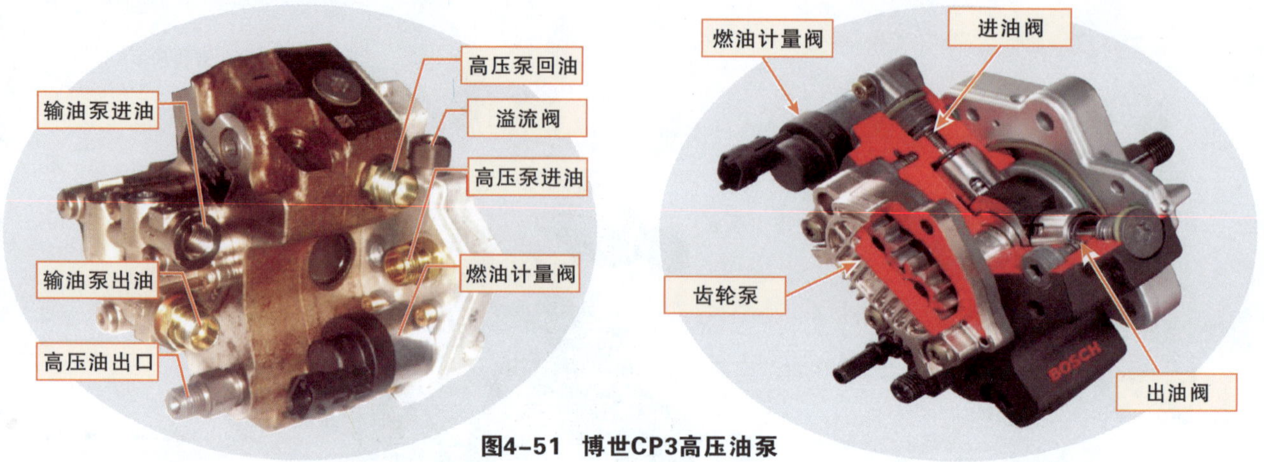

图4-51 博世CP3高压油泵

4. 压力控制阀（PCV）

高压油泵柱塞工作时产生的油压在无调节的情况下是随着发动机的转速变化而变化的，为了使共轨系统有一个稳定的喷射压力，那就需要一个调节机构。在博世CP1类型的高压油泵中，共轨压力的调节是在压力控制阀的作用下完成的。

博世共轨系统中PCV的结构如图4-52所示，球阀是高压共轨燃油与低压回油的分界点，球阀的一侧是来自共轨燃油的压力，另一侧是衔铁受弹簧预紧力和电磁阀电磁力的作用。电磁阀产生电磁力的大小与电磁阀线圈中的电流大小有关，当电磁阀无电流通过时，弹簧预紧力使球阀紧压在密封座面上。当共轨腔中的燃油压力超过10MPa时，球阀打开，燃油从PCV处回流到低压回路。在PCV通电后，电磁阀立刻向衔铁施加电磁力，球阀受到弹簧预紧力和电磁阀电磁力作用，衔铁作用在球阀上的力决定了共轨中的燃油压力。电磁阀的电磁力可以通过调整电磁阀线圈中电流的大小来控制，线圈相当于一个感性负载，线圈中的平均电流通过发动机控制单元向PCV发出脉冲调制信号来实现。

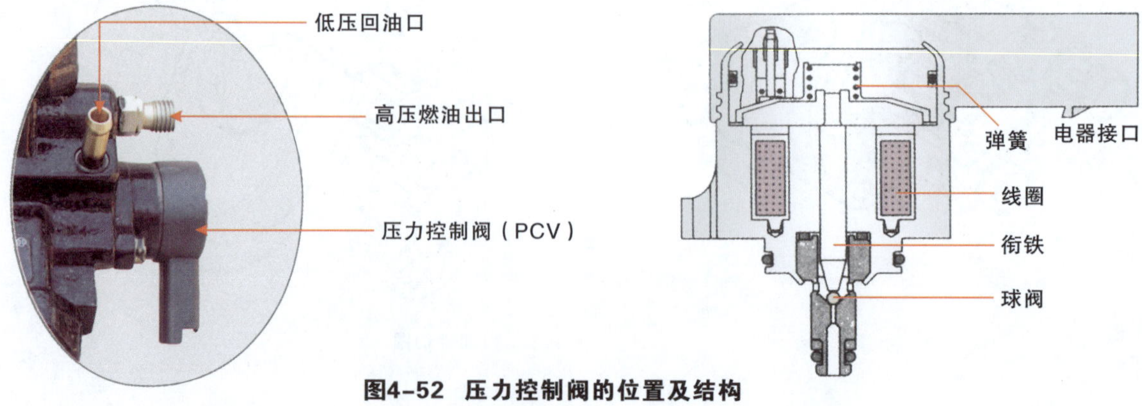

图4-52 压力控制阀的位置及结构

5. 燃油计量阀

燃油计量阀的结构如图4-53所示，工作原理及特性曲线如图4-54所示。它是一个流量控制阀，是电脑控制共轨燃油压力的执行器。燃油计量阀安装在高压油泵的进油位置，ECU控制其通电时间用于调整燃油供给量和燃油压力值。由供油特性曲线可以看出，计量电磁阀在控制线圈没有通电时，进油计量阀在弹簧力的作用下是全开的，进油量最大；随着流过线圈的电流增大，进油计量阀逐渐关闭，甚至切断向高压油泵柱塞元件的供油。发动机ECU通过脉冲信号（占空比）来改变计量元件进油截面积，从而增大或减小进油量。需要注意的是，有的燃油计量阀其控制机理可能与此相反，即无电流通过时计量阀是关闭的，为零供油量；有电通过时计量阀在电磁力作用下逐渐打开。

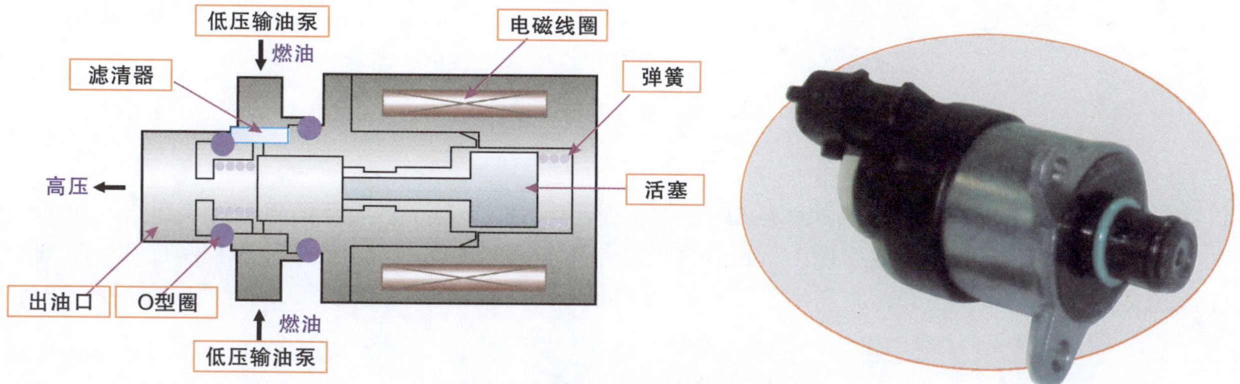

图4-53 燃油计量阀的结构图

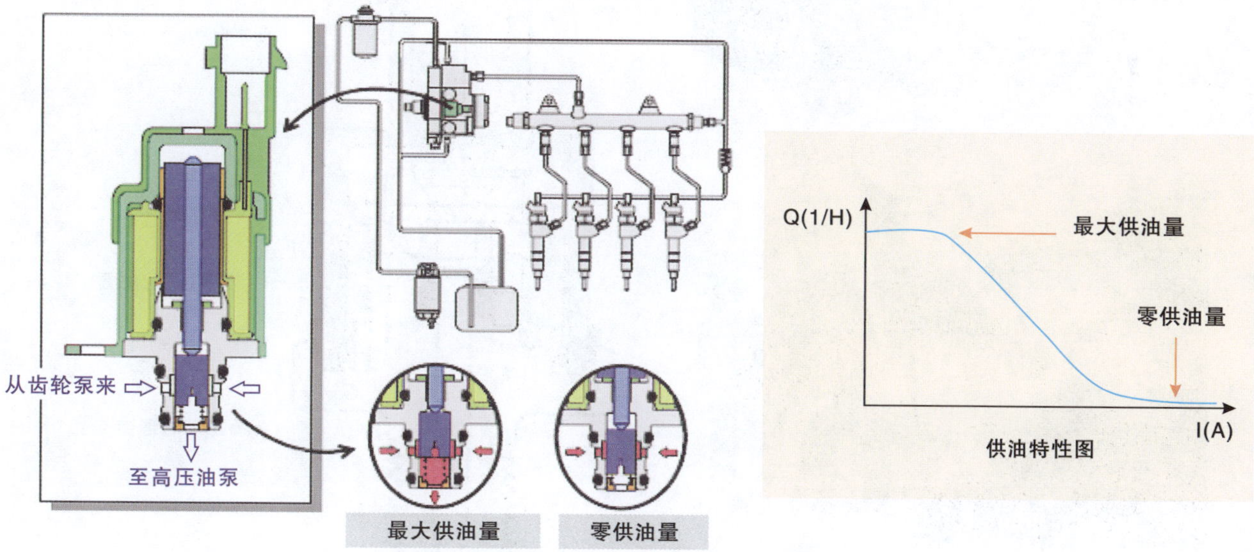

图4-54 燃油计量阀的工作原理及特性曲线

6. 共轨组件

如图4-55所示，是四缸柴油发动机高压共轨系统的共轨组件，包括轨道本体和安装在轨道上的高压燃油接头、共轨压力传感器、压力限制阀、连接喷油器的流量限制阀等。共轨本身容纳高达160MPa以上的高压燃油，材料和高压容积对于共轨压力的控制都是重要参数。

高压蓄压器（轨道）存贮高压燃油并抑制压力波动，高压蓄压器为所有气缸所共有，因此将其称作“共轨”。即使大量燃油排出时，共轨也能将其内部压力保持基本不变。

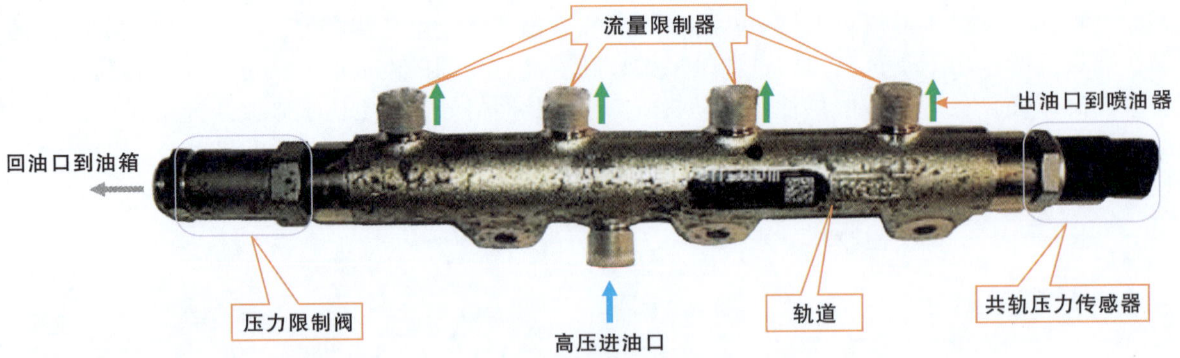

图4-55 高压共轨组件

共轨压力传感器的外形和结构如图4-56所示，它安装在油轨上。它检测油轨的燃油压力，把轨道内的燃油压力转换成电信号传递给ECU，然后发送信号给发动机ECU，ECU根据轨压控制进油计量阀的动作。这是一个半导体传感器，它利用了压力施加到硅元件上时电阻发生变化的压电效应原理。

▲外形图

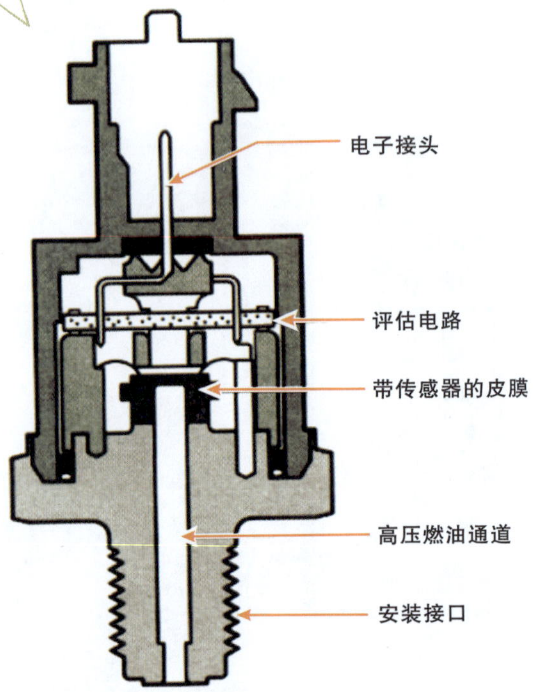

▲结构图

图4-56 共轨压力传感器外形和结构图

压力限制阀的结构如图4-57所示，它主要是由活塞、活塞阀门、阀门弹簧各阀体组成。

压力限制阀的作用是

当共轨中的燃油压力异常高时，压力限制阀的阀门打开，连通共轨到低压的燃油回路，实现安全泄压，以保证整个共轨系统中的最高压力不超过极限安全压力。它在压力降低到一定水平之后恢复（关闭）。由压力限制器释放的燃油返回到油箱。

压力限制器的操作压力取决于车辆型号，或者说是发动机型号。

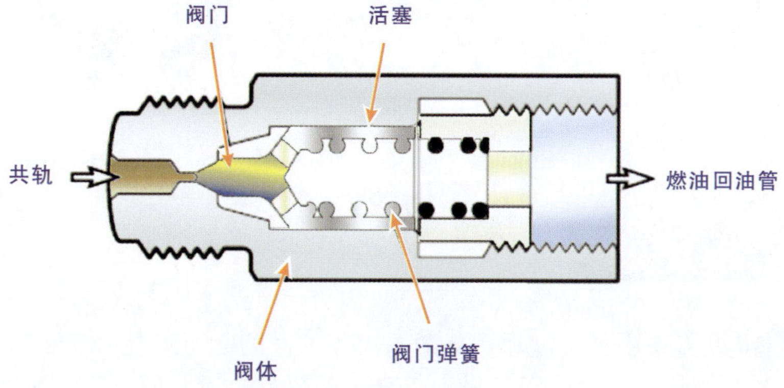

图4-57 压力限制阀的结构

流量限制阀的结构如图4-58所示，它主要是由柱塞、压力弹簧和外壳组成。流量限制阀两端带外螺纹，连接在轨道和去喷油器的高压油管之间。流量限制阀的作用是计量从共轨到各喷油器的燃油量大小。当流量过大时，可以自动切断去喷油器的高压燃油，这是由于在非常情况下需要阻止喷油器常开和持续喷油。为达到这一要求，一旦从轨道输出的油量超过规定的水平，流量限制阀就关闭通往这一喷油器的高压油路。

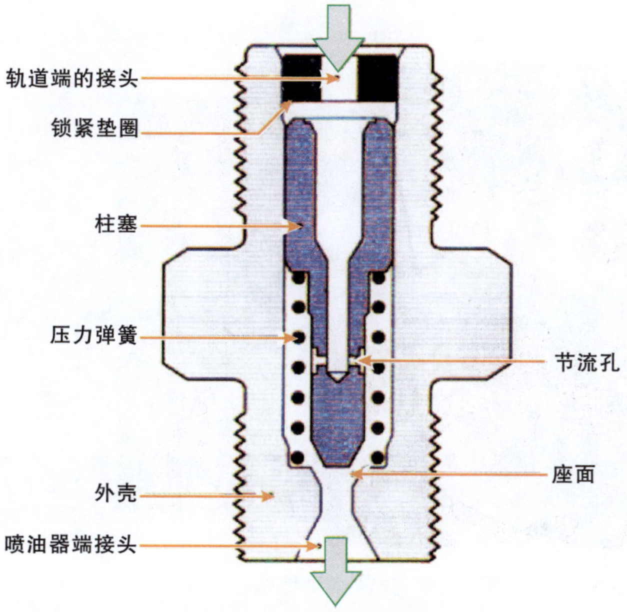

图4-58 流量限制阀的结构

7. 高压油管

高压油管用于输送高压燃油，它是由钢材制成并能承受发动机在最大系统压力下的间歇高频压力变化。高压管的形状如图4-59所示。

共轨系统上有两种作用类型的高压管，一种用于高压油泵上的高压油出口和共轨进油口之间的连接，另一种用于共轨上流量限制阀与喷油器之间的连接。

高压油泵和共轨间的高压油管根数是由油泵的类型决定的，油泵有多少个高压油出口，就有多少根到共轨的高压油管。例如，博世的CP2高压油泵就有两个高压油出口，其结果是与之匹配的共轨管道必须有两个进油口，即两者之间用两根高压油管输送高压燃油。

燃油轨道和喷油器之间的所有的高压油管的长度都相同，虽然各缸油管输送距离有所差别，但油管的各弯曲点补偿了各个油管之间的长度差。

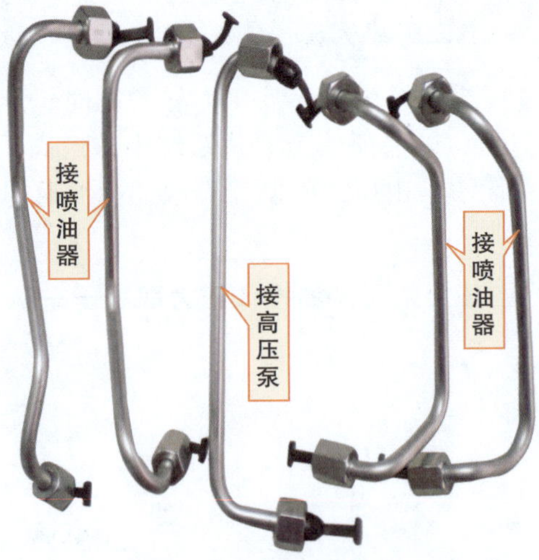

图4-59 共轨系统的高压管路

8. 喷油器

电控喷油器是高压共轨系统中最关键和最复杂的部件，也是设计、工艺难度最大的部件。ECU通过控制电磁阀的开启和关闭，将高压油轨中的燃油以最佳的喷油定时、喷油量和喷油率喷入燃烧室。博世共轨系统采用的有不带高压过渡管的整体式喷油器和带高压过渡管的喷油器，两者的外形分别如图4-60、图4-61所示。整体式喷油器由高压油管直接供油，带过渡管的喷油器则是通过过渡管连接喷油器和高压油管。

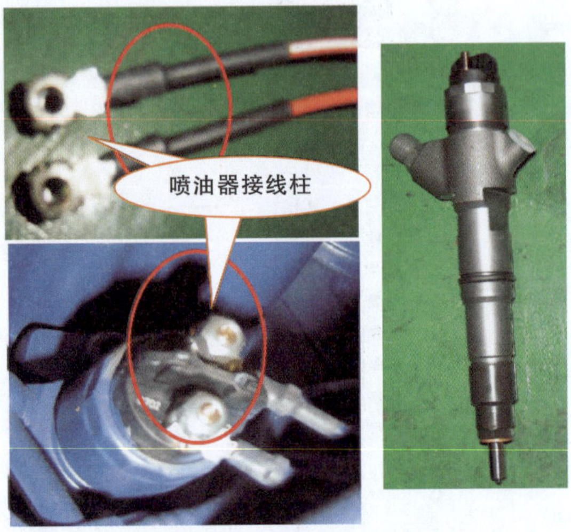

图4-60 整体式喷油器

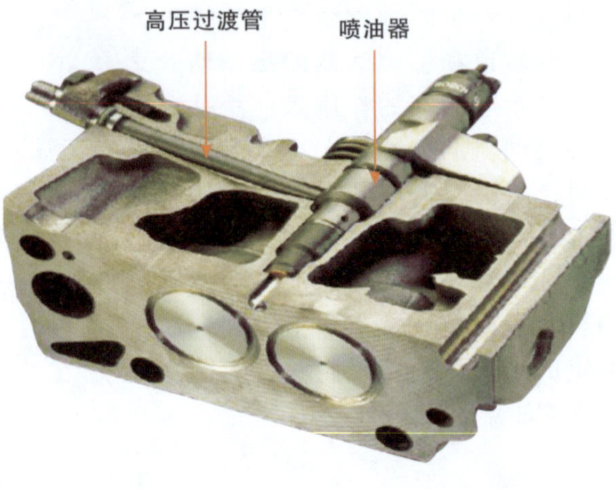

图4-61 带高压过渡管的喷油器

博世共轨系统喷油器的结构如图4-62所示，喷油器可以被拆分为一系列功能部件：孔式喷油嘴，液压伺服系统和电磁阀。

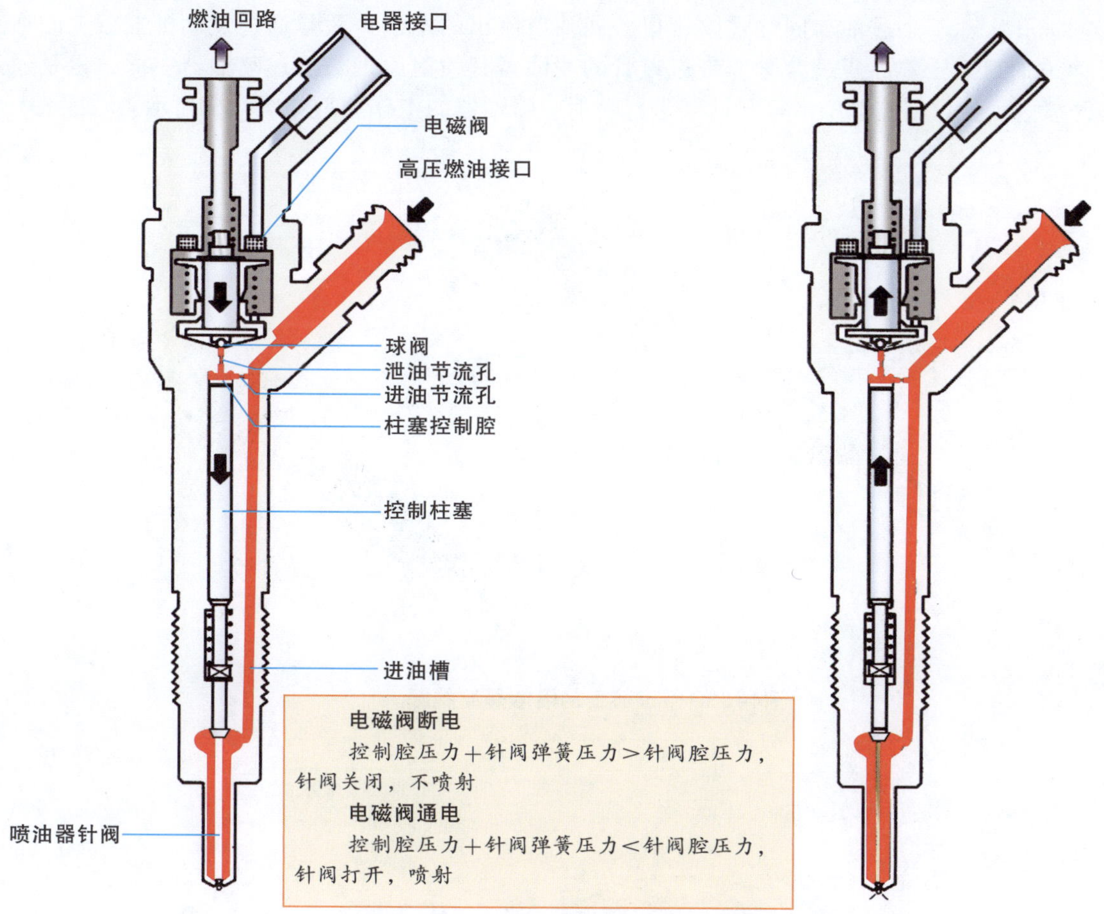

图4-62 博世共轨式喷油器的结构

它的工作原理如下：

高压燃油来自于共轨系统的高压油路，经喷油嘴内部的进油槽流向针阀腔，同时经进油节流孔流向柱塞控制腔。控制腔与燃油回路相连，它们之间是一个由电磁阀控制打开与关闭的泄油节流孔。

当电磁阀断电时，球阀在阀座弹簧力的作用下紧压在电磁阀的阀座上，高压和低压之间的流通通道（柱塞控制腔与低压回路）被隔断，燃油的高压压力直接作用在柱塞顶部，再加上针阀弹簧的预紧力，超过了它在针阀腔内喷油嘴针阀承压面产生的压力，使得柱塞–针阀向下紧压在喷油器针阀座面上，针阀是关闭的，喷油器不喷射。

当电磁阀通电后，电磁力使球阀离开阀座，泄油节流孔被打开，引起控制腔的压力下降，结果，活塞上的液压力也随之下降。一旦液压力与针阀弹簧的预紧力和降至低于作用在喷油嘴针阀承压面上的力，针阀就会被打开，燃油经喷油孔喷入燃烧室。针阀抬起速度取决于泄油孔与进油孔的流量差，针阀关闭速度取决于进油孔流量。

喷油器的电磁阀被触发时，对喷油嘴针阀的不直接控制采用了一套液压力放大系统，因为快速打开针阀所需的力不能直接由电磁阀产生，实际上打开针阀所需的控制作用，是通过电磁阀打开泄油节流孔使得控制腔压力降低，从而打开针阀。

整个喷射过程如下：当电磁阀通电时，针阀抬起，喷射开始；当电磁阀断电时，针阀落座，喷射结束。由于共轨中的压力是稳定的，所以任何时刻喷油器都可以在电磁阀的控制下喷油。整个喷射控制的响应时间包括电磁阀响应时间与液力系统响应时间，这个时间是非常短的，一般为0.1~0.3ms。

带高压过渡管式的喷油器与上述喷油器结构略有变化，它的结构如图4-63所示。这种喷油器阀体上有进油孔与回油孔，而不是进油与回油螺纹接口，回油口流出的燃油一般是通过发动机缸盖上的通道返回至油箱，而进油口紧压着高压过渡管。带过渡管的喷油器其喷射原理与上述喷油器一样，也是通过电磁阀通电打开球阀，使控制腔泄压来打开针阀进行喷射。喷油器的工作原理如图4-64所示。

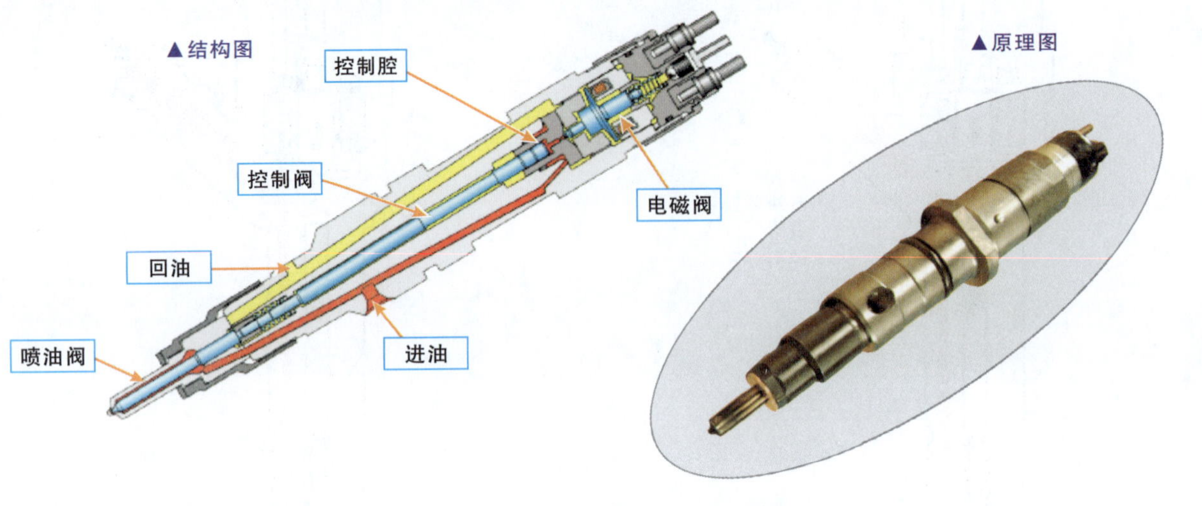

图4-63 带过渡管的喷油器结构图

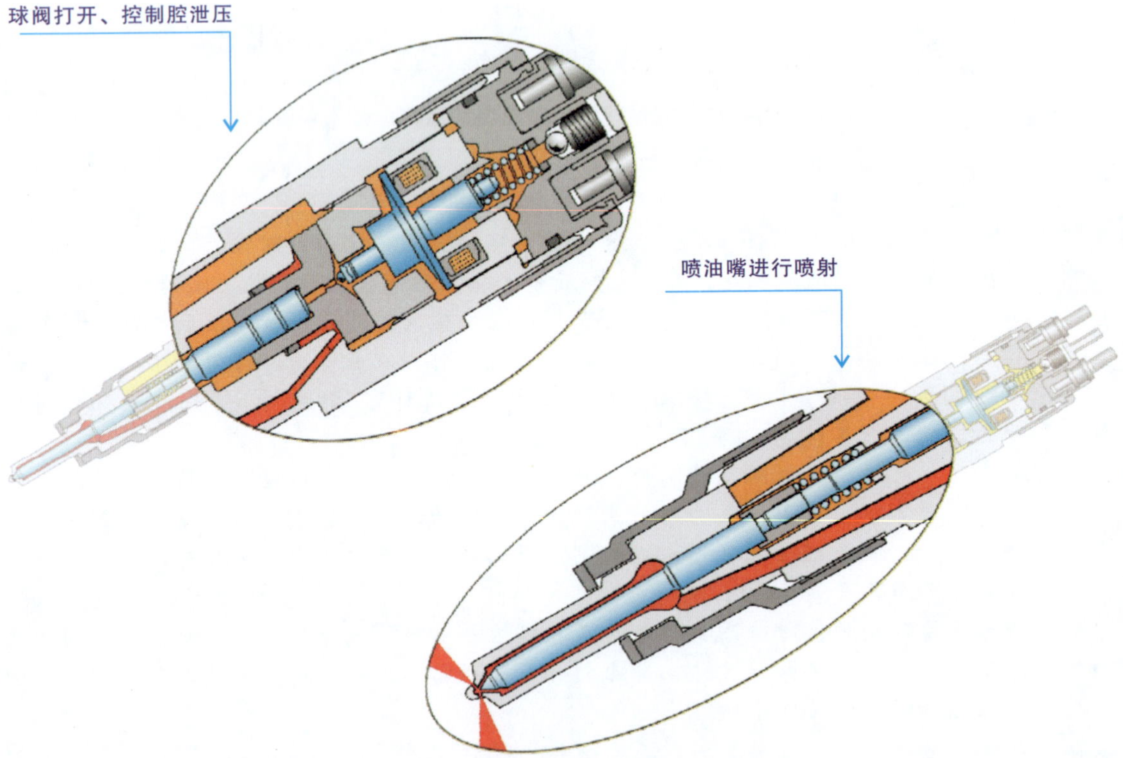

图4-64 喷油器的工作原理示意图

三、博世第三代压电控制式共轨喷油系统

2003年5月博世公司推出了第三代轿车用压电直接控制式喷油器共轨喷油系统，这是柴油共轨喷射技术领域内的一次技术飞跃，其显著特点是集成在喷油器体中的压电执行器使喷油器能迅速开闭。与迄今最好的电磁或压电式控制的喷油系统相比，该第三代轿车用压电直接控制式喷油器共轨喷油系统能降低柴油机排气有害物高达20%，还能提高发动机功率，降低燃油耗，而且其新颖的调节功能有助于提高喷油量的计量精度。如图4-65所示是博世压电控制式共轨喷油系统在四缸柴油发动机上的布置图。

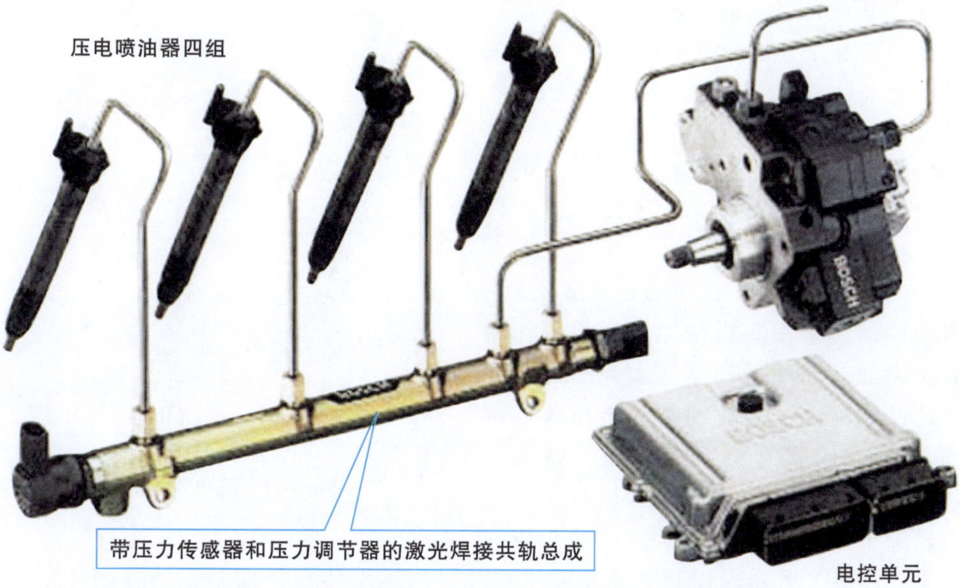

图4-65 博世第三代压电控制式喷油器共轨喷油系统

1. 压电喷油器的基本工作原理

某些晶体一旦受到压力或敲击时就会产生一个电压，这种现象被称为压电（Piezo）效应。随后研究人员发现这种效应也可以逆向作用；在一个合适的晶体上施加一个电压，就会引起晶体晶格的变形，从而产生一种线性位移。这种逆压电效应就成为了压电共轨喷油系统的技术基础。图4-66为压电控制式喷油器的结构，它的主体由压电执行器、液压接杆、控制阀块、喷油嘴针阀和阀体组成。图中的压电晶体（压电执行器）一旦通电，将会变长。

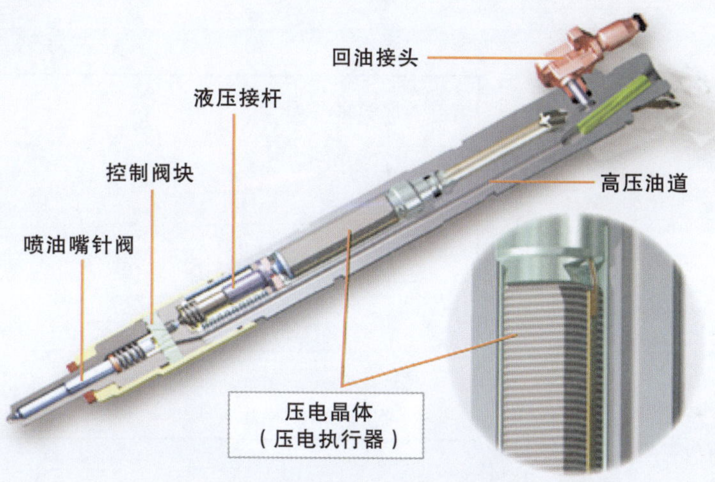

图4-66 压电式喷油器的结构

压电控制喷油器的工作原理如图4-67所示，黄色部分表示燃油低压回路，红色部分表示高压燃油。喷嘴针阀是由一个伺服阀来控制的，喷油量则由伺服阀打开的时间决定。实现压电喷油器功能的主要组件是压电执行器、液压接杆、伺服阀和喷嘴针阀。压电执行器在没有通电时不工作，压电晶体元件保持自然状态，伺服阀是关闭的，高压燃油和低压回路相互隔断，喷嘴针阀在其上端面所受共轨压力下保持关闭状态。压电执行器通电时，晶体元件状态发生变化，晶体拉长，将伺服阀打开，从而使控制室中的燃油迅速泄压，喷嘴开启。若伺服阀关闭，控制室中的压力随之增大，喷嘴针阀也随之关闭。液压接杆的作用是补偿晶体位移传递部件之间可能存在的间隙，否则，当传递部件发生膨胀时，伺服阀在喷油器不通电的情况下也可能打开伺服阀造成误喷油。

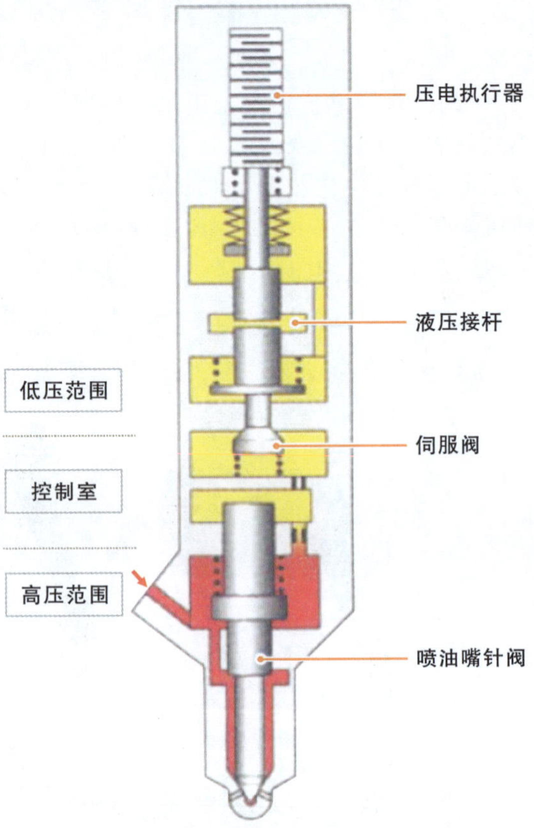

图4-67 压电控制喷油器工作原理图

这种压电喷油器由于没有机械力通过推杆作用在喷嘴针阀上，因此运动质量和摩擦大大降低，并且喷油器的稳定性和喷油误差比通常的电磁阀控制喷油系统明显改善。伺服阀与喷嘴针阀的联系紧密、泄压控制距离短，使得针阀对压电执行器的动作能直接作出迅速的反应。由于压电执行器集成在喷油器体中，因此取消了电磁阀控制喷油器中将喷嘴针阀运动传递到控制室的控制柱塞。与常规的电磁阀控制的喷油器相比，这种压电喷油器的液压传递路线缩短了2/3，最大的喷嘴针阀运动速度比其他电磁阀式喷油器提高约一倍，这样就能获得高的针阀速度，可以在一个喷射循环内实现多次小油量喷射（预喷射和补充喷射）。

这种压电喷油系统还能实现很短的喷射间隔，如图4-68所示，每个喷射循环能进行5次喷射，并且其喷射次数和时刻能与发动机工况相匹配。

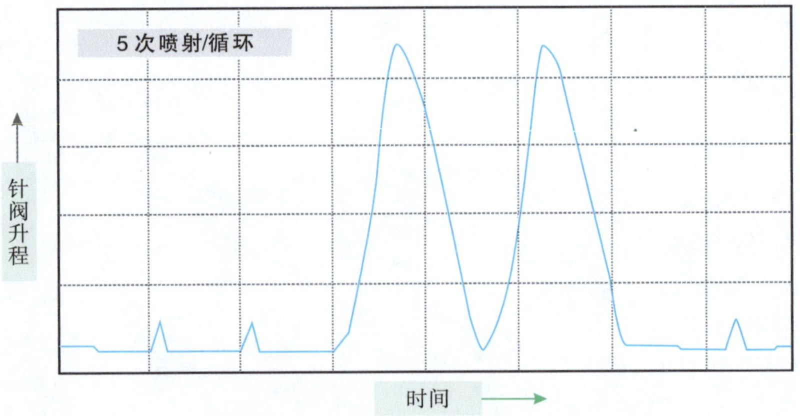

图4-68 压电控制式喷油器连续喷射图

2. 奥迪3.0l-V6-TDI柴油机共轨燃油系统

奥迪A6L轿车上搭载的3.0l-V6-TDI型柴油机的燃油供给系统采用了博世公司的第3代共轨喷射技术，燃油系统如图4-69所示。该系统配有一个由齿形皮带驱动的高压油泵，左、右气缸座各有一条燃油分配管及共轨管道。它的喷油压力提高到了160MPa（1600bar），比以前的第二代共轨系统提高了25MPa（250bar）。

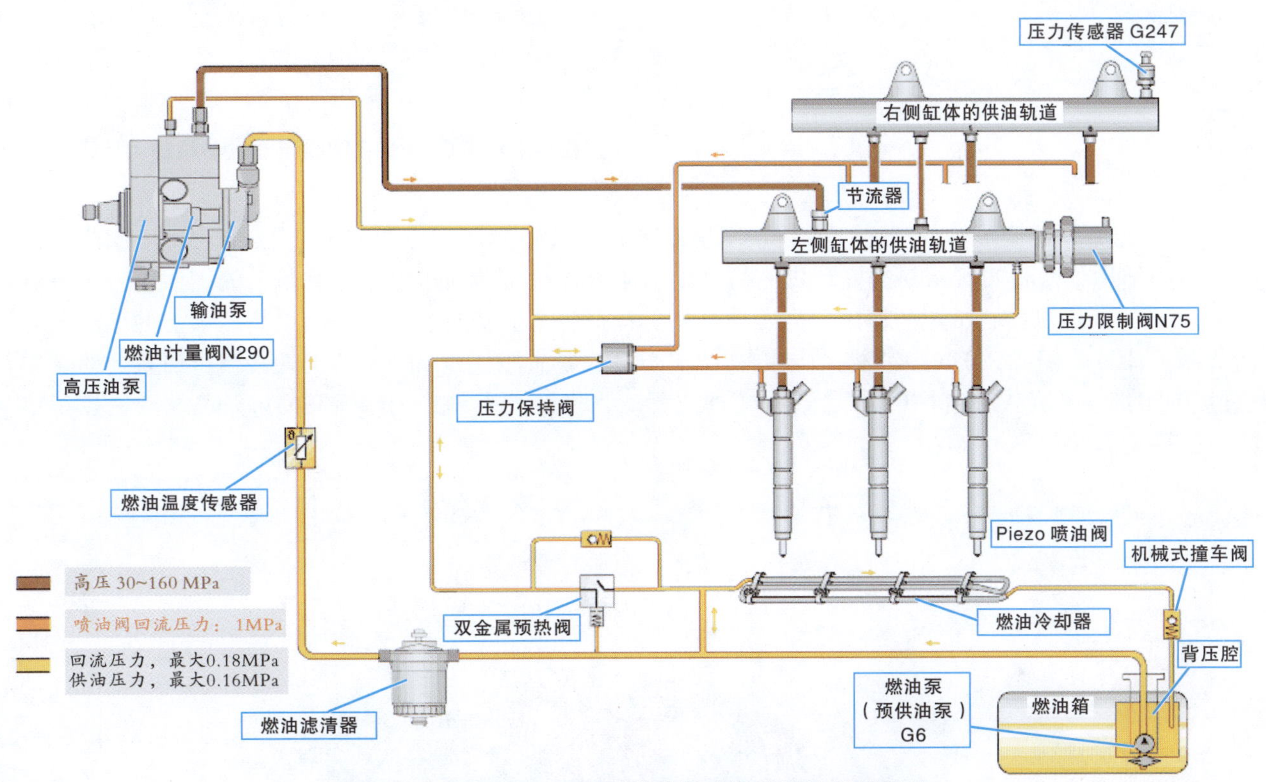

图4-69 3.0l-V6-TDI型柴油发动机的燃油供给系统

新一代的压电控制式共轨系统上最重要的改进就是使用了Piezo喷油阀（压电喷油器），燃油喷射控制采用了压电效应。3.0l-V6-TDI型柴油机的高压燃油回路如图4-70所示，两条共轨之间通过一条燃油分配管相通，因此具有相同的喷油高压。共轨管端末的压力控制部件，由第二代的机械式压力限制阀改进成了电子控制的压力调节阀，调节阀位于右侧缸体共轨上，对共轨压力的调节更直接。

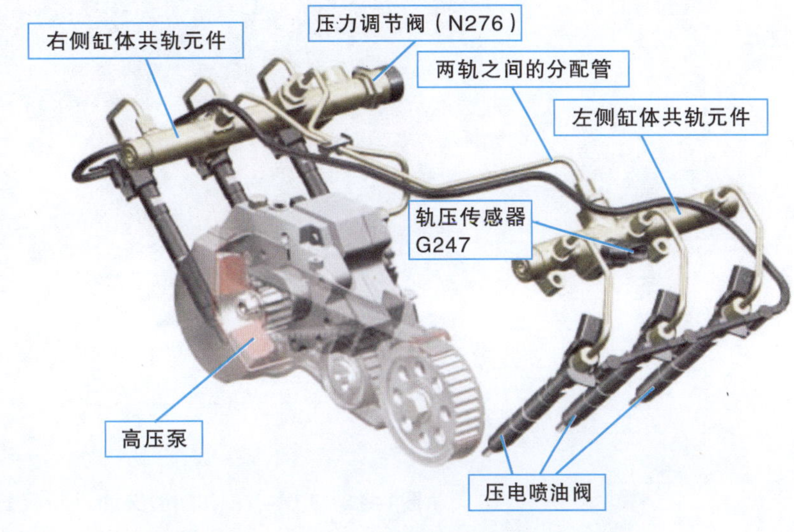

图4-70 3.0l-V6-TDI柴油机高压燃油回路

共轨系统中，安装在高压泵上的齿轮泵其工作原理如图4-71所示，齿形皮带带动高压泵的贯穿偏心轴转动，偏心轴又带动齿轮泵运转，将燃油（油箱内的输油泵从油箱输送来的）输送到高压泵中。

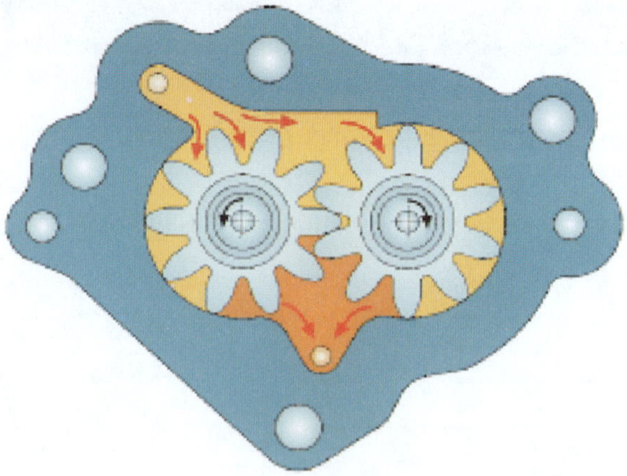

图4-71 3.0l-V6-TDI型柴油发动机的齿轮泵

为了能更好地调节燃油压力，共轨系统使用了两个共轨燃油压力调节系统，3.0I-V6-TDI柴油机高压泵的结构如图4-72所示。当发动机冷机且以怠速运转时，燃油压力是由共轨上的燃油压力调节器N276调节的，用以限制扭矩的输出。当发动机热机且全负荷运转时，燃油压力由高压泵上的燃油压力调节器（计量单元ZME）N290来调节，以避免不必要的燃油加热和泵油功率消耗。当供油轨上的压力超过20MPa时，发动机控制单元就会启动喷油过程。当供油轨上的压力降至13MPa时，发动机控制单元就会终止喷油过程。

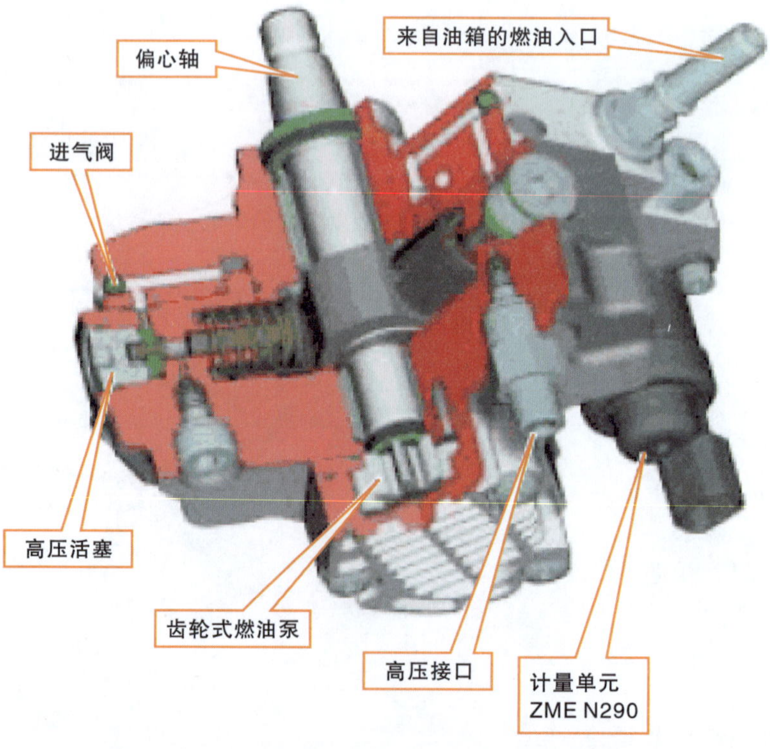

图4-72 3.0l-V6-TDI型柴油发动机的高压泵

压电控制喷器（阀）的结构如图4-73所示，这种喷油器是利用压电可逆效应来控制的。压电效应是指当离子构成的晶体（电气石、石英、酒石酸钾钠）发生变形时，会产生一个电势，而压电逆效应也反过来，即加上电压后晶体形状会被拉长。

需要注意的是：喷油器因制造工艺产生的差别使其喷射参数略有不同，这就要考虑到它们的互换性。如果更换了喷油器，喷油器则必须将喷油器与喷射系统进行匹配，同时，还要进行喷油量对比（IMA）。

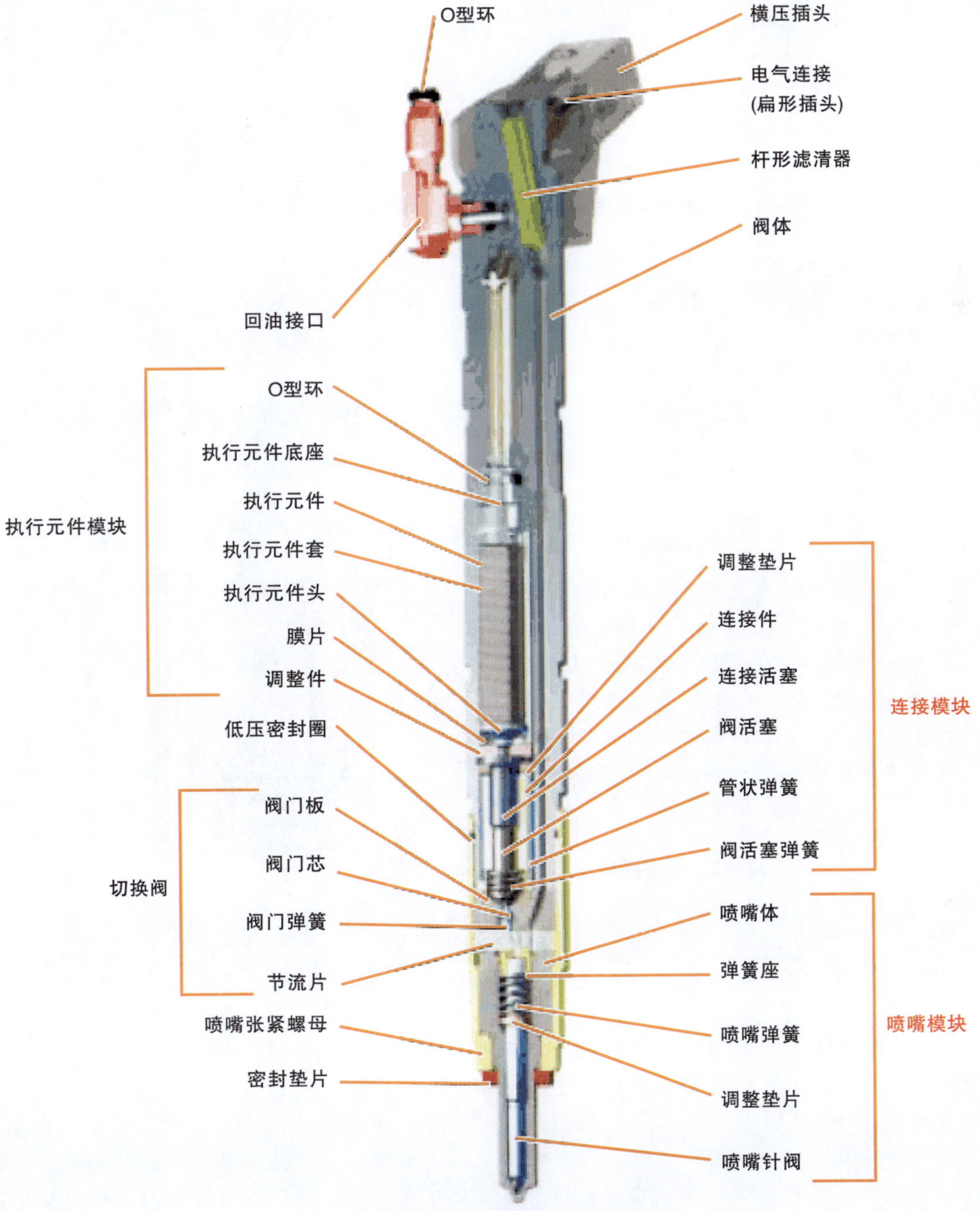

图4-73 压电喷油阀的结构图

喷油器使用压电执行元件可以实现以下目标：

- 每个工作行程可产生多个触发周期；
- 大大缩短多个喷油器之间的切换时间；
- 可以产生很大的力以对抗共轨压力；
- 燃油卸压时可精确地控制行程；

触发电压为110～148V，这取决于轨道的压力。

由于一个晶体层只能在通电时发生非常微小的位移，因此，执行元件中装有264层压电层，其位移之和足可以顶开阀门芯。执行元件如图4-47所示。

图4-74 执行元件模块

喷油器中的液力转换器（连接模块）将执行元件模块长度的增长转化为液体压力和位移，然后作用到切换阀上。

连接模块的结构如图4-75所示，它的作用就像一个液压缸，其上面通过压力调节阀总是作用有1MPa的燃油压力，该压力使这个液压缸反向运动。如果没有这个反向压力，则连接模块不能传递压电元件的位移，喷油器就无法喷射。

燃油在连接模块中的连接活塞A和阀活塞B之间起压力缓冲垫的作用。当喷油阀有动作但不喷油时（系统内进入了空气），喷油阀就会以启动转速来进行排气。另外喷油器是通过共轨燃油系统中的压力保持阀，逆着燃油流动的方向而充满油的。

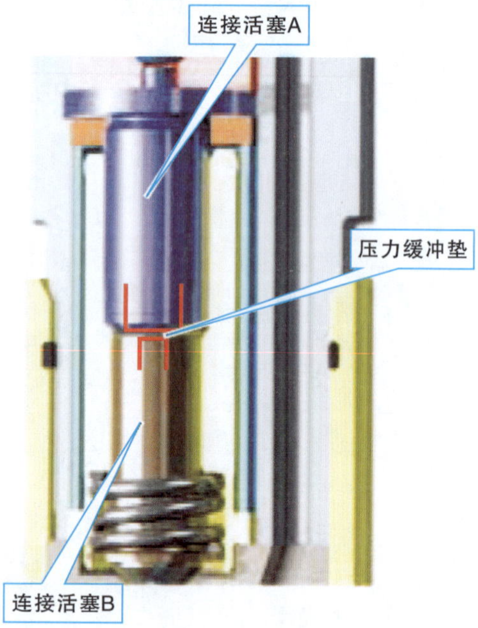

图4-75 连接模块

喷油器切换阀的结构如图4-76所示，它是由阀门板、阀门芯、阀门弹簧和节流片组成的，图中的箭头表示了燃油的流动方向。喷油器的工作原理如图4-77所示，当共轨燃油经节流片上的入口节流阀（进油节流阀）流到喷嘴针阀处并进入该针阀上部的控制腔内。于是喷嘴针阀的上部和下部压力就平衡了，喷嘴针阀就被喷嘴弹簧的作用力保持在关闭的位置上。

当喷油器通电，压电元件拉长，压下阀门芯时，回流通路就打开了，针阀上部控制腔内的压力油通过一个较大的出口节流阀（泄油节流阀）进入低压回路进行泄压，于是喷嘴针阀就被共轨燃油压力抬离针阀座，然后开始喷油。由于压电元件的切换脉冲是非常快的，因此在每个喷射工作行程中，可以完成多次连续的喷油。

当发动机冷机且在怠速运转时，要进行两次预喷油。随着发动机负荷的增加，预喷油逐渐减少，直至全负荷时只有主喷油在工作了。两次补充喷油是用来还原颗粒过滤器的。

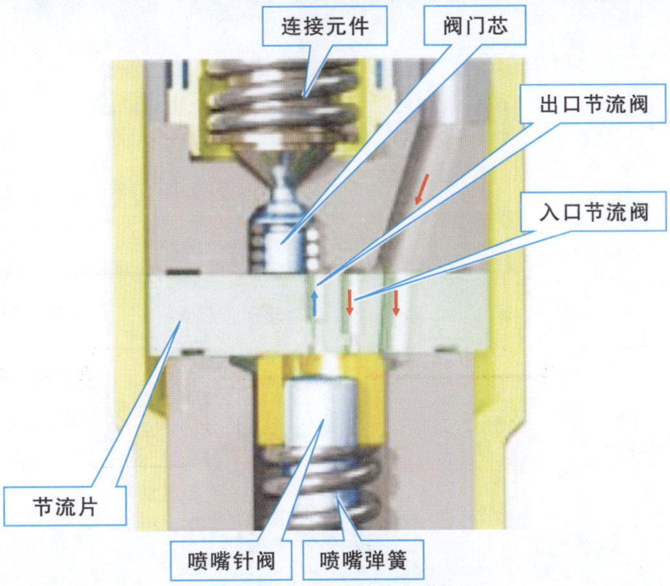

图4-76 切换阀的结构图

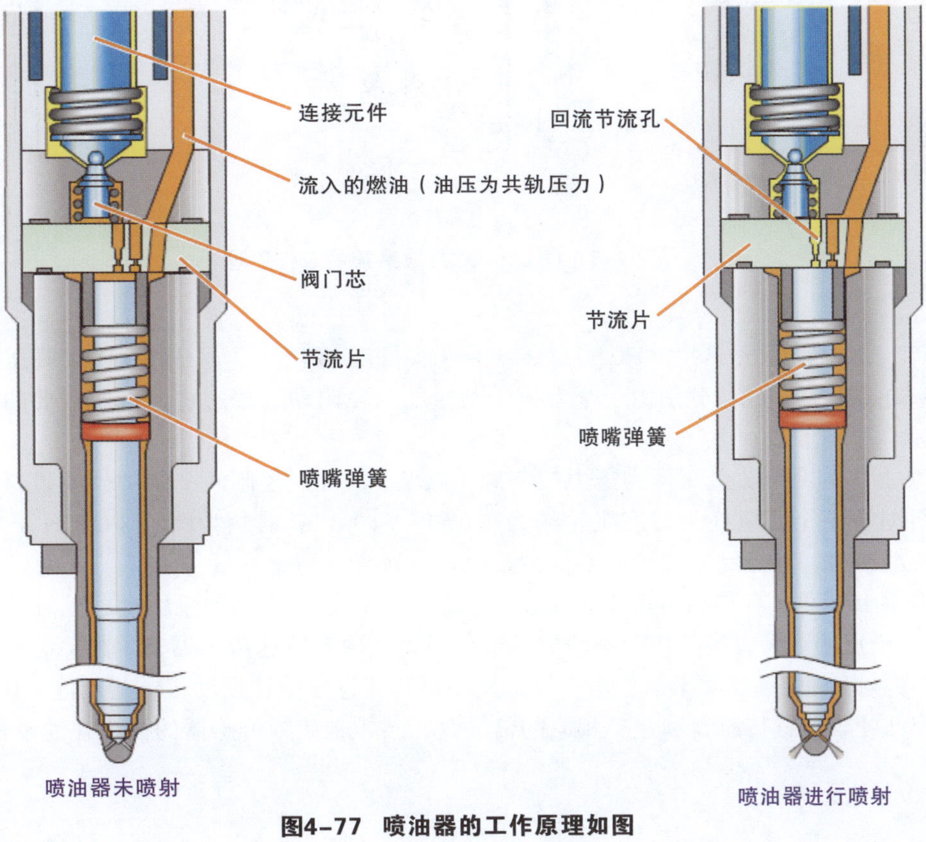

图4-77 喷油器的工作原理如图

四、电装ECD-U2共轨系统

日本电装（Denso）公司率先在上世纪90年代初推出了名为ECD-U2的共轨燃油喷射系统。ECD-U2共轨系统的工作原理如图4-78所示，电控共轨系统主要部件有：高压油泵、高压油轨、高压油管、高压油管接管、电控喷油器、低压油管、柴滤、油箱等。

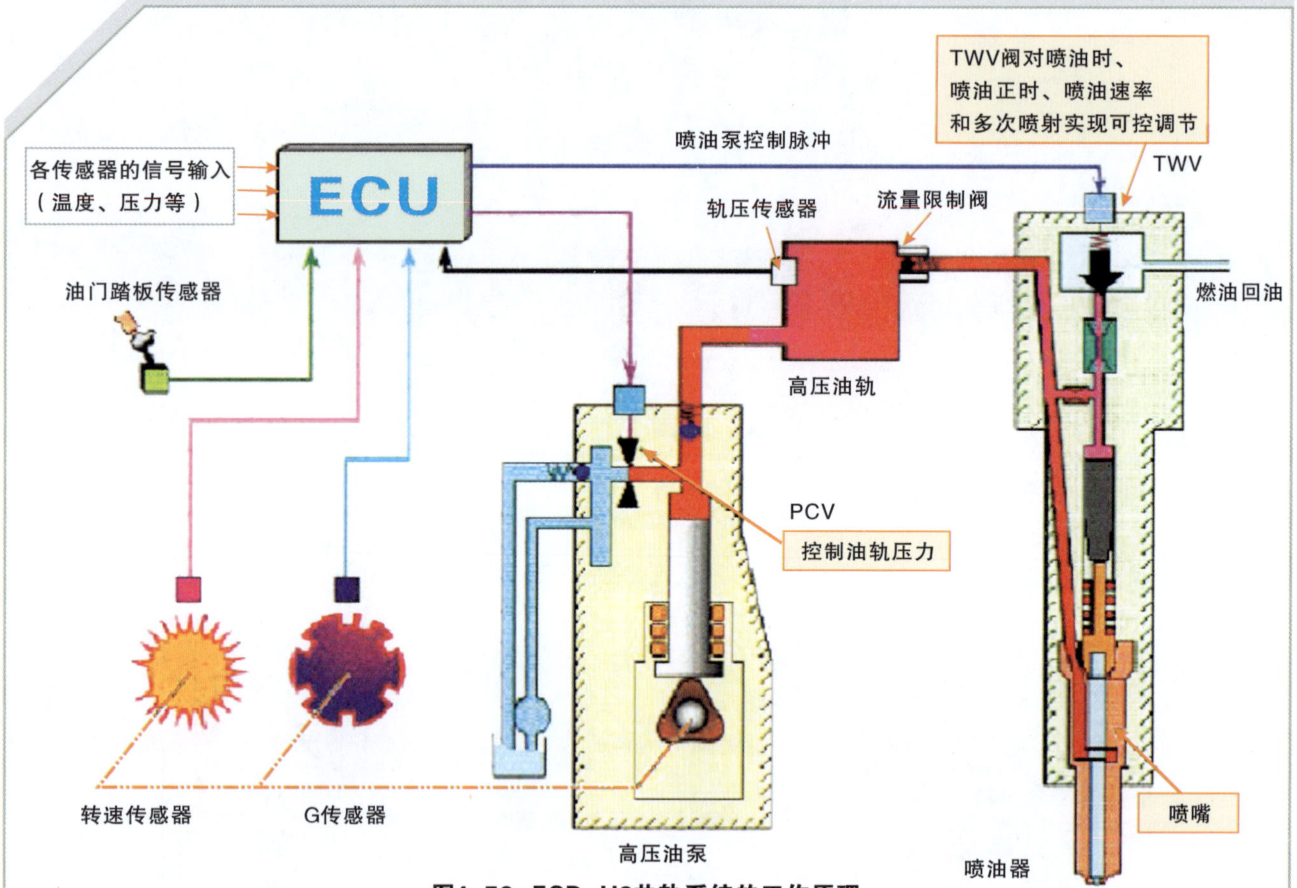

图4-78　ECD-U2共轨系统的工作原理

电装ECD-U2共轨系统采用 HP0 型高压油泵（如图4-79所示），HP0有两个高压柱塞泵，靠飞轮端为油泵1，靠前端为油泵2，分别由一个有三个凸缘的凸轮驱动，按时将六缸所需要的燃油供应给高压油轨。

位于油泵上部的两个黄色阀体为压力控制阀（PCV），分别控制两个泵的供油量与供油时刻。两个电磁阀分别各对应一个线束插头，靠飞轮端为阀1（PCV1），靠前端为阀2（PCV2）。它的作用是调整共轨管内的燃油压力，其控制方法是调整供油泵供入共轨管内的燃油量。

凸轮轴位置传感器（G传感器）也是位于高压油泵上，通过检测油泵驱动凸轮轴的位置来判断发动机第1缸压缩上止点的到来时刻。作为喷油的基准信号，在曲轴转速传感器发生故障时，凸轮轴位置传感器还可以代替曲轴转速传感器，G信号用于计算发动机转速，以维持发动机跛行功能。HP0型高压油泵内部集成了一个凸轮轴位置传感器和一个相应的信号盘，凸轮轴位置传感器的插头在油泵正面中部位置。

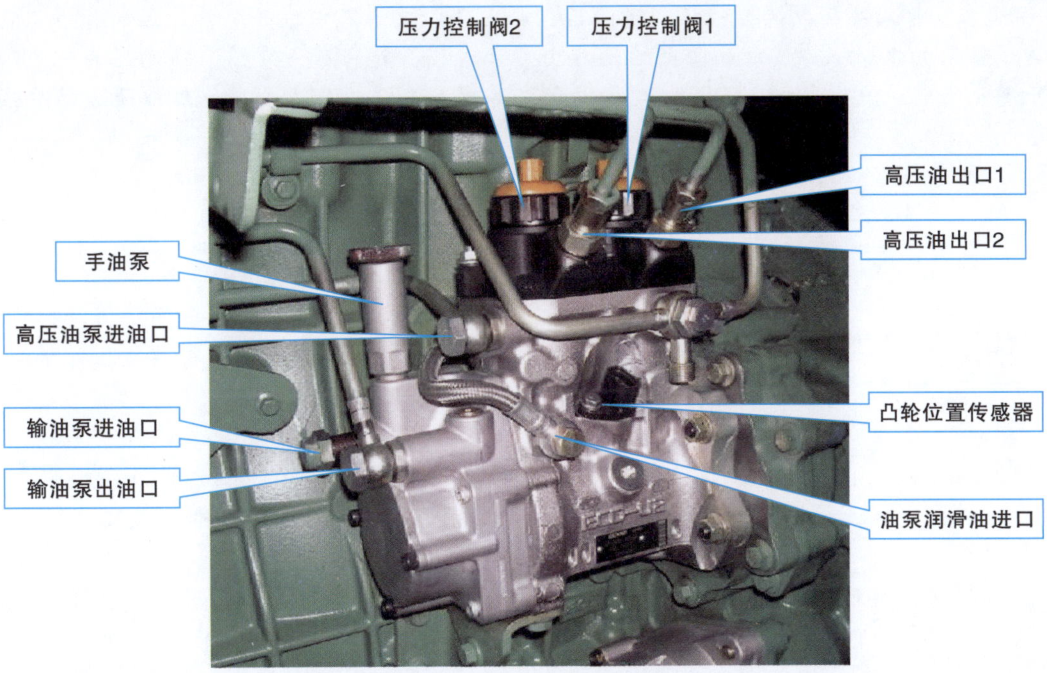

图4-79 HP0 型高压油泵

高压油泵的整个工作原理如下：

a、柱塞下行时，控制阀开启，低压燃油经控制阀流入柱塞腔；

b、柱塞上行时，由于控制阀尚未通电，因此处于开启状态，低压燃油经控制阀流回低压腔；

c、在达到供油量定时时，控制阀通电，使之关闭，回流油路被切断，柱塞腔中的燃油被压缩，燃油经出油阀进入高压油轨。利用控制阀关闭时间的不同，控制进入高压油轨的油量的多少，从而达到控制高压油轨压力的目的；

d、凸轮经过最大升程后，柱塞进入下降行程，柱塞腔内的压力降低，出油阀关闭，停止供油，这时控制阀停止供电，处于开启状态，低压燃油进入柱塞腔进入下一个循环。

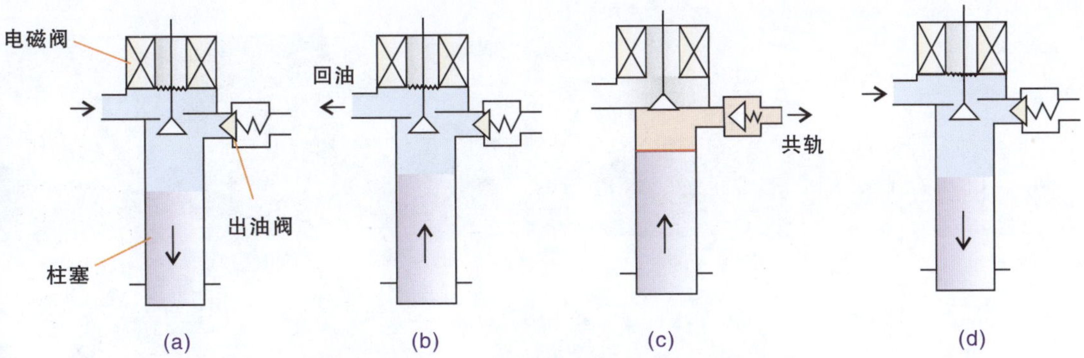

图4-80 HP0 高压油泵工作示意图

电装共轨组件如图4-81所示，共轨管的作用是：

a、将供油泵提供的高压燃油经稳压、滤波后，分配到各喷油器中。并起蓄压器的作用。它的容积可以削减高压油泵的供油压力波动和每个喷油器由喷油过程引起的压力震荡，使高压油轨中的压力波动控制在5MPa之下。但其容积又不能太大，以保证共轨有足够的压力响应速度以快速跟踪柴油机工况的变化。

b、将高压油泵输出的高压油储存在共轨油腔内，维持ECU所设定的共轨压力。

c、向各缸喷油器供应高压燃油。

共轨上的轨压限制阀的作用是：

当共轨压力超过共轨管所能承受的最高压力时，轨压限制阀会自动打开，泄出一部分高压燃油，将共轨压力降低到规定的压力。

流量限制阀位于共轨的上部，其数量由发动机气缸数目决定。阀体分别与各缸的高压油管相连。当某一缸的高压油管有泄漏或喷油器故障而导致燃油喷射量超过限值时，流量限制阀会动作，切断该缸的燃油供应。

高压油进油口位于共轨的外侧，有两个进油口，分别与高压油泵的两个高压油出油口相连。轨压传感器位于共轨的右侧，带有一个线束插头，向ECU发送共轨压力信号，用于压力的反馈控制。

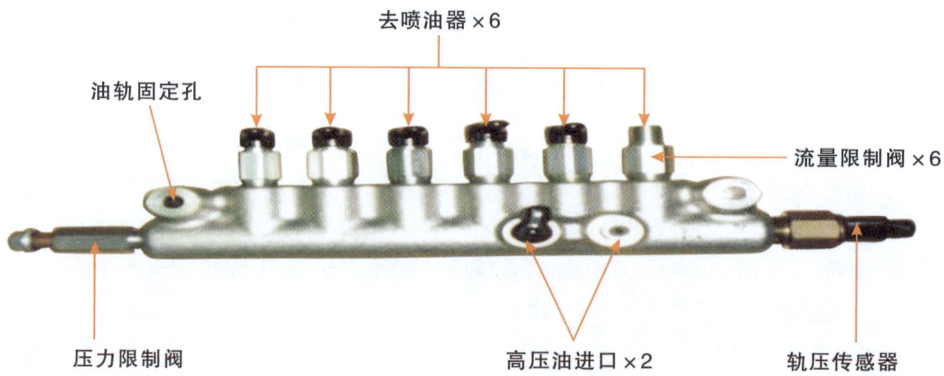

图4-81 高压共轨组件

如图4-82所示，锡柴的6DL柴油发动机装有电装ECD-U2共轨系统，发动机上的高压油管共八根，其中由高压油泵到高压油轨两根，由高压油轨到各缸喷油器共六根。

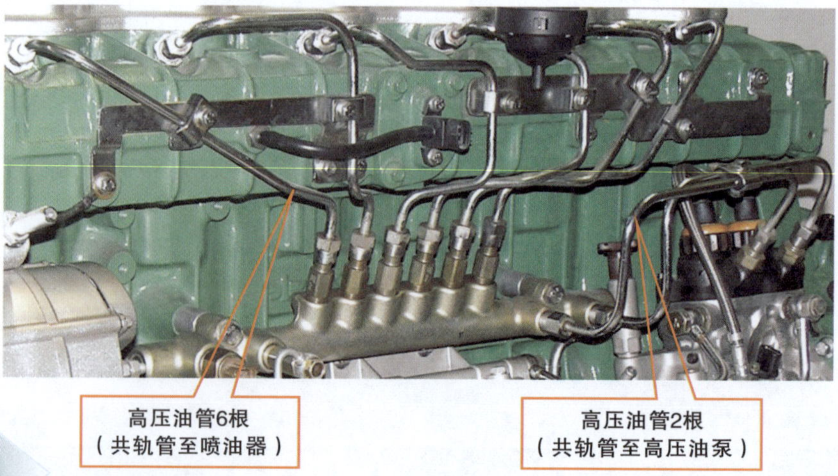

图4-82
锡柴6DL1发动机高压油管

电装ECD-U2采用了630和470系统喷油器，630喷油器的外形结构如图4-83所示，电控喷油器根据电子控制单元（ECU）的指令在适当的时候将适量的燃油喷射到燃烧室中，它主要由喷油器体、喷油器控制电磁阀（TWV阀）、喷油器偶件、O型圈、QR code信息片、喷油器电磁阀接线柱等部分组成。由于同类型的每个喷油器其喷射特性都是有少许差别的，因此用QR code信息片记录了该喷油器的信息代码。代码代表了喷油器的型号、喷射参数，读码器可以识别这些代码并将之解码成喷油器具体的参数，以便在更换喷油器时用于新的喷油器与控制单元进行匹配。

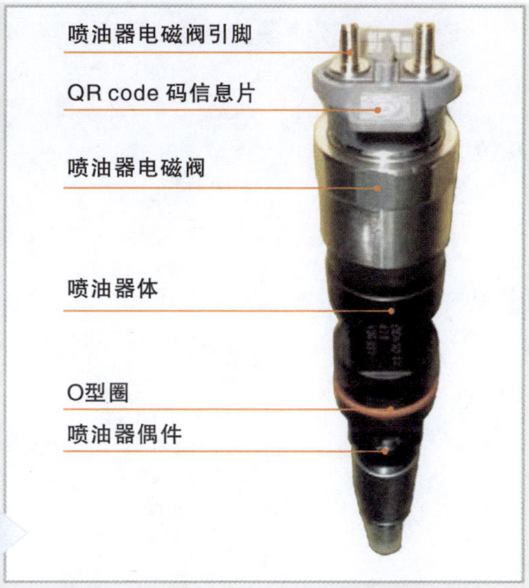

图4-83 630喷油器

630喷油器外接一高压油管接管（如图4-84），高压油管接管内置多孔滤清器，既连接高压油管和喷油器，又同时对燃油进行最后的过滤，确保进入喷油器的燃油的清洁度。

高压油管接管螺纹附近有一扁平的夹持部位，是拆装时的夹持部位，用于防止高压油管接管拆卸时因转动而损坏与喷油器体的接触部位（尖嘴部分）。

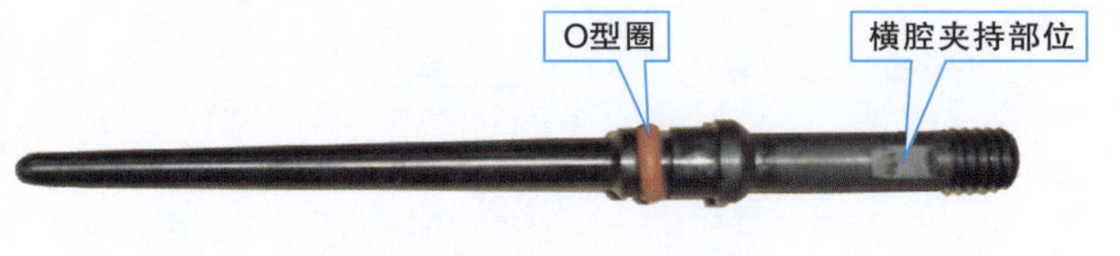

图4-84 高压油管接管

630喷油器的结构图如图4-85所示，高压燃油从高压连接管进入喷油器，一路到达针阀腔用于喷射，一路经进油节流孔进入喷管腔。TWV电磁阀控制阀门的开启和关闭，当电磁阀通电时，阀门打开泄油节流孔，活塞腔内的高压燃油快速泄压，喷管腔内的高压燃油克服喷管弹簧阻力，使针阀向上运动，打开喷嘴，喷油器喷油。

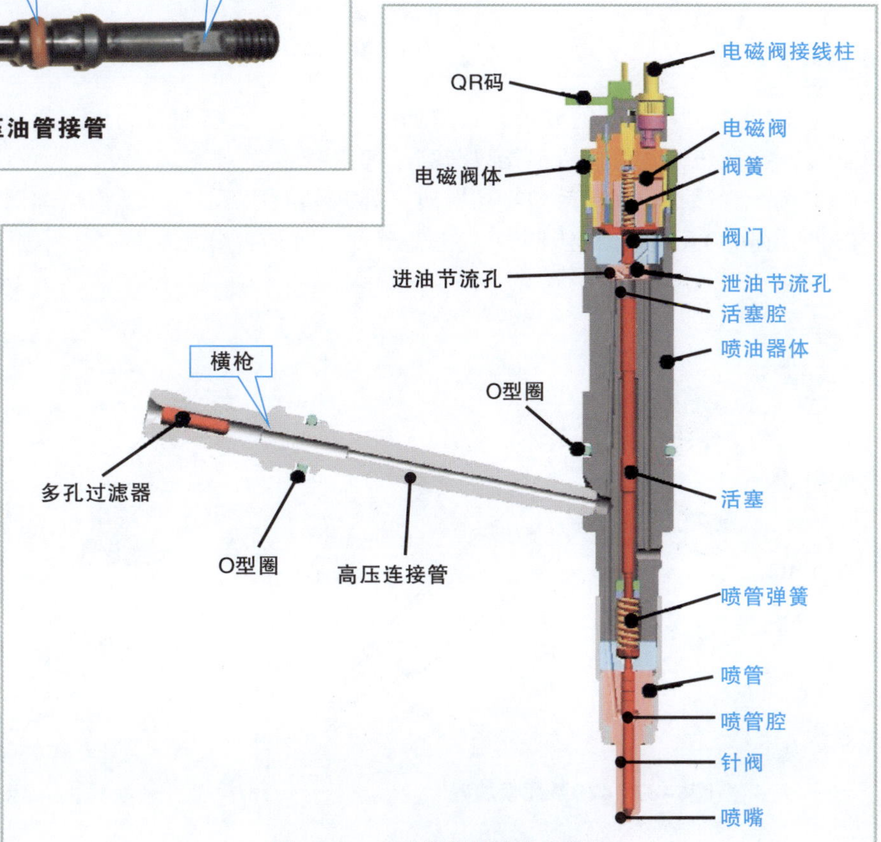

图4-85 630喷油器结构示意图

ECD-U2喷油器工作原理如图4-86所示，简单地概括如下：

①未喷油状态：油轨内的燃油进入喷油器，电磁阀不通电，TWV阀关闭，控制室压力等于油轨压力，喷嘴关闭。

②喷油过程：电磁阀通电，TWV阀打开，控制室压力泄载，控制活塞上移，喷嘴打开。

③喷油结束：电磁阀不通电，TWV阀关闭，控制室压力与油轨压力同步，喷嘴关闭。

电控喷油器的喷油时刻和喷油器完全由电磁阀的通电时刻控制（根据ECU的指令），电控喷油器喷油过程中有大量的高压燃油泄流，回油量大，回油温度较高，要求回油必须通畅。

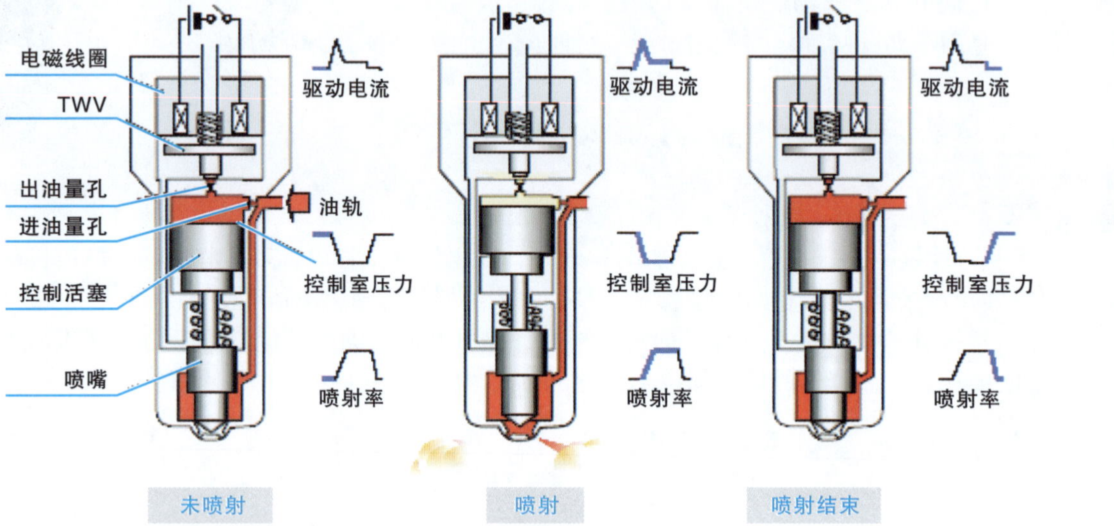

图4-86 ECD-U2喷油器工作原理

电装470系列喷油器的外形及接口如图4-87所示，喷油器阀体上集成了出油接口和进油接口，出油接口直接连接低压回油管，进油接口与高压油管相连。

470系列喷油器与630系列喷油器对比如图4-88所示，470系列喷油器的进油接头和回油接头位于气缸盖罩外，而630系列喷油器则位于气缸盖罩内。其他部分的结构及工作原理则相似。

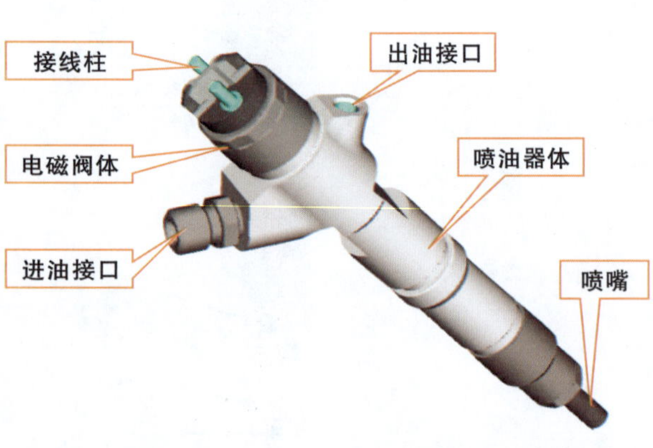

图4-87 470系列喷油器

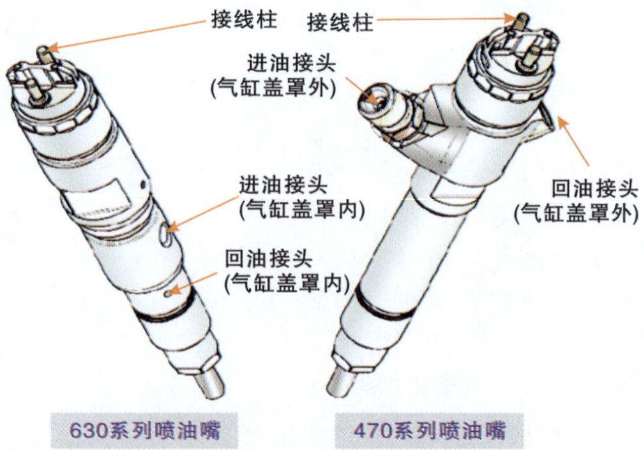

图4-88 630与470系列喷油嘴的差别

五、高压共轨系统的特点

a、共轨系统高压泵的体积较小，一般采用齿轮泵，有的采用柱塞泵，共轨中的蓄压就是喷油器的喷射压力，因而可以实现高压燃油喷射，目前喷射压力可达到160MPa，正在发展喷射压力达到180MPa。

b、燃油喷射压力完全独立于发动机转速，在低速低负荷工况下同样可以实现高压喷射，改善了发动机低速低负荷时的性能。

c、可以实现预喷射和补充喷射，或是多次预喷射，可以调节喷油速率及形状，实现理想的喷油规律，对降低油耗和改善排放都有好处。

d、喷油动作由电磁阀控制，因而能自由的调节喷油定时和喷油量。

e、具有良好的喷射特性，可以优化燃烧过程，使发动机油耗、噪声、烟度和排放等性能指标得到明显改善，同时有利于改进发动机的扭矩特性，实现低速大扭矩。

f、高压泵、共轨和喷油器相互独立布置，结构简单，可靠性好，适应性强，可在所有新老发动机上应用。

g、具有很高的控制自由度，很容易实现更低的排放（欧Ⅳ，欧Ⅴ）。

h、共轨系统的发展前景光明：高压共轨系统一方面在大量应用的同时，还在向更高的水平迈进。新一代的共轨系统将进一步降低高压泵的功耗，提高高压泵的高压能力；采用压电晶体式的喷油器电磁阀，取消传统的线圈电磁阀作为执行器，降低ECU的驱动功耗等。目前，第三代高压共轨系统已经得到应用，其最高喷射压力可达到200MPa，一气缸的一个喷油循环可以实现连续五次喷射。

思考与练习

一、填空题

1. 高压共轨电喷技术是指在______、______和______组成的闭环系统中，将喷射压力的产生和喷射过程彼此完全分开的一种供油方式。

2. 手油泵安装在______上，用于排出低压燃油系统中的空气。

3. 博世CP1高压油泵对共轨压力的调节是通过______实现的，而CP1、CP2高压油泵是通过______实现的。

4. 博世的第三代压电控制式共轨系统采用的是______喷油器，其特点是响应时间快，能实现多次喷射，喷油器中的______一旦通电，将会拉伸变长。

5. 电装ECD-U2共轨系统采用的HP0型高压油泵有两个PCV阀，分别控制两个柱塞泵的______与______。

二、判断题

1. 博世CP1、CP2、CP3高压油泵对共轨压力的控制原理一样，都是通过调节进油量来调节共轨压力。 (　)

2. 燃油细滤器能过滤分离燃油中的水份。 (　)

3. 共轨系统的共轨用于储存高压燃油，并抑制压力波动，即使大量燃油排出也能保持其内部压力基本不变。 (　)

4. 共轨系统中流量限制阀的作用是限制从共轨到各喷油器的流量。 (　)

三、选择题

1. 在下列零部件中，不属于共轨组件的是（　）。

A. 共轨压力传感器　B. 高压过渡管　C. 压力限制阀　D. 流量限制阀

2. 以下对高压共轨系统描述不正确的是（　）。

A. 燃油喷射压力完全独立于发动机转速，在低速低负荷工况下同样可以实现高压喷射。

B. 可以实现预喷射和补充喷射，可以调节喷油速率，实现理想的喷油规律。

C. 喷油动作由电磁阀控制，因而能自由的调节喷油定时和喷油量。

D. 高压共轨系统结构简单，可靠性好，技术先进，因而只能在新开发的发动机上应用。

第五部分

柴油机进排气系统

新的汽车尾气排放法规日益严格，要求柴油机的微粒（碳烟）和氮氧化物大幅降低，这就对柴油机的控制系统提出了不小的挑战，使得柴油机也必需实行闭环控制。现在生产的柴油机上已经采用了用电子控制的进排气系统，比较典型的有可变截面涡轮增压系统、废气再循环系统、发动机闭环喷油控制和尾气排放处理系统。采用增压中冷、排气再循环和尾气处理装置的柴油机能达到国家规定的国Ⅲ排放标准及欧Ⅲ~欧Ⅴ的欧洲排放标准。

情境一：涡轮增压技术

一、涡轮增压器的工作原理

涡轮增压技术就是采用专门的压气机将气体在进入气缸前预先进行压缩，提高进入气缸的气体密度，减小气体的体积，这样，在单位体积里，气体的质量就大大增加了，这样就可以在有限的汽缸容积内喷入更多的燃油进行燃烧，从而达到提高发动机功率的目的。

涡轮增压器是一种利用发动机排气中的剩余能量来工作的空气泵。废气驱动涡轮叶轮总成，它与压气机叶轮相连接，如图5-1所示。当涡轮增压器转子转动时，大量的压缩空气被输送到发动机的燃烧室里。由于增加了压缩空气的重量，就可以使更多的燃油喷入到发动机里去，使发动机在尺寸不变的条件下而产生更多的功率。

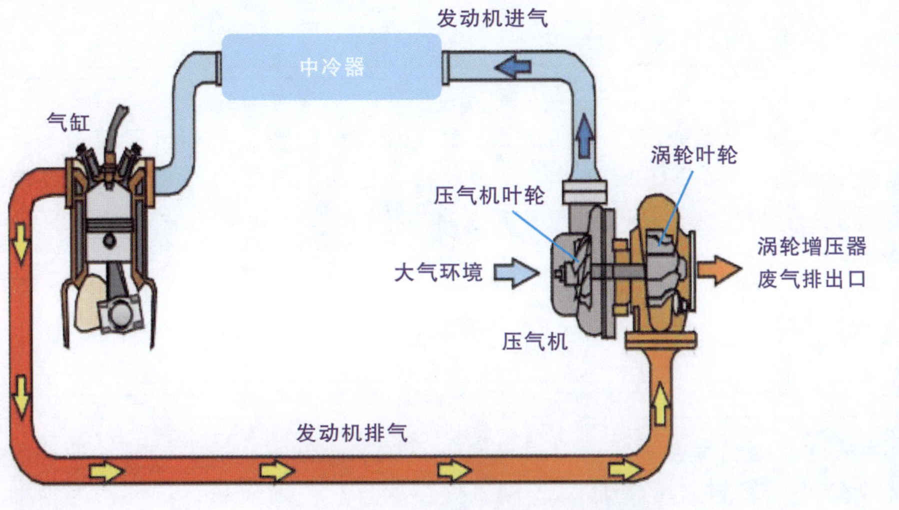

图5-1 柴油机涡轮增压系统示意图

涡轮增压可以提高空气的密度，空气密度的提高必然会使空气温度也同时增高，这如同给轮胎打气时压缩泵会发热一样。发动机涡轮增压器的出风口温度也会随着压力增大而升高，温度提高反过来会限制空气密度的提高，要进一步提高空气密度就要降低增压空气的温度。据实验显示，在相同的空燃比条件下，增压空气温度每下降10℃，柴油机功率能提高3%~5%，还能降低排放中的氮氧化合物（NOx），改善发动机的低速性能。因此，也就产生了中间冷却技术。

柴油机中间冷却技术的类型分两种，一种是利用柴油机的循环冷却水对中冷器进行冷却，另一种是利用散热器冷却，也就是用外界空气冷却。当利用冷却水冷却时，需要添置一个独立循环水的辅助系统才能达到较好的冷却效果，这种方式成本较高而且机构复杂。因此，汽车柴油机大都采用空气冷却式中冷器。

空气冷却式中冷器利用管道将压缩空气通到一个散热器中，利用风扇提供的冷却空气强行冷却。空气冷却式中冷器可以安装在发动机水箱的前面、旁边或者另外安装在一个独立的位置上，它的波形铝制散热片和管道与发动机水箱结构相似，热传导效率高，可将增压空气的温度冷却到50~60℃。

二、废气涡轮增压对排放的影响

（1）对CO排放的影响

柴油机中CO是燃料不完全燃烧的产物，主要在局部缺氧或低温下形成。柴油机通常工作在稀燃条件下，涡轮增压技术使过量空气系数变大，燃料雾化和混合得到改善，使燃料燃烧更充分，CO排放进一步降低。

（2）对HC排放的影响

柴油机中的HC主要是由原始燃料分子、分解的燃料分子以及燃烧反应中的中间化合物所组成，少部分由窜入气缸的润滑油生成。增压后进气密度增加，过量空气系数变大，可以提高燃油雾化质量，减少沉积于燃烧室壁面上的燃油，HC排放减少。

（3）对NOx排放的影响

NOx的生成主要取决于燃烧过程中的浓度、温度和反应时间。柴油机单纯增压后，因过量空气系数增大和燃烧温度升高而导致NOx排放增加。因此常在增压同时配合减少压缩比、推迟喷油、废气再循环等方式，降低NOx的排放。采用进气中冷技术可以大大降低增压后进气温度，有效控制燃烧温度，利于减少NOx。

（4）对微粒排放的影响

影响微粒生成的原因较复杂，主要受过量空气系数、燃油雾化质量、喷油速率、燃烧过程和燃油品质影响。通常有利于降低NOx的措施都不利于微粒的排放。增压后，进气密度增加，充量增大，配合中冷技术、高压燃油喷射、电控共轨喷射、多气门技术等，可更有效地控制微粒的排放。

（5）对CO_2排放的影响

CO_2是重要的温室气体，可导致全球气温升高。同时，CO_2的排放也是衡量发动机燃油经济性的指标。增压柴油机充分利用了废气的能量，经济性高，整机的平均有效压力增加，CO_2排放优于汽油机。

三、涡轮增压器的结构

废气涡轮增压器装置的结构如图5-2所示，涡轮增压器是由废气驱动的涡轮、径流式压气机和废气旁通阀机构组成的。涡轮和压气机分别被安装在轴的两头并有各自的铸造壳体，轴本身被安装在中间壳中并由中间壳来支撑。中间壳的两侧分别同压气机壳和涡轮壳相连接，典型的涡轮增压器转速可以在10万转/分钟以上。而废气旁通阀机构 可以是普通的压力控制，也可以是电子控制，采用电子控制的涡轮增压器其响应特性较好。

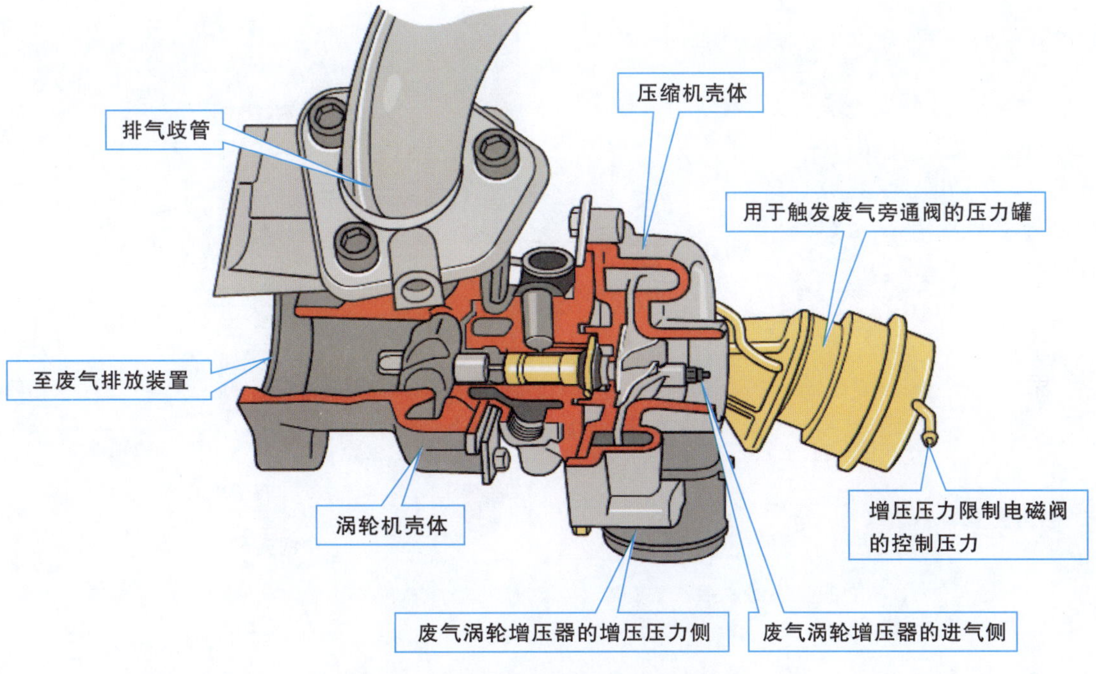

图5-2 废气涡轮增压器的结构

长城的GW2.8TC涡轮增压器的组成部件如图5-3所示，它是由涡轮、径流式压气机、中间壳、转子总成和旁通阀等组成的。

图5-3 GW2.8TC涡轮增压器的组件

GW2.8TC涡轮增压器的涡轮部分主要包括涡轮壳、单级径流式涡轮，其部件结构如图5-4所示。它们是一个能量转换器，当柴油机排出的废气经过涡轮壳喷向涡轮叶轮时，将废气的热能及压力能转变成增压机构的动能，从而使涡轮高速旋转。

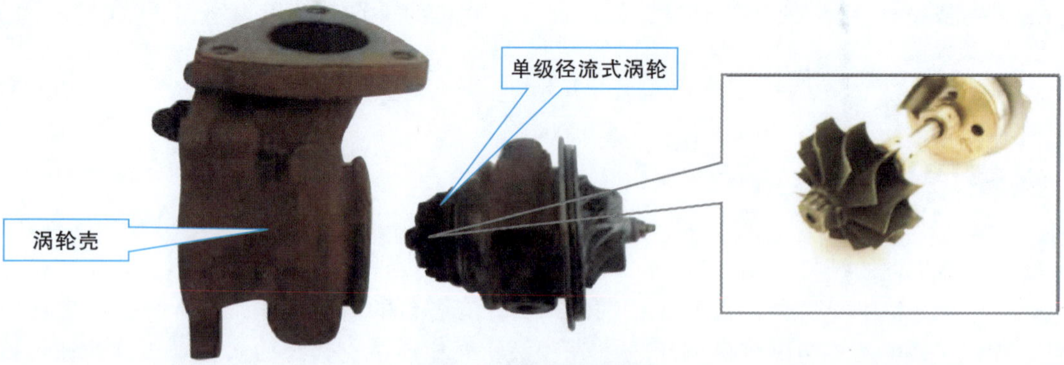

图5-4 涡轮和涡轮壳

如图5-5所示，中间壳是支撑转子总成及固定涡轮壳、压气机壳的中间支撑体，也是润滑和冷却浮动轴承的润滑油箱。

图5-5 中间壳及转子总成

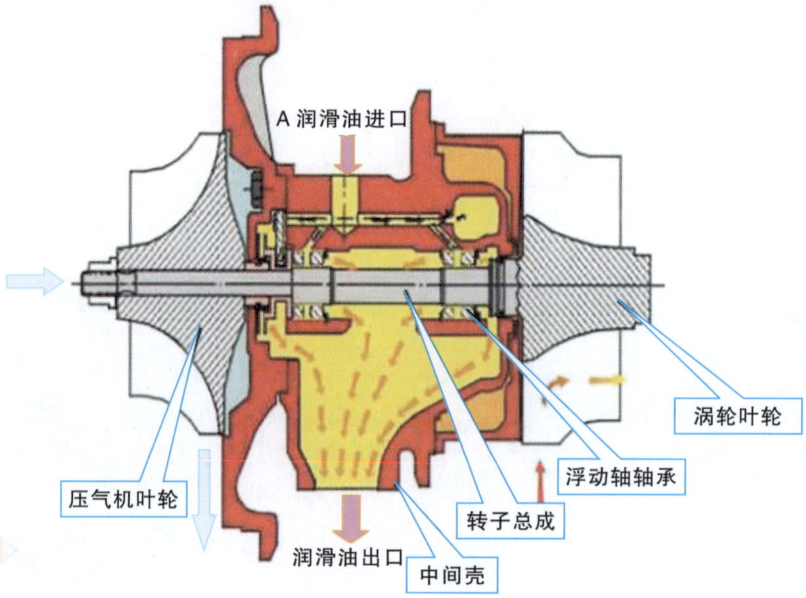

涡轮增压器的压气机部分主要包括单级离心式压气机叶轮和压气机壳体，其结构如图5-6所示。

图5-6 压气机部分

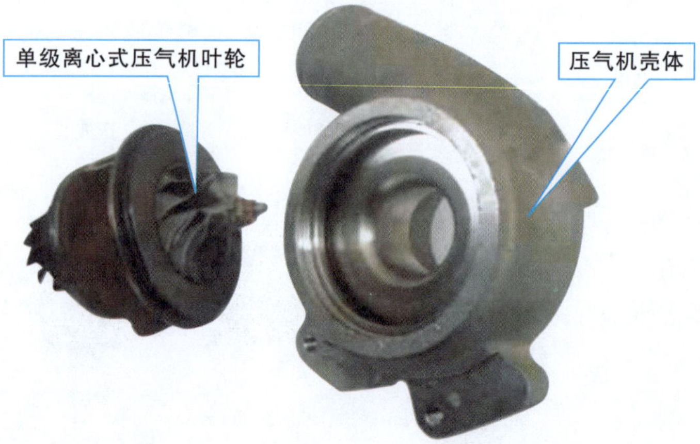

涡轮、叶轮与涡轮轴的连接如图5-7所示。涡轮轴与涡轮是采用摩擦焊这一焊结工艺连成一体的，所谓摩擦焊就是利用焊接工件的表面相互摩擦所产生的热，使接触端面达到执塑性状态，然后迅速顶锻，完成焊接的一种压焊方法。

压气机叶轮则是以过渡配合方式装在涡轮轴上，并用自锁螺母压紧的。整个转子总成经过了非常精确的动平衡，以保证转子在高速运转情况下的正常工作。

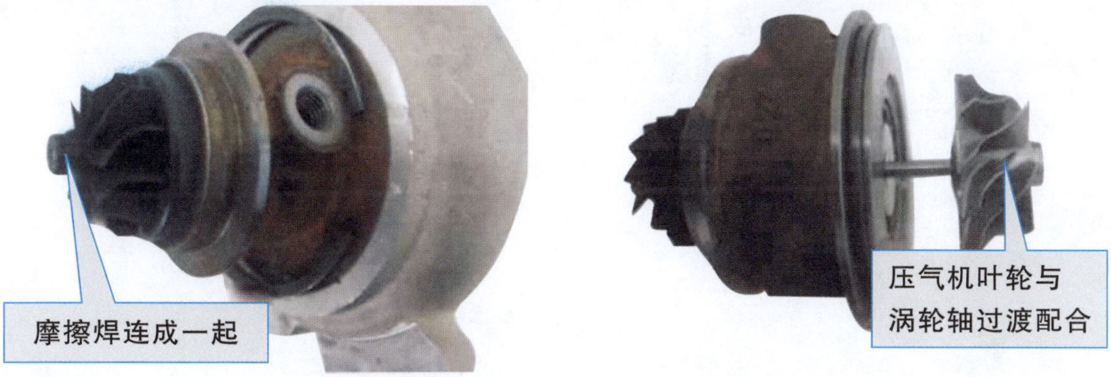

图5-7 涡轮、叶轮与涡轮轴的连接

增压器转子总成的支撑如图5-8所示，转子总成采用内支撑，即两个全浮式浮动轴承布置在两叶轮之间的中间体上，转子的轴向力由固定在中间体上的止推轴承装置承受。

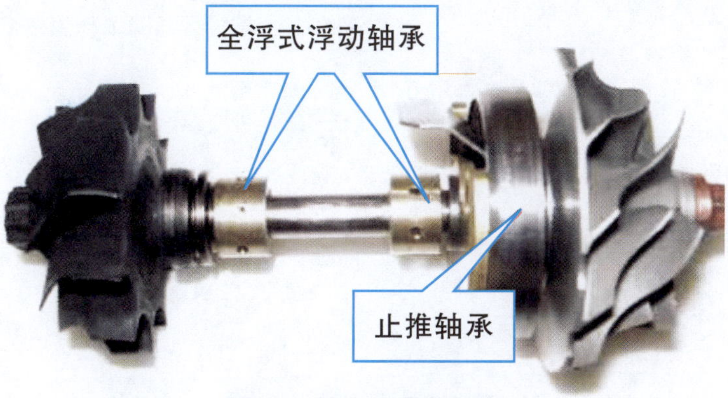

图5-8 转子总成的支撑

排气旁通阀的结构如图5-9所示，此旁通阀的工作是由增压压力来控制的。旁通式增压器具有低速大扭矩并能兼顾高低速性能的优点。当增压压力达到预定值时，旁通阀打开，将部分多余废气排掉，控制涡轮增压器增压比，在高速范围通过旁通阀放气以免增压器转子超速或增压压力过高而引起气缸内燃油压力过大，加剧柴油机的机械负荷。

图5-9 旁通阀的结构

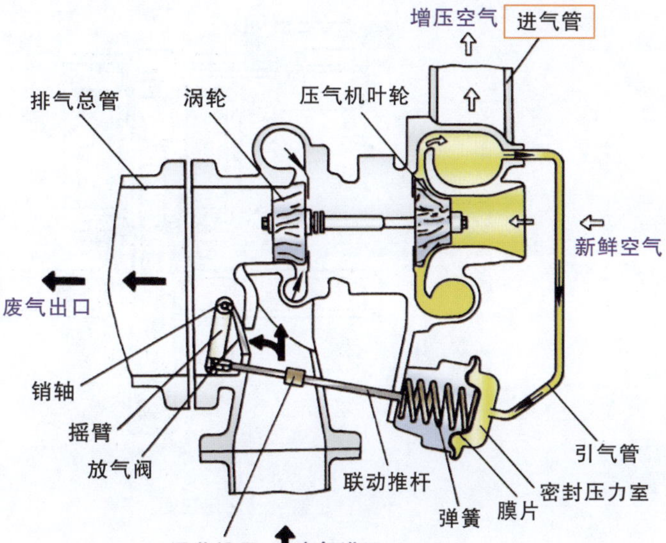

旁通阀的开闭由增压压力自动控制，其工作原理如下图5-10所示。压气机出口的增压压力引入旁通阀调节器的密闭压力室内，当增压压力达到或超过规定值时，气压推动膜片克服左边的弹簧力，与联动推杆一起向左移动，推动摇臂绕销轴旋转，使放气阀开启，实现排气旁通放气，控制增压器转速的上升，使发动机气缸内的爆发压力不超过发动机机械负荷的允许值。

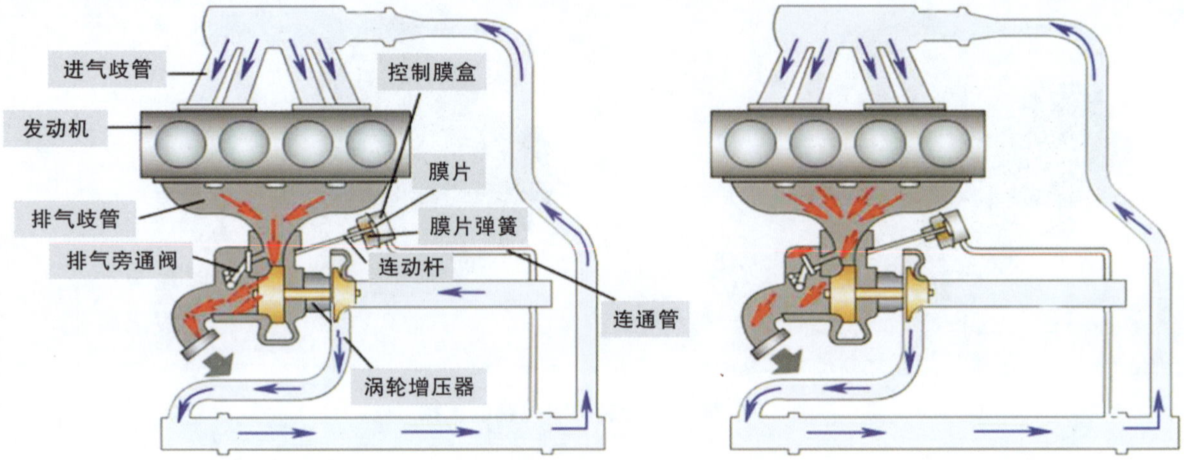

◆排气旁通阀关闭　　◆排气旁通阀打开

图5-10　排气旁通阀工作原理示意图

目前很多汽车发动机的增压旁通阀采用了电子控制，如大众奥迪汽车的一款双涡轮增压发动机，使用增压压力限制电磁阀N75来控制废气旁通阀。增压压力限制电磁阀N75的结构和接口如图5-11所示，N75根据发动机控制单元的占空比信号改变压力罐至大气压力的开启时间，由增压压力和大气压力调制作用在增压压力调节阀（废气旁通阀）压力罐上的控制压力。

在无电流状态下，N75关闭，增压压力直接作用在压力罐上。增压压力调节阀在增压压力较低时打开。这样，在增压压力调节失灵时便会限制在基本增压压力，以避免超出最大增压压力，结果是会损失一些功率。所谓基本增压压力是不用调节便可以达到的增压压力。

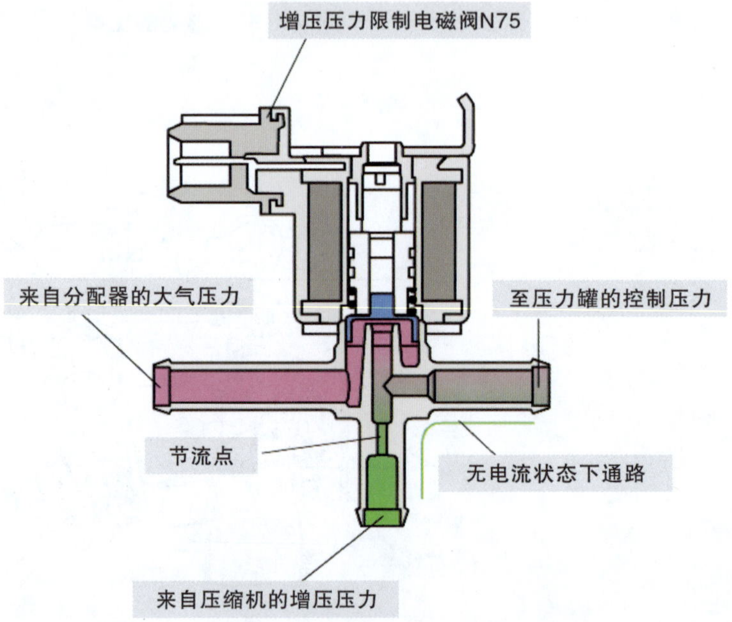

图5-11　增压压力限制电磁阀N75

在没有压力的情况下，压力罐中的一个弹簧使废气旁通阀保持关闭。所有的废气流通过涡轮机导引并建立起增压压力。

如图5-12所示，当控制压力达到规定值时，克服此弹簧力并打开废气旁通阀。一部分废气流由废气旁通阀引导绕过涡轮机，增压压力不再继续升高。

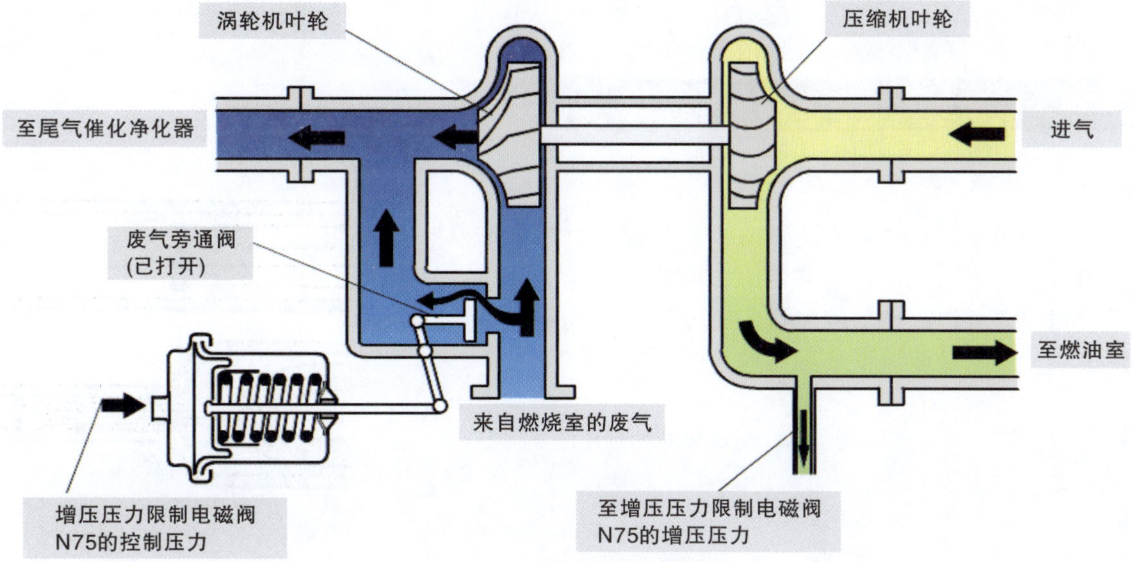

图5-12 打开废气旁通阀

四、可变截面涡轮增压器（VNT）

1. 可变截面涡轮增压器的优点

普通的增压器特性往往不能够兼顾柴油机的高速工况和低速工况。柴油机的转速较低时，由于气缸燃烧频率低，废气流量和能量相对较小，很难将涡轮和增压器的转速提高到期望的水平，即最终的增压压力难以提高，涡轮的响应性较差；而当柴油机的转速较高时，由于废气流量和能量都较高，导致涡轮速度过高，涡轮增压器将产生过高的增压压力，使系统的可靠性和寿命下降。为了兼顾高速和低速工况，可变截面的涡轮增压器（VNT）得到了应用。可变增压机构依照发动机转速来改变涡轮增压器的增压值，因而能改善涡轮的响应性。可变增压技术主要使用在柴油涡轮增压发动机上，使用在汽油涡轮增压发动机上效果不太明显。如图5-13所示，为奥迪V8 4.0 TDI发动机涡轮增压器的剖视图，为了保证涡轮增压器在较低转速时做出快速响应，导流板是通过一个电动调节器来实现调节的。

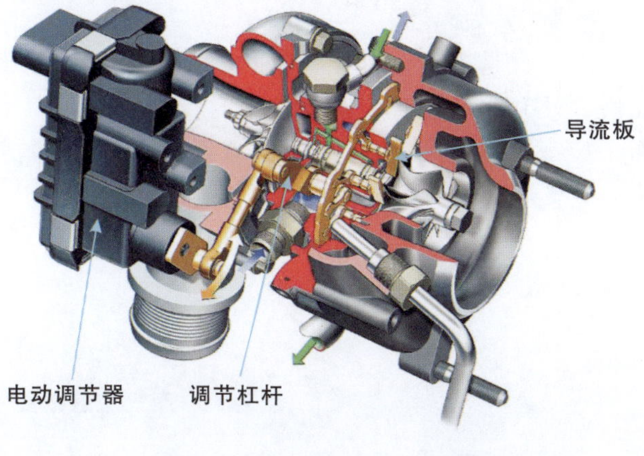

图5-13 奥迪V8 4.0 TDI涡轮增压器

这种涡轮增压器采用可调式叶片（导流板）代替旁通支路，可调式叶片控制作用在涡轮上的气流量，其优点是：

①由于废气流量由可调式叶片控制，在发动机转速较低时也可保证大功率输出；
②作用于涡轮上较低的排气背压可降低发动机高转速时的油耗；
③由于充气压力达到最佳状态，从而在整个转速范围内提高了燃烧效率。

2. 可变截面涡轮增压器的工作原理

如图5-14所示，有两个通风管路，一个管子的截面积是不变的，另一个的截面积一端变小，如果两个管子内的气流压力相同，气体流过变截面管的速度要比等截面管的速度快很多。可变截面涡轮增压器就是采用这一原理工作的。

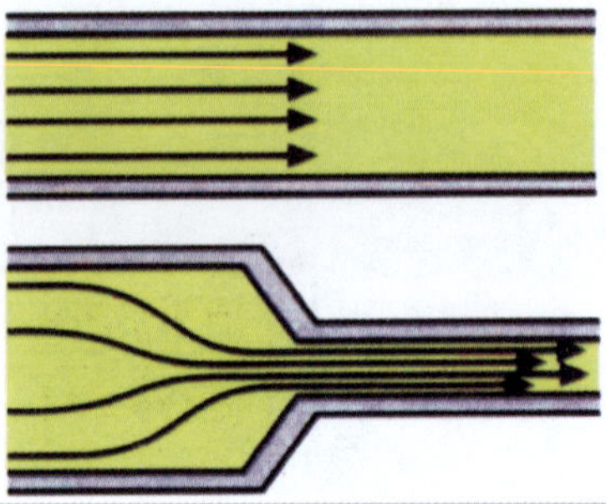

图5-14 通风管路的对比

可调式涡轮增压器工作示意图如图5-15，是当发动机低转速时，因排气量小使废气流速减慢，涡轮转速随之降低，导致充气压力下降。此时驱动装置使叶片轴正时针旋转一角度，由此减小了废气流通截面，使其流速加快，涡轮转速也随之加快。这样即使发动机低转速时涡轮转速也很高，仍能产生足够的充气压力。

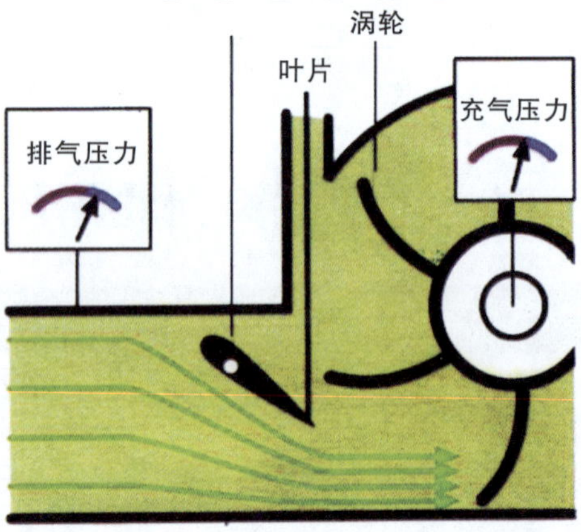

图5-15 废气流速加快

图5-16是当发动机高转速时，因排气量大使废气流速加快，此时驱动装置使叶片轴逆时针旋转一角度，由此增加了废气流通截面，使其流速减慢，涡轮仍保持同样转速，充气压力保持恒定。

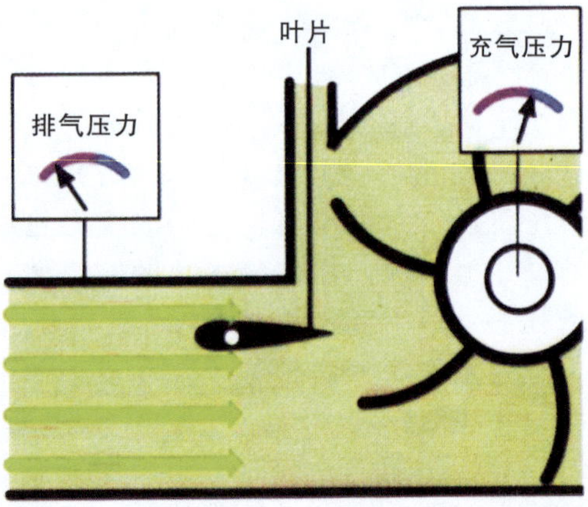

图5-16 废气流速减慢

3. 可变截面涡轮增压器的结构

典型的可变截面涡轮如图5-17所示，发动机燃烧产生的废气经废气入口进入涡轮，在导流板的作用下，经过喷嘴环截面冲击涡轮叶片，对其做功后从涡轮的废气出口流出。压气机利用涡轮传递来的动能压缩新鲜空气，实现废气涡轮增压的过程。喷嘴环截面有很多图周均布的导流板，导流板既能够调整喷嘴环的有效流通截面，从而改变废气冲击涡轮叶片的流速，这样也就调整了涡轮轴的转速，从而实现对增压压力的控制。VNT的控制既可以像图5-17那样利用杠杆机构，由真空膜片阀来控制导流板的角度，也可以像图5-13那样由电机执行器通过杠杆机构来调节导流板的角度。

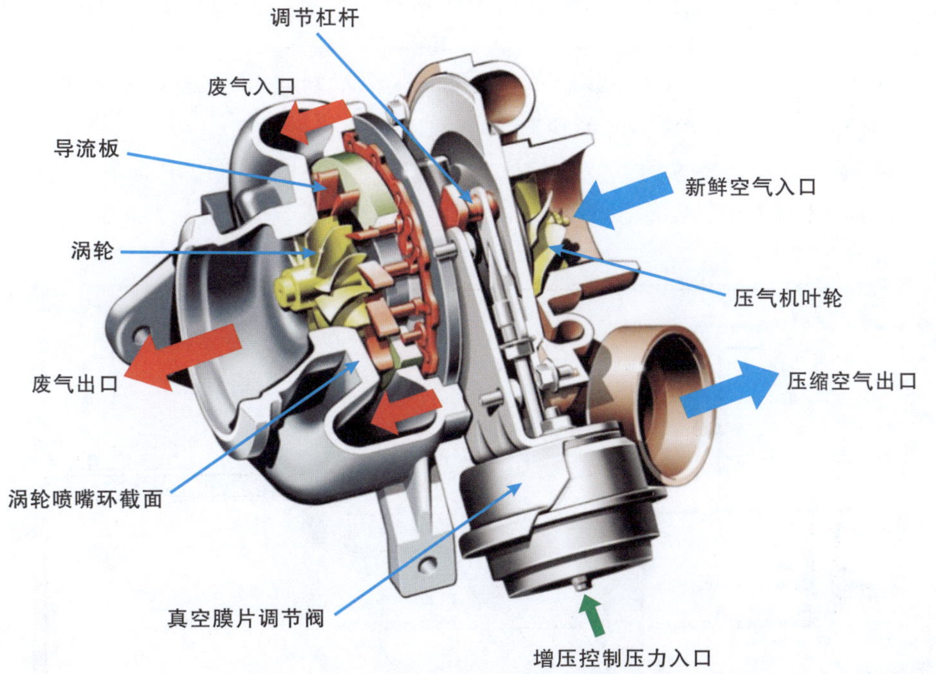

图5-17 可变截面涡轮增压器的结构

当发动机转速较低时，由于排出废气的流量较小，不容易推动涡轮叶片。这时可变截面涡轮系统的导流板发生转动，导流板与涡轮叶片圆周方向的夹角变小（如图5-18所示），废气流速增大，从而提高了涡轮转速，流速加快，这样更容易推动叶片。

在转速高的时候气体流量充足，涡轮可以获得最大增压值。这个时候导流板与涡轮叶片圆周方向的夹角变大（如图5-19），涡轮进气口截面变大，从而使涡轮转速和充气压力保持不变，使增压压力不至于过高。

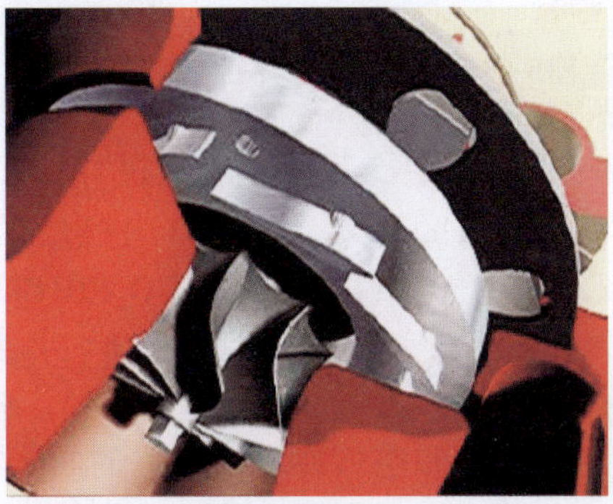

图5-18 导流板转动角度变小

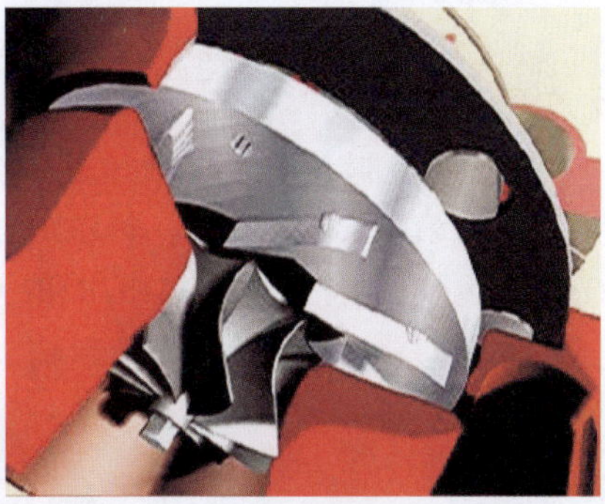

图5-19 导流板转动角度变大

情境二：废气再循环系统（EGR）

一、废气再循环系统的工作原理

EGR是Exhaust Gas Recirculation三个英文单词的缩写，意思是废气再循环系统。系统如图5-35所示，它的工作原理是将一定量的废气引入到进气系统中，使得进气充量中惰性气体（H_2O蒸气，N_2和CO_2等）的比例增加。由于这些惰性气体不参加燃烧，且具有较高的比热容可以吸收燃烧放出的热量，从而使发动机最高燃烧温度下降。同时，废气的加入，也降低了进气中的氧浓度，破坏了NOx的生成条件，抑制了NOx的生成。

系统通过控制参与再循环的废气量来减少尾气中的NOx的排放量。当发动机达到一定的温度时，ECU根据发动机的负荷和转速决定再循环的废气量，并由发动机的进气温度、进气流量、进气压力来修正，ECU发出控制电子真空转换装置的点空比信号，通过改变真空度控制EGR动作。在这废气再循环系统中，废气再循环压力总是高于进气管压力的，因此废气才能进入进气管中。

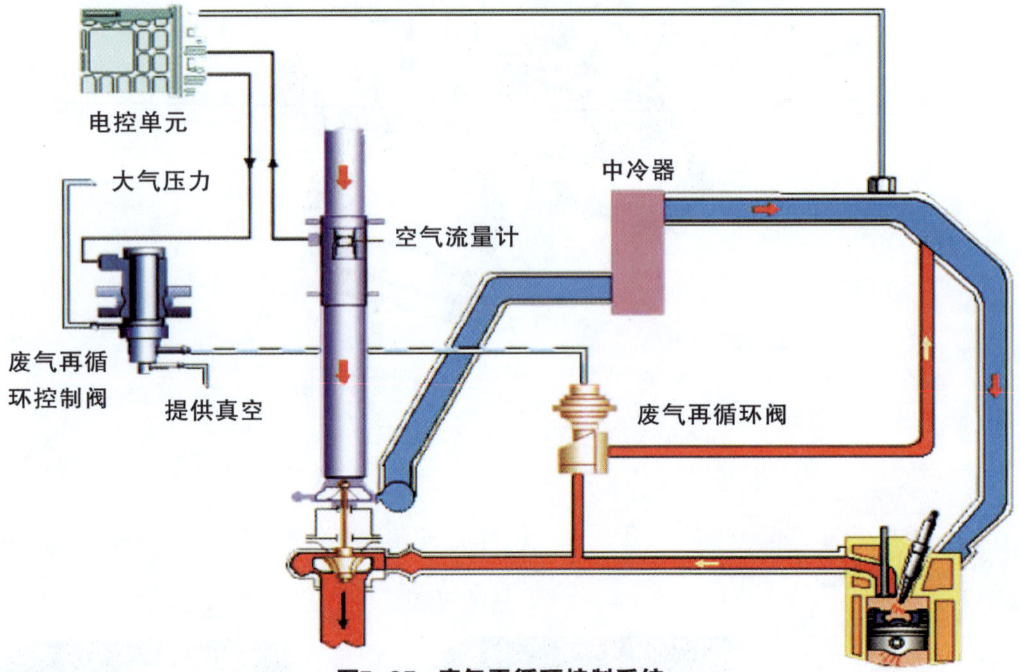

图5-35 废气再循环控制系统

在增压控制系统中，增压后空气一般接有中冷器用于降低进气温度。根据是否带有中冷器将EGR系统可分为冷EGR与热EGR。热EGR会使进气温度升高，导致缸内燃烧温度大幅度升高，抵消了EGR降低NOx的作用。试验证明，热EGR和冷EGR相比，其碳烟、CO、CO_2和HC的排放要高。此外，温度较高的废气会对进气系统的充气量产生影响。因此，必需对再循环的废气进行冷却处理。

根据冷却方式的不同，又分为水冷EGR和空气冷却EGR。例如，在奥迪的3.0 TDI发动机上，为了能有效减少废气中的颗粒和氮氧化物（NOx），在发动机暖机时，废气由一个冷却器来冷却（如图5-36），该冷却器内部充满流动的水且可由开关控制。

当发动机在冷机状态时，冷却器内的旁通阀打开（如图5-37），废气不需进入冷却通道，而是从旁通管道经过，进入进气管路，废气再循环直接进行，以便能以最快速度使发动机暖机，加热催化净化器。

当发动机暖机，进入正常工作状态时，其排气温度较高，冷却器内的旁通阀关闭（如图5-38），废气被强制通过用水冷却的废气再循环冷却器。

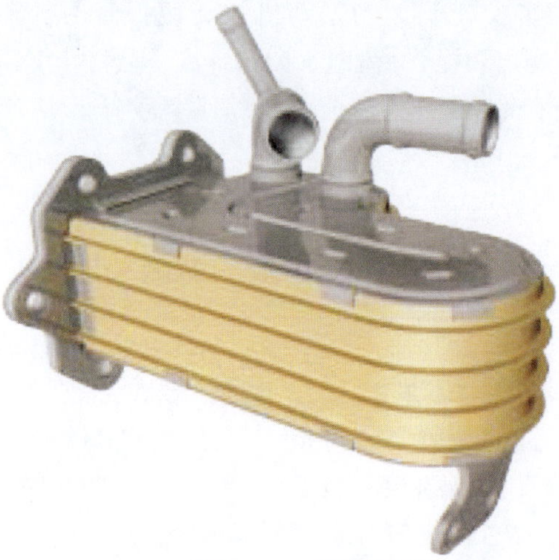

图5-36 再循环冷却器

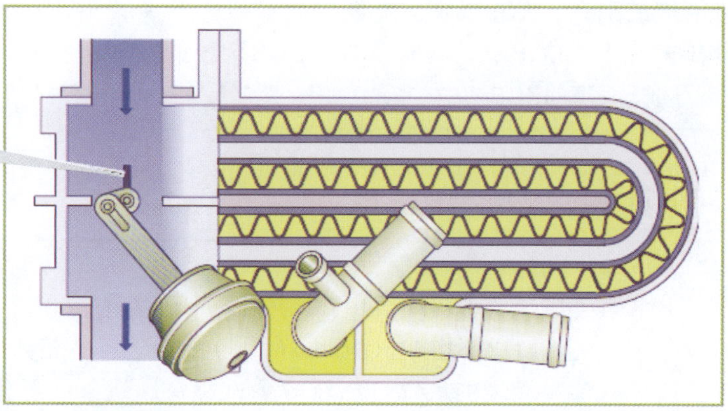

图5-37 旁通阀打开

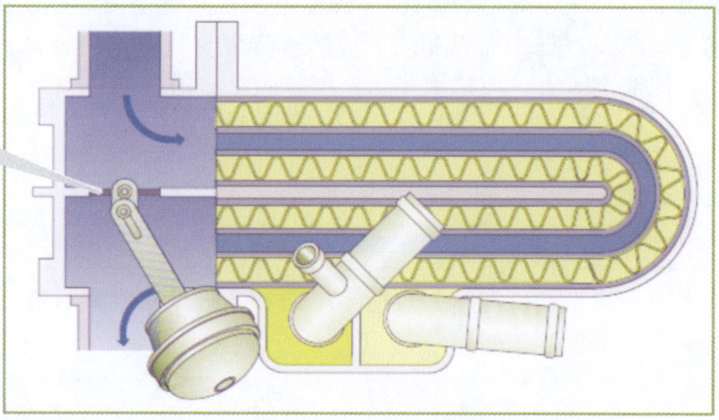

图5-38 旁通阀关闭

二、废气再循环对排放的影响

（1）对NOx排放的影响

废气再循环技术降低了燃烧室内可达到的最高燃烧温度，减少了进气充量，从而抑制NOx的排放。实验表明，当发动机的转速一定时，废气中NOx的比例，会随废气再循环率的增加而降低。当发动机处于不同负荷时，NOx排放下降率与EGR率呈近似线性关系。较大的废气再循环率会导致柴油机动力下降，在中高负荷时，EGR率较低，在小负荷时，EGR率较高，根据不同的工况，选择适当的EGR率。

（2）对微粒排放的影响

当发动机的转速一定时，微粒排放量会随EGR率的变化而变化。一般来说，废气的引入会造成进入气缸的新鲜空气降低，易造成局部缺氧和燃料燃烧不完全，引起微粒的增加。随着EGR率的增加，发动机排出的微粒也随之增加。但实际上中、高负荷时，喷油较多，燃烧时间较短，EGR率对过量空气系数的影响较大，微粒增加幅度较大。在小负荷时，喷油较少，EGR率对过量空气系数的影响相对减弱，微粒增加的趋势也相对较小。与NOx的线性关系不同，微粒排放量增加率与EGR率关系为二次响应，因此微粒增加比例相对更大。

随着废气的引入，NOx排放会降低，微粒值会升高，负荷较大的工况微粒增加的趋势很明显，应限制高负荷工况下的EGR率。同时，带有EGR系统的发动机排气微粒中的HC成分较少。需综合NOx和微粒两方面而选择适当的EGR率。

（3）对HC、CO排放的影响

随着EGR率的增加，发动机尾气中HC与CO的排放变化关系较为一致，呈现上升趋势。在发动机转速一定的情况下，随着EGR率增加，HC和CO均为燃料燃烧不充分所产生的排放物。当充入气缸内的废气增加，必然导致参与燃烧的氧气量相对减少，燃料燃烧条件恶化。HC排放在中高负荷时呈现增加趋势，在小负荷时呈现下降趋势。HC排放主要来自滞燃期内形成的极稀混合气，因此HC排放与滞燃期时间长短有关。负荷越低，滞燃期内形成的极稀混合气越多，发动机排气中HC的浓度越高。在同样低负荷时，废气回流率越大，加热进气的作用越明显，滞燃期将缩短，对改善HC排放有利。

（4）对CO_2及燃油消耗率的影响

试验表明，当发动机的废气再循环率增加，过量空气系数有所降低，CO_2的排放量及燃油消耗率只有很小波动，基本保持不变。

三、废气再循环系统的检修

1. 宝来TDI发动机废气再循环系统的检查

（1）废气再循环电磁阀N18的检查

宝来TDI发动机的废气再循环系统按一定比例将废气与新鲜空气混合提供给发动机。从而降低燃烧温度并减小氮氧化合物的生成量。用于调节废气再循环的真空由脉冲负载信号设定，发动机控制单元通过激活废气再循环阀来控制返回的废气量。N18电磁阀及控制电路如图5-39所示。

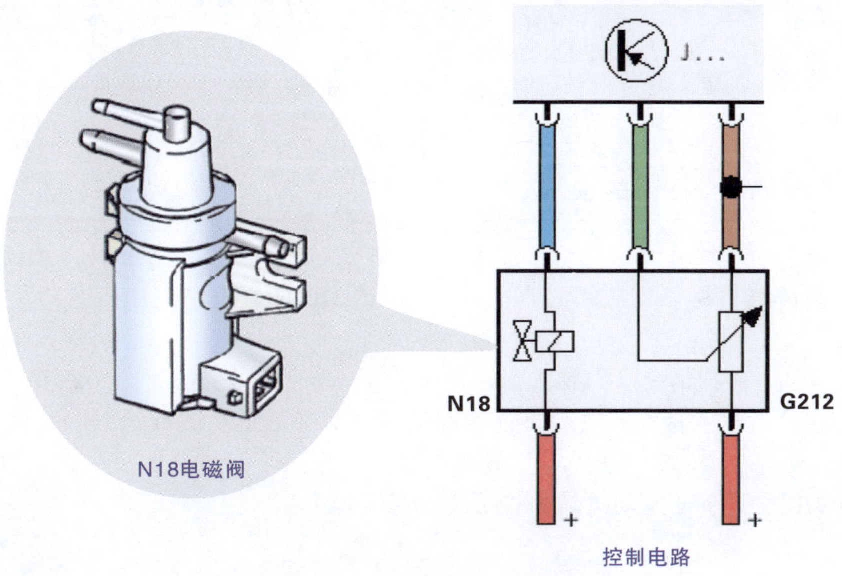

图5-39 N18电磁阀及控制电路

如果控制信号失效，则发动机功率下降，废气再循环失效。检修废气再循环电磁阀N18时，参照以下检测方式：

- 用真空测试仪检测电磁阀真空度，刚开始时无真空，电磁阀开始工作后将有真空产生。
- 测量电磁阀电阻，电磁阀本身电阻标定值为14～20 Ω。
- 可以在08数据块中读取废气再循环显示值，数据显示如下：

怠速时显示数组003（发动机热态，冷却液温度不低于80℃）

读取数据块003 → xxxx/min xxxmg/H xxmg/H xxx%	<屏幕显示 理论值	评价
1→发动机转速	860…940/min	□□
2→进气量(理论)	230…420mg/H	如下
3→进气量(实际)	230…420mg/H	如下
4→废气再循环控制阀占空比	10…95%	□□

评价：显示数组003，显示区域2-进气量（理论）

-VAG1552显示	可能的故障原因	故障排除
大于420mg/H	发动机太冷	允许发动机以较高转速暖机后重新检查

评价：显示数组003，显示区域3-进气量（实际）

-VAG1552显示	可能的故障原因	故障排除
低于230mg/H	·废气再循环量太多 ·漏气	检查进气系统的不密封性
大于420mg/H	·发动机太冷 ·废气再循环量太少 ·空气流量传感器失效	发动机怠速运转较长时间 检查传感器，这时将显示一个常数约539mg/H

（2）废气再循环机械阀的检查

检查再循环量：在废气再循环机械阀的真空接口加上51KPa的真空，应出现怠速不稳或熄火的现象。

检查机械阀隔膜运动、破损情况及隔膜的清洁情况。

检查废气再循环孔及真空软管。阀底容易产生积碳使再循环通道受阻或泄漏，清洗时须更换垫圈并涂锂基润滑脂。

阀芯剧烈运动、阀门全开将使发动机动力性下降，甚至熄火。

2. 捷达SDI柴油机EGR故障实例

故障现象：

一辆搭载1.9L SDI柴油机的捷达汽车，发动机舱内有嗡嗡声，加速无力且费油。此故障时有时无，无故障时加速有力，有故障时发动机噪声大。

故障诊断与排除：

a. 用故障检测仪读码，未发现故障码。
b. 进行试车，行驶大约1h左右，突然出现“嗡嗡”声且声音越来越大，类似单向阀响。
c. 打开发动机机舱，发现声源竟是EGR控制阀发出的。
d. 常温下测量其阻值为64Ω，远大于标准值14～20Ω，说明EGR控制阀有故障。
e. 更换EGR控制阀后，试车，故障依旧。
f. 经过仔细检查，发现EGR控制阀两根粗细不同的管插反，将两管插回原位，故障排除。

情境三：尾气处理系统

为了进一步降低柴油机的有害排放物对大气的污染，除了在燃烧环节尽量降低有害排放物的生成以外，还可以采取排放后处理措施。目前国内采用的降低排放的主要措施是在发动机方面提高燃油的喷射压力（高压共轨、泵喷嘴、单体泵）、增压中冷、改进燃烧室形状（活塞凹腔形状），采用废气再循环（EGR）等。为了适应新短期排放法规，又需要增加了DOC氧化催化转换器以降低PM的排放。为了适应更加严格的新长期排放法规还必须采用尿素SCR（选择还原）型NOx催化转换器以降低NOx排放，并且采用柴油微粒捕集器（DPF，Diesel Particulate Filter）以减少PM排放。总的来说，为了达到全工况排放要求，除了改进发动机燃烧工况和性能，也必须采用旨在减少NOx与PM的后处理装置。

一、氧化催化器

由于柴油机工作在富氧的环境下，因此尾气的处理不适宜采用三元催化器，而是采用氧化催化器。柴油机的氧化催化器如图5-40所示，氧化催化器是一个圆筒形的陶瓷载体，中间有许多细长的通道，多孔的蜂窝状结构使HC和CO与O_2的接触面积很大，保证氧化效率。在正常工作时，HC和CO氧化过程的放热能够使催化器处于正常的工作温度范围。在冷启动时，控制装置可以采用电加热的办法使催化器快速达到正常的工作温度。氧化催化器将没有完全燃烧的HC、CO和部分微粒氧化，生成CO_2和H_2O，氮氧化物NOx不能被氧化催化器转化，因此采用废气再循环的方法减少NOx的排放。

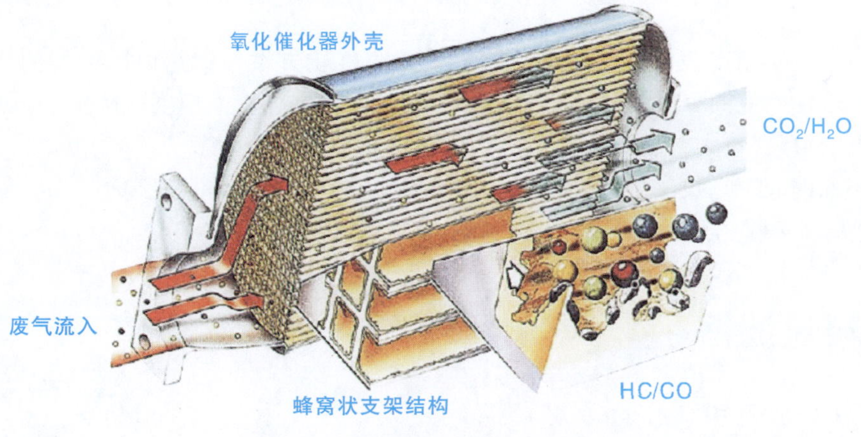

图5-40　氧化催化器的结构示意图

二、氮氧化物还原催化器

由于柴油机的空燃比较大，因此氮氧化物（NOx）的还原是其后处理的难点之一。目前，相对比较成熟的方法是尿素SCR即选择还原型NOx催化还原法。

如图5-41为博世公司的SCR系统通过还原剂把氮氧化物转化为N_2和O_2，一般是选择尿素水溶液作为还原剂。尿素水溶液喷射到催化剂逆流方向的排气管中，在废气温度和气流作用下气化分解为CO_2和氨水，氨水作为还原剂将NOx还原为无污染的氮气和水。

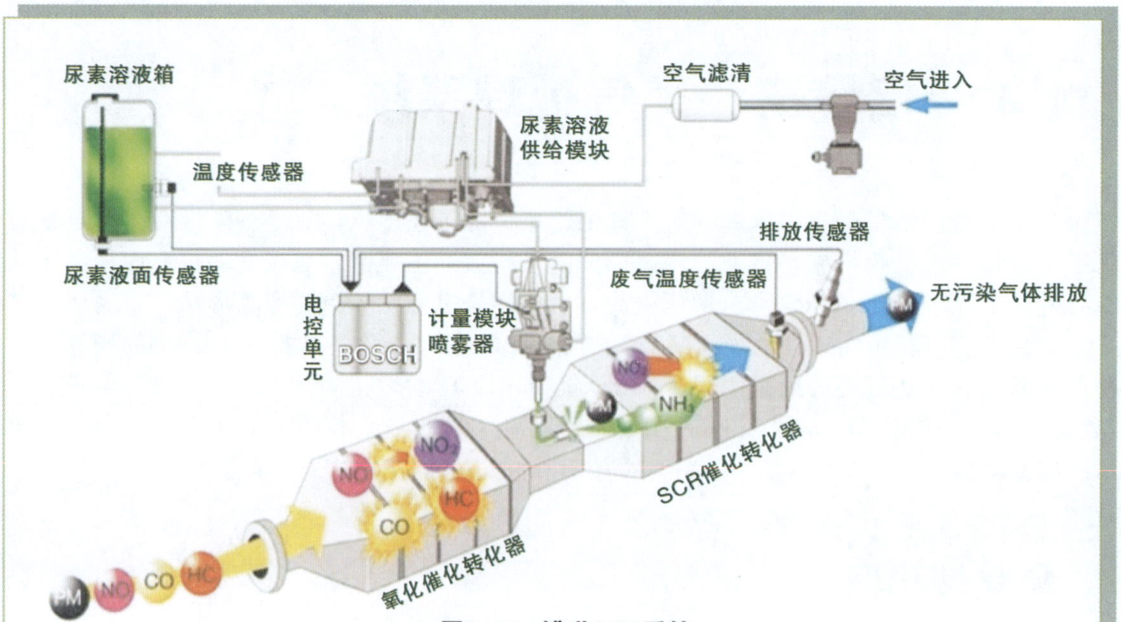

图5-41 博世SCR系统

SCR降低氮氧化物催化反应式如下（T>160° C）：

①尿素水溶液的分解反应式：$H_2N-CO-NH_2 + H_2O -> 2\ NH_2 + CO_2$

②NOx的催化还原反应式：$4\ NO + 4\ NH_2 + O_2 -> 4\ N_2 + 6\ H_2O$

$6\ NO_2 + 8\ NH_2 -> 7\ N_2 + 12\ H_2O$

SCR的一个最大的特点是发动机的内部燃烧允许最大优化方案，就是说尽可能的让柴油在较高温度下富氧充分燃烧，这样产生的NO_X虽然含量较高但是PM的含量会有较大幅度的降低，通过SCR的催化还原效应，可以使尾气的NO_2含量大幅度降低。

选择性催化还原的效率取决于气体温度：如果在200~500° C的温度范围内工作，氮氧化合物到氮和水的转化率可达85%，实际车辆运行时可以达到这个工作温度条件。

三、颗粒过滤器

柴油机的有害排放物中，颗粒（炭烟）是主要成分之一。这就需要一个颗粒过滤器，颗粒过滤器又可称为微粒捕捉器，其核心是过滤体和过滤体再生装置。颗粒过滤器的结构如图5-42所示，来自废气的微粒流过过滤体被吸附在过滤体材料上，过滤体能吸附部分的微粒，随着微粒的堆积，过滤器前后的压力差增大，这时就将微粒燃烧掉，使其变成CO_2，以气体形式排放出去。

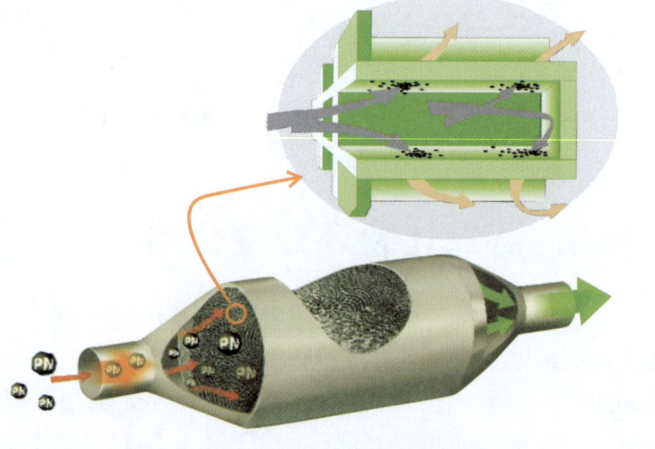
图5-42 颗粒过滤器结构示意图

微粒捕集器（DPF）的过滤效率很高，可达60%～90%。但是如果不通过滤清器再生来清除滤清器壁上沉积的微粒，这些微粒最终将阻塞滤清器。如果发动机在高负荷下运转，那么排气温度可能足以燃烧这些微粒。在柴油机微粒滤清器上游添加柴油机氧化型催化器（DOC）可以提高再生过程的效率，这将进一步降低碳氢化合物排放。这种柴油机氧化型催化器通常由具有贵金属涂层的载体构成。

如果发动机在低负荷下运转（例如市区行驶或短距离行驶），排气温度通常不足以启动再生过程，因此需要热管理来提高排气温度。这种为了“安全再生”的热管理形式包括进气节流阀、通过排气制动阀增加排气背压或者延迟后喷射，或者是上述方法的组合。延迟后喷射将在排气中产生更多的碳氢化合物，这些碳氢化合物将由柴油机氧化型催化器进行转化，从而提高柴油机微粒滤清器上游的气体温度。所有这些措施将会不同程度地导致燃油消耗量增加。为了避免滤清器阻塞，系统必须通过柴油机微粒滤清器的压差以及进气温度来进行控制。

奥迪3.0I–V6–共轨柴油机上使用了无催化净化添加剂的颗粒过滤器（如图5–43）。这个催化炭烟过滤器有一个含有贵金属的过滤层。为了能还原过滤器和监控系统，一共装了三个温度传感器：一个位于涡轮增压器前方，另一安个装在催化净化器后方，还有一个安装在颗粒过滤器前方；一个压差传感器用于监控颗粒过滤器前、后的压力差，用于识别出过滤器是否被炭烟堵塞。

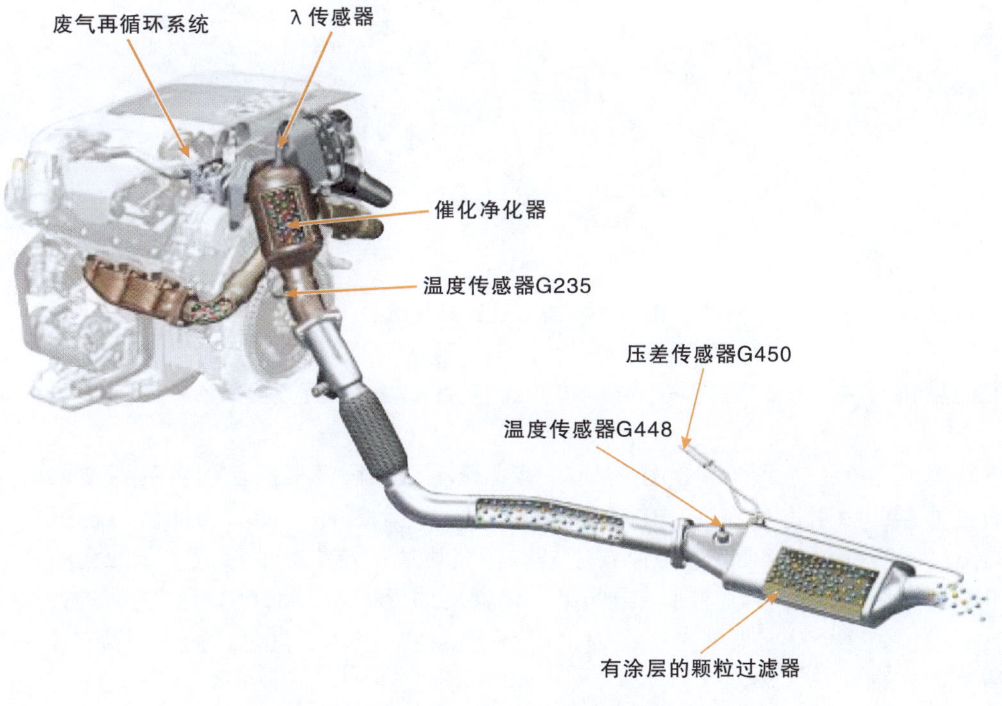

图5–43 奥迪3.0I–V6–柴油机尾气处理系统

炭烟过滤器及滤芯的结构如图5–44所示，滤芯的结构与传统的催化净化器相似，区别在于该催化净化器的通道在进气和出气方向上是交替锁闭的，这样含有炭烟的废气就必须得穿过透气的氧化硅壁面才能流至排气系统出口，而炭烟则留到了陶瓷壁面上了。这个壁面涂有一层铑和氧化陶瓷的混合物。

尾气通过滤芯的铑涂层可产生二氧化氮（NO_2），铑涂层在350℃以上时会引起炭烟氧化（被动还原）。涂层中的氧化陶瓷成分在580℃时可以用O_2来加速快速热还原反应（主动还原）。

短程行驶或城市路况行驶时，排气温度过低，不足以启动主动还原过程。这部分颗粒的的还原过程出现在350~500℃，主要是汽车行驶在高速公路上时，颗粒过滤器中所含的炭烟被缓慢而仔细地转化成CO_2。这个过程不由发动机管理系统来控制，因此称为被动还原。

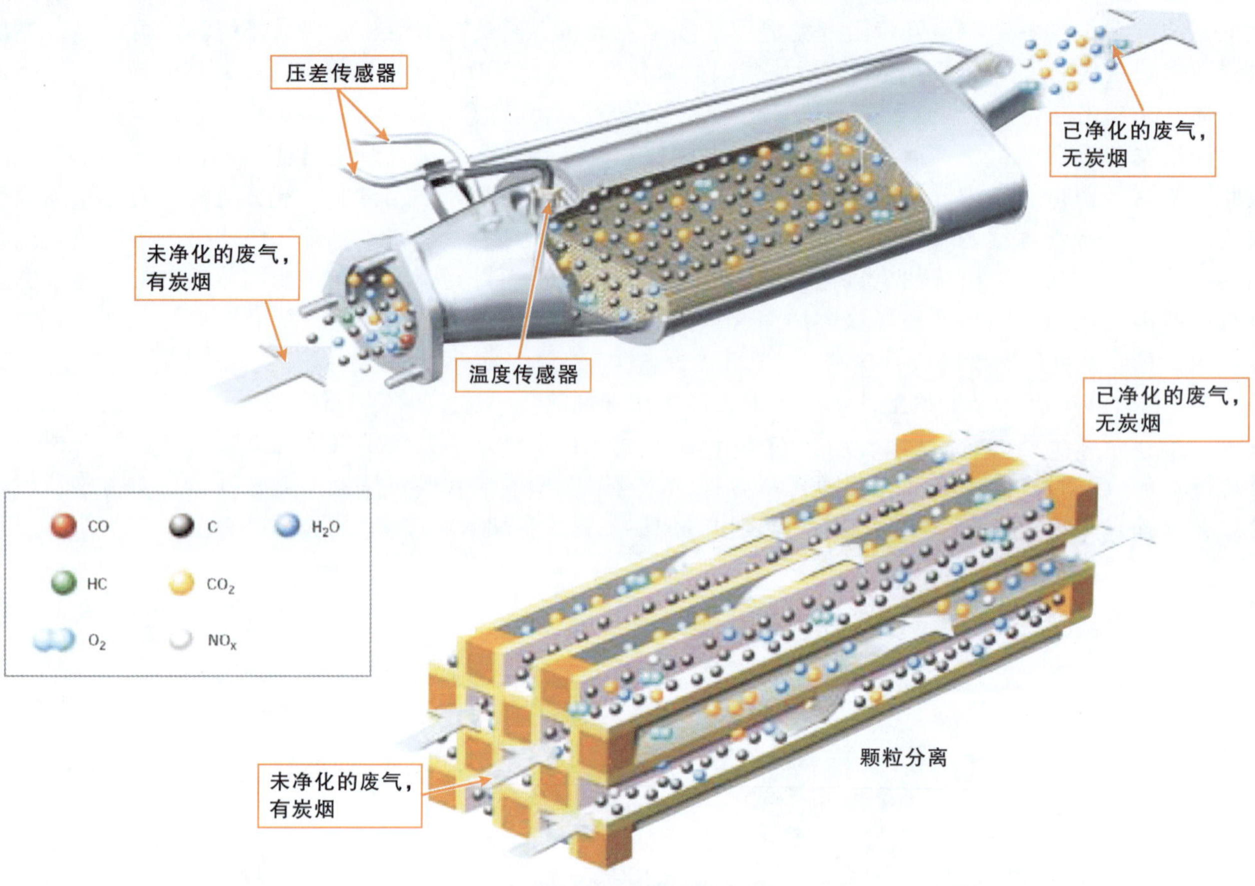

图5-44 炭烟过滤器及滤芯

对于常见的城市行驶工况，每行驶1000~2000km应通过发动机管理系统来进行一次主动的还原过程。

发动机控制单元中有一个预先编制好的模拟模式程序，该程序根据使用者的驾驶风格和压差传感器的值来判断过滤器的吸附饱和程度，在必要时就可执行主动还原功能。为此就要通过几种方法来将涡轮增压器的温度提高到约450℃，这几种方法是：补充喷油（与主喷油接近）、加大喷油量、延迟喷油时刻、关闭废气再循环、阻塞节气门。当催化净化器后的温度超过350℃时，就会进行第二次补充喷油（与主喷油很远）。这个补充喷油来得很迟，以至于燃油只来得及汽化，尚未燃烧。

这些燃油蒸汽在催化净化器处发生反应，从而将气体温度提高到750℃，于是炭烟颗粒就开始燃烧。过滤器上有一个温度传感器，用于调节第二次补充喷油的喷油量，使得炭烟在过滤器前的温度达到620℃。于是炭烟颗粒在几分钟内就烧掉了。当行驶里程达到150000~200000 km时，过滤器就会失效了，这时必须更换过滤器。过滤器失效时间取决于机油消耗量，这是因为机油燃烧后的剩余物（机油灰）无法烧掉，堆积在过滤器内，从而导致过滤器失效。

思考与练习

一、填空题

1. 涡轮增压技术使进入气缸的气体密度__________气体的体积__________，这样就增加了单位体积的空气质量，使发动机在尺寸不变的条件下能产生更多的功率。

2. 为了降低因涡轮增压升高的进气温度，一般采用__________设备对增压空气进行冷却。

3. 为了避免增压器转子超速或增压压力过高，一般通过__________来控制涡轮增压压力。

4. 为了进一步降低柴油机废气中有害物质的排放，可以采用__________、__________及__________设备对尾气进行处理。

二、判断题

1. 涡轮增压系统提高了发动机的功率，降低了燃油消耗。（ ）

2. 涡轮增压系统对尾气排放有积极的一面，也有负面影响。（ ）

3. 涡轮增压器的润滑状况对涡轮增压器的使用寿命至关重要。（ ）

4. 柴油机的尾气处理系统增加了发动机的排气阻力，容易损坏发动机。（ ）

三、选择题

1. 关于柴油机涡轮增压系统的功用，以下描述不正确的是（ ）。

A. 将空气预先压缩后供入气缸，以提高空气密度、增加进气量

B. 进气量增加，可增加循环供油量，从而可增加发动机功率

C. 燃油经济性会变差

D. 可以得到良好的加速性

2. 关于废气涡轮增压对排放的影响，以下描述不正确的是（ ）。

A. 涡轮增压技术使发动机燃烧更充分，CO排放进一步降低

B. 增压后进气密度增加，过量空气系统变大，燃油雾化充分，HC排放减少

C. 采用进气中冷技术可以大大降低增压后的进气温度，有效控制燃烧温度，有利于减少氮氧化物的产生

D. 增压系统使空气密度增大，温度升高，微粒排放增多

3. 关于废气再循环对排放的影响，以下描述不正确的是（ ）。

A. 废气再循环降低了燃烧室内的温度，从而增加了了氮氧化物的排放

B. 废气的引入造成燃烧局部缺氧和燃烧不完全，引起微粒的增加

C. 随着废气循环的增加，氮氧化物的排放降低，但微粒排放会增加

D. EGR比率的增加，将引起燃料燃烧条件的恶化，使HC和CO排放增加

第六部分

柴油发动机控制系统

情境一：控制系统的功能

一、喷油量控制

基本喷油量由调速器特性图获得，它由加速踏板位置和发动机转速来计算。在发动机启动时燃油喷射量由发动机启动转速和冷却液温度决定。而标准的燃油喷射量由发动机转速和加速踏板位置决定。

燃油量的喷射可能受到下列影响：过量的废气排放，过多的炭烟，由于高的扭矩或超转速引起机械过载，由于过高的排气、冷却液、机油、涡轮增压器温度引起超高的热负荷，如果触发时间过长引起电磁阀过高的热负荷。

为了避免这些负面影响，许多的输入变量（例如进气量、发动机转速、冷却液温度）被用于生成这些限制图形，结果最高的燃油喷射量和最大的发动机扭矩被限制。

二、怠速控制

柴油机怠速运转时，由于发电机、空调压缩机、动力转向油泵等装置的工作状态变化将引起发动机负荷的变化，从而导致发动机转速的变化，柴油机电子控制系统通过反馈控制系统控制喷油量，把怠速控制在所设定的目标转速值上。

三、喷油正时控制

主喷射起始时刻由燃油喷射量和发动机转速来计算，预喷射时间间隔也是由燃油喷射量和发动机转速来计算。喷油正时控制示意图如图6-1所示。

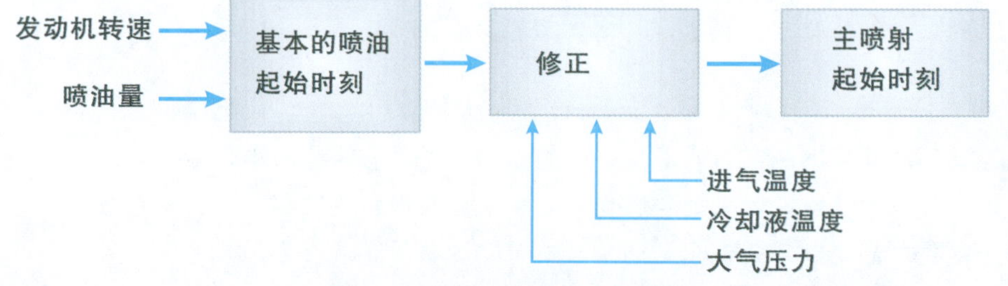

图6-1　喷油正时控制示意图

四、燃油喷射压力控制

启动时的燃油喷射压力由发动机转速、燃油喷射量、冷却液温度计算。正常状态下的燃油喷射压力由发动机转速和燃油喷射量计算。

五、发动机转速控制

最高转速控制：最高转速控制保证发动机不会在超速下运行，为了避免发动机损坏，发动机制造厂规定了仅仅可以在非常短的内超过的最高转速。

超过额定功率工作点，最高转速调速器持续减小喷射的燃油量，直到在燃油喷射完全停止时刚刚在最高转速点之上。为了防止发动机喘振，引导功能用于保证燃油喷射的急剧减小也不是突然的，正常工作点与最高发动机转速点越接近，其实现越困难。

中间转速控制：中间转速控制用于带有功率取力（例如起重机）的商用汽车和轻型货车或特殊车辆（例如具有发电设备的救护车）。具有这种操作控制，发动机被调节到与负荷无关的中间转速。

六、巡航控制

巡航控制允许车辆以一个恒速行驶，它控制车辆速度到驾驶员选择的车速。驾驶员通过操纵一个手柄或按压方向盘的按钮设定到需要的车速后，不需要再踩下加速踏板，喷射的燃油量增加或减少直至汽车达到设定的速度。

七、主动喘振衰减

突然的发动机扭矩变化冲击车辆的传动机构，结果引起振动。这些振动周期性地变化，对汽车传动机构造成损害，并引起了操纵人员或乘坐人员的不适，主动喘振衰减用于减小在加速过程中的这些变化。

八、平稳运转控制

如图6-2所示，在多缸柴油机工作时，即使喷油量控制指令值一致，但由于各缸机械性能的差异，从而引起发动机转速的波动。柴油机电子控制系统通过各缸在作功冲程的转速的变化，自动修正各缸喷油量指令控制值，降低发动机的转速的波动，使发动机平稳运转。

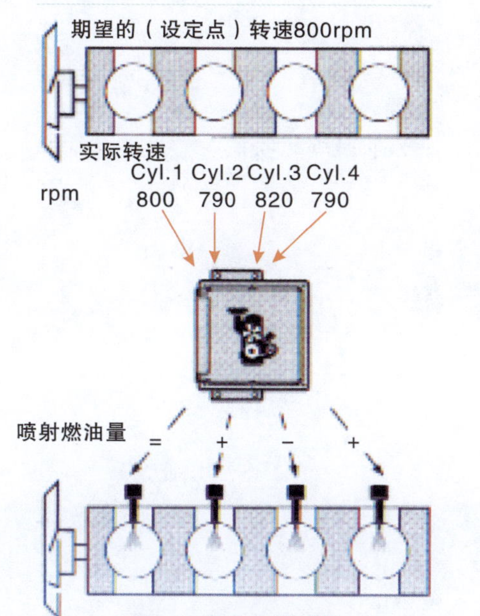

图6-2 平稳运转控制

九、发动机制动功能

当卡车的发动机制动被应用时，喷射的燃油量被降为零或怠速油量被喷射，为了这个目的，ECU拾取发动机制动开关位置信号。

十、海拔补偿

随着海拔的升高大气压力下降，这样使得气缸被充填较少的燃烧空气，这意味着喷油量必须相应的减少，否则过量的碳烟生成。为了喷油量在高海拔时能减少，大气压力通过装在ECU上的大气压力传感器测量，这减少了高海拔度的喷射燃油量。大气压力对增压压力控制和扭矩限制也产生影响。

十一、断缸

如果在高的发动机转速时很小的扭矩被要求，非常小的燃油量被喷射。作为替代，断缸可能被用于减小扭矩。这里一半的喷油器被关闭（商用汽车的UIS、UPS、CRS），剩下的喷油器相应喷射可以被非常高精确计量的较多的燃油。当喷油器被接通或关闭时，特殊的软件逻辑保证平稳过渡而不觉得扭矩的变化。

十二、喷油量补偿

对喷油器供油量补偿（IMA）而言，在喷油器生产过程中对每一个喷油器大量的测量参数被监测，该数据被以数据矩阵码的形式被粘贴到喷油器上。对内嵌压电喷油器而言，升程响应的数据被包括。这个数据在车辆制造时被输入ECU,在发动机运行是这些值被用于补偿计量和开关响应的偏离。

十三、平均供油的自适应

实际的喷油量从设定点值的偏离被要求正确适应于废气再循环和增压压力，平均供油的自适应（MMA）从λ氧传感器和空气质量传感器接收的信号确定所有缸供油的平均值，修正值然后从设定点和实际值来计算。

柴油机控制系统的功能是很多的，它除了主要对燃油喷射、燃烧过程进行严格控制外还对柴油机的涡轮增压、废气再循环和尾气排放等实施管理。

情境二：柴油机电控系统的组成

为了实现柴油机的燃油喷射控制、进排气系统和排放后处理系统的综合控制，发动机电子控制系统必须要有完整的传感器、执行器和控制单元来管理柴油机的运转。图6-3为共轨柴油机的电控系统结构图，电控系统由传感器、电子控制单元（ECU）和执行器组成。

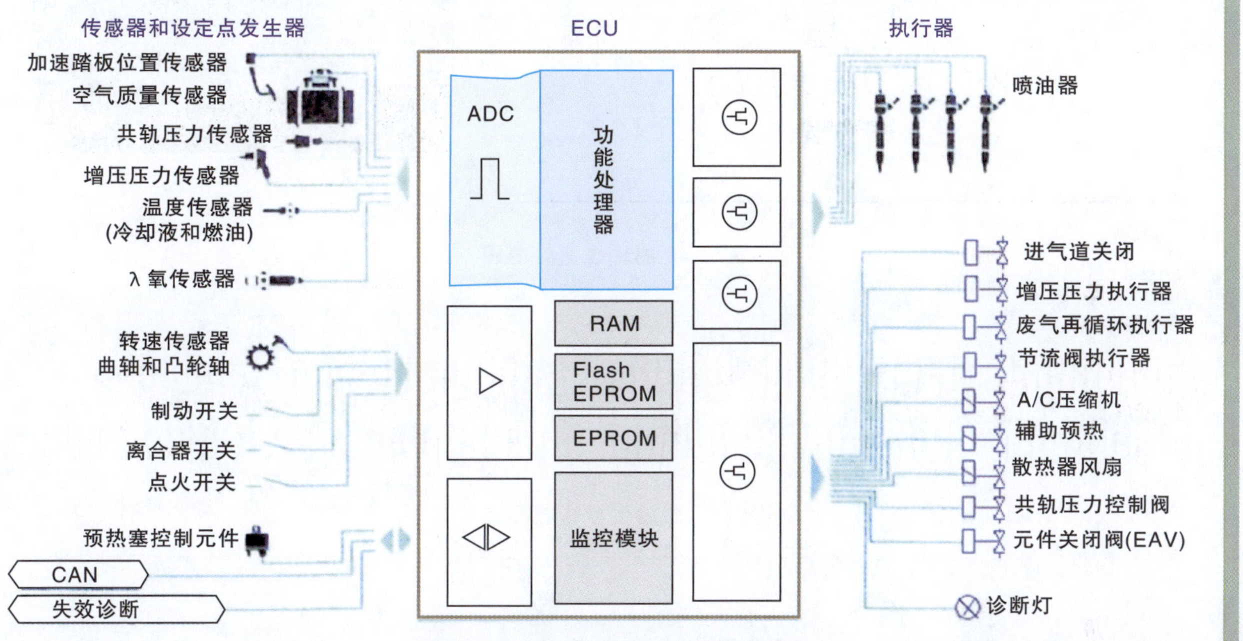

图6-3 共轨柴油机电控系统结构图

一、传感器

传感器是用于感知和检测发动机及车辆运行状态的感测元件和装置，在柴油机电控系统中常用的传感器有压力传感器、温度传感器、位置传感器和转速传感器。另外，在电控系统中还有专门的开关传感器，用于检测空调、挡位、制动、离合器等开关量的状态信息。这些传感器信号中，有的是模拟输入信号，有的是数字脉冲信号，如压力、温度传感器信号属于模拟信号，霍尔传感器信号属于数字脉冲信号，开关状态信号属于数字信号。所有的传感器信号最终输送ECU，作为发动机控制的基本依据。

1. 曲轴位置传感器

曲轴位置传感器通常为磁电式传感器，如图6-4所示，它安装于发动机后端飞轮上方，与飞轮上的58x齿圈共同工作。飞轮转动时，58X的齿顶和齿槽以不同的距离通过传感器，传感器感应到的磁阻的变化，这个交变的磁阻，产生了交变的输出信号（如图6-5），ECM利用此信号确定曲轴的转速、旋转角度和加速度，结合凸轮轴传感器正时凸轮，可确定一缸上止点位置。

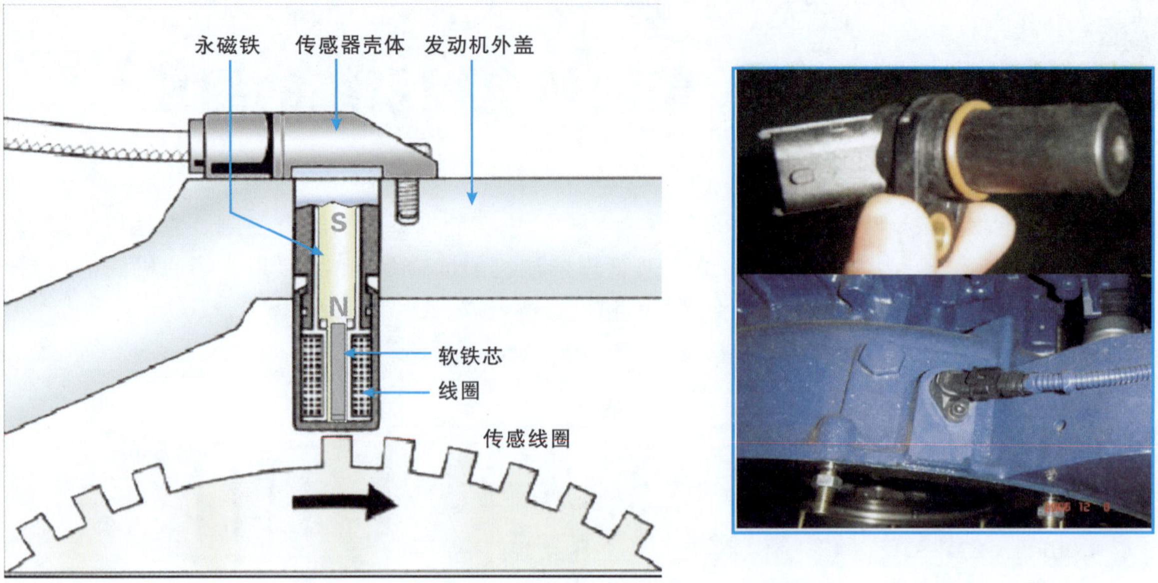

图6-4 曲轴位置传感器

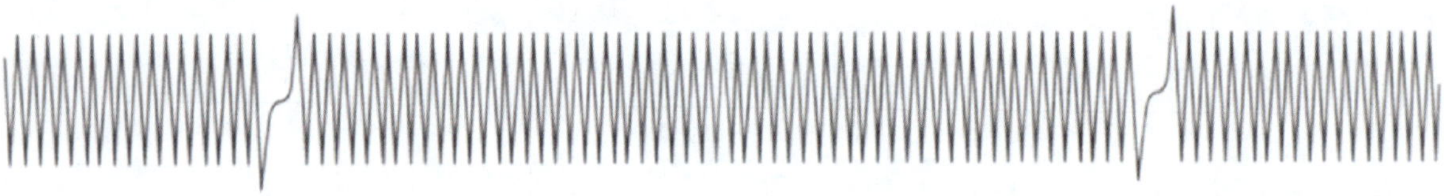

图6-5 曲轴位置传感器信号

◎检测曲轴位置传感器的方法是：

测量传感器电阻值为770~950 Ω；
测量传感器输出电压时，显示随转速变化的交流电压；
用示波器判断信号完整性（指信号触发装置的损坏造成信号残缺）。

2. 凸轮轴位置传感器

凸轮轴位置传感器分为霍尔效应式或与曲轴位置传感器相同的电磁感应式传感器，如图6-6所示，它安装在高压油泵上，用于检测高压油泵驱动轴（凸轮轴）上信号盘的位置，信号盘对应着发动机的特定位置，信号盘的凸齿数比气缸数多一个，因此传感器的信号数也比气缸数多一个（气缸数+1）。ECU通过该传感器测得数字电压信号确定发动机工作的气缸，并实施喷油控制。

电磁式凸轮轴位置传感器的检测方法与曲轴位置传感器的相同，有三根线，其中一根为屏蔽线，用于抗干扰。

霍尔式凸轮轴位置传感器虽然也是三根线，其中一根为+5V参考电源、另一根为信号+、还有一根是信号参考地线。

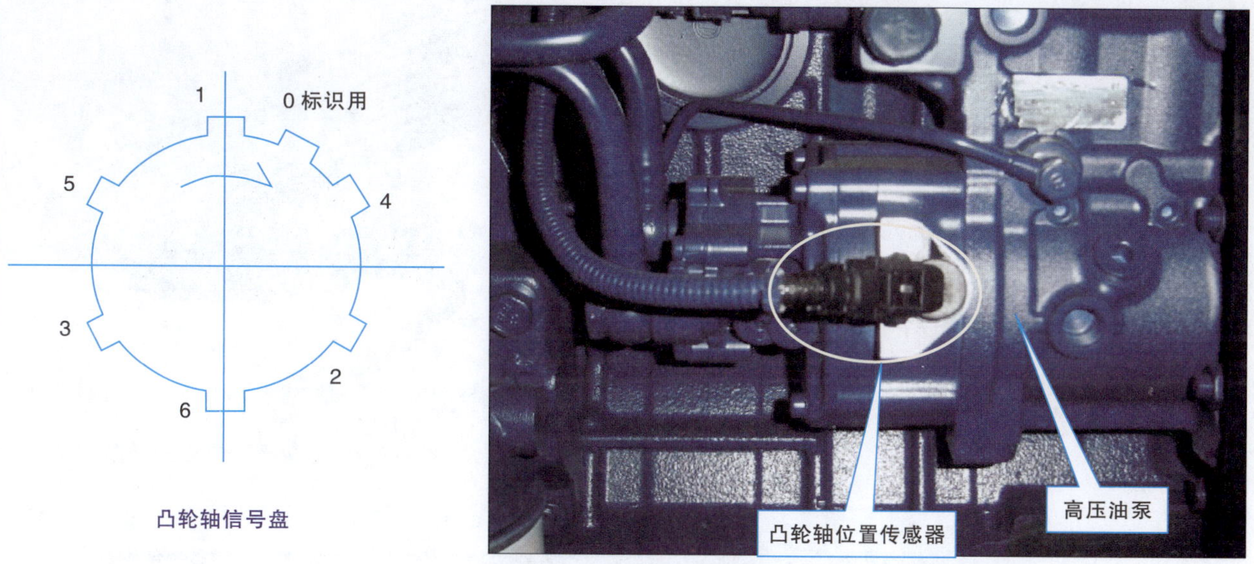

图6-6 凸轮轴位置传感器

为了方便理解，通常把霍尔元件当成一个电子开关。ECU根据收到的数字脉冲信号电压值的高低状态来判断信号所表示的内容。 通过电压情况可以判断其信号的输出情况，但因该信号不只是判断凸轮是否运转，而且还要判断信号的相位关系，所以判断凸轮轴信号与曲轴信号的相对相位关系也是很重要的。凸轮轴位置传感器信号（G信号）与曲轴位置传感器信号（NE信号）的对应关系如图6-7所示，凸轮轴位置传感器信号波形中多出的一个数字脉冲为发动机ECU确定1缸上止点的辅助信号。

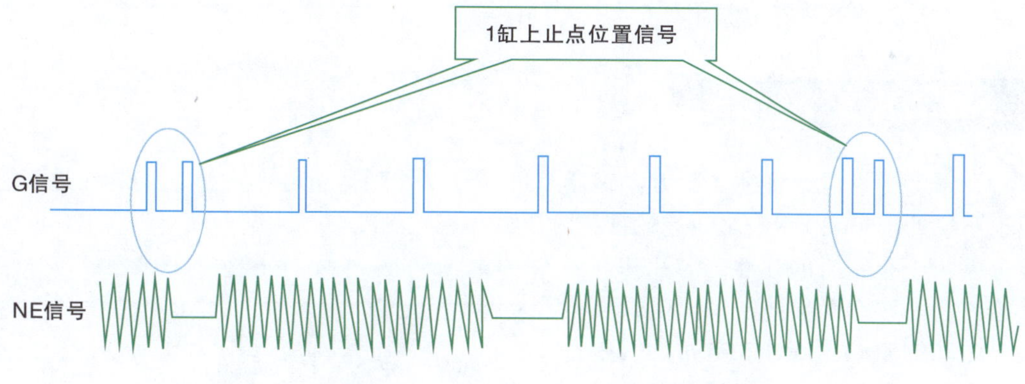

图6-7 G信号NE信号的对应关系

3. 加速踏板位置传感器

加速踏板位置传感器用于检测驾驶员踩下油门的深度位置， 它具有冗余设计的电位计线性结构，安装在驾驶室内，其滑动端子由加速踏板轴带动（如图6-8）。

加速踏板的位置不同时，该传感器所反应给ECU的电阻信号也不同，系统根据它输出的电压信号值及其变化速率判定发动机的实时负载和动态变化状况；ECU依据该信号来确定扭矩控制（油量控制）、怠速控制（高、低怠速）、减速断油控制、跛行回家控制等。

如图6-9所示，加速踏板位置传感器元件内部具有两个相同线性的电位计，它的电路连接如所示，接线端子如下：1- +5V、2- +5V、3 -传感器1接地、4-信号1+ 、5 -传感器2接地、6- 信号2+ 。

检测方法 是：

检测传感器的信号输出电阻，由于是滑动电位计，因此电阻值的输出是连续变化的。如踩下加速踏板检测时电阻值有突然跳动现象，则说明该传感器有故障。

检测传感器的输出电压，其电压变化应如线性图6-10所示，信号端子电压值的输出也是连续变化的。

图6-8 加速踏板及位置传感器

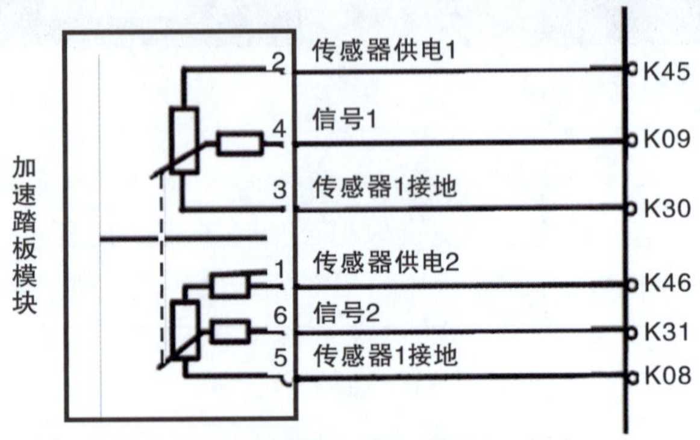

图6-9 加速踏板传感器电路接线图

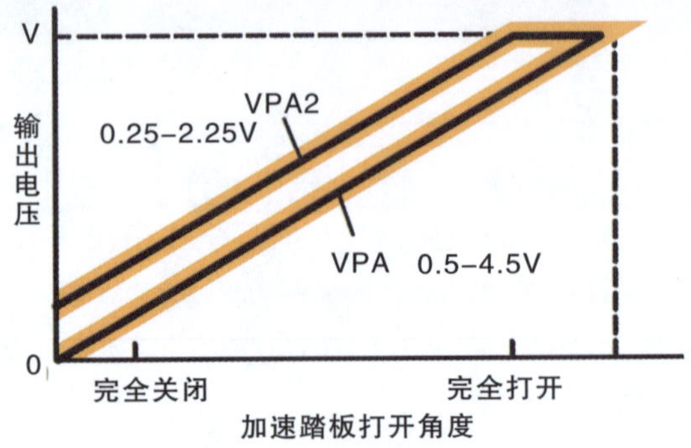

图6-10 加速踏板传感器电压输出线性图

4. 进气压力及温度传感器

进气压力及温度传感器是将进气压力传感器与进气温度传感器组合在一体，安装在进气管上（如图6-11），用于测量处于50~300KPa之间进气管绝对压力和进气温度。

压力传感器由一个密封的弹性硅芯片和相应的桥式电路组成，是一个半导体压敏电阻式压力传感器。一个标准的5V电压施加在电桥的一端；当压力的变化致使硅芯片变形，阻值随之变化，电桥的另一端与输入压力成正比的0~5 V 输出信号。ECU根据该信号计算进气量、限制冒烟、增压器保护、进气温度过热保护、高原补偿。

进气温度传感器是一个有着负温度系数的热敏电阻，其使用范围为-30~150℃。它的工作原理是把温度信号转化为电压信号，温度升高，电压减小，二者之间为反比非线性关系，然后送给ECU，由其进行相关比较，运算后控制执行器的动作。进气温度传感器主要用于测量进气管中的进气温度，从而进一步精确控制燃油喷射量。

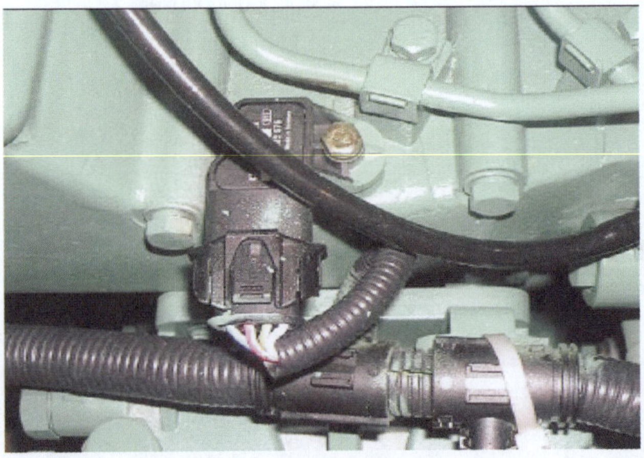

图6-11 进气压力及温度传感器

进气压力及温度传感器的电路接线图如图6-12所示。

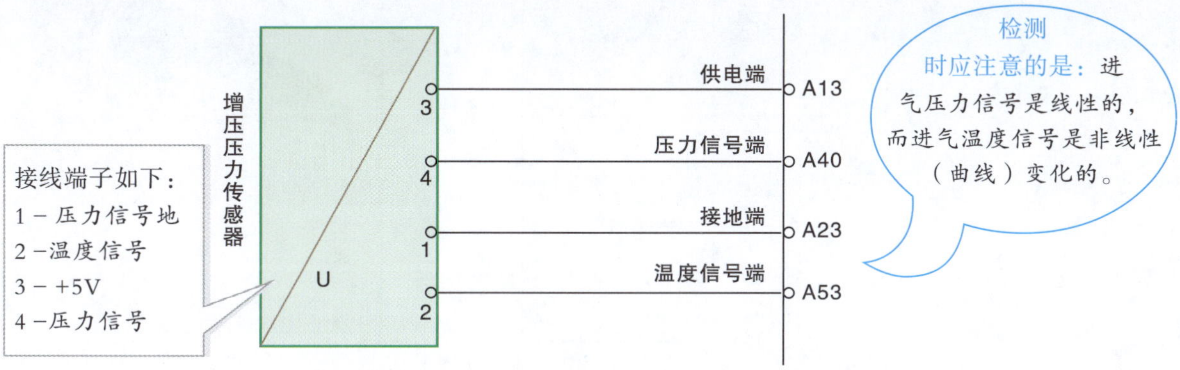

图6-12　进气压力及温度传感器接线图

5. 油轨压力传感器

油轨压力传感器的作用是实时测定共轨管中的实际压力信号，把轨道内的燃油压力转换成电压信号传递给ECU，由ECU对压力控制阀（PCV）或者是进油计量阀实施反馈控制，通过对供油量的增减来调节油压稳定在目标值。

油轨压力传感器的外形及结构如图6-13所示，压力传感器安装在共轨管上，由一个密封的弹性硅芯片和相应的桥式电路组成，一个标准的5V电压施加在电桥的一端；当压力的变化致使硅芯片变形，阻值随之变化，电桥的另一端输出与油轨压力成正比的0~5 V信号。

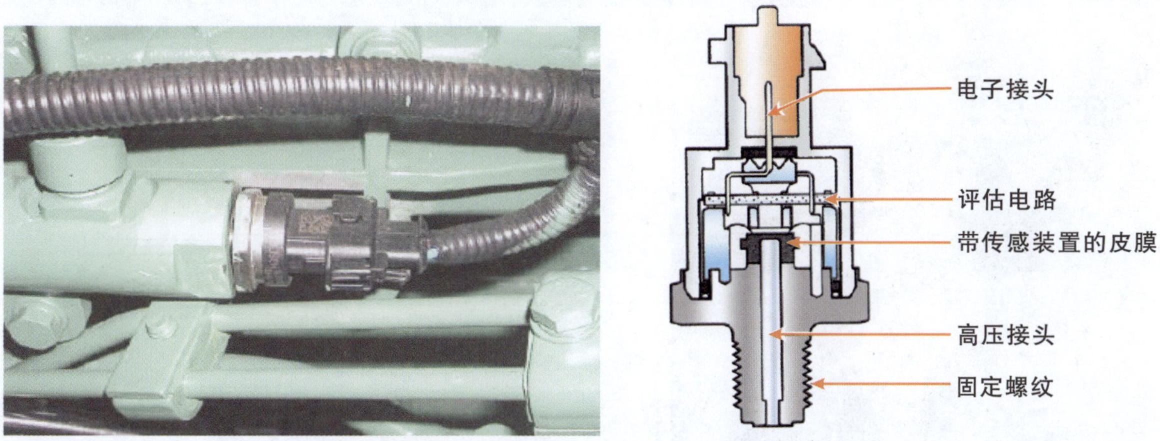

◆实物图　　◆结构图

图6-13　油轨压力传感器的外形及结构图

油轨压力传感器接线及特性图如图6-14所示，检测共轨压力时，通常只能通过诊断仪来读取油轨高压数据，它的输出特性与油轨压力成正比。

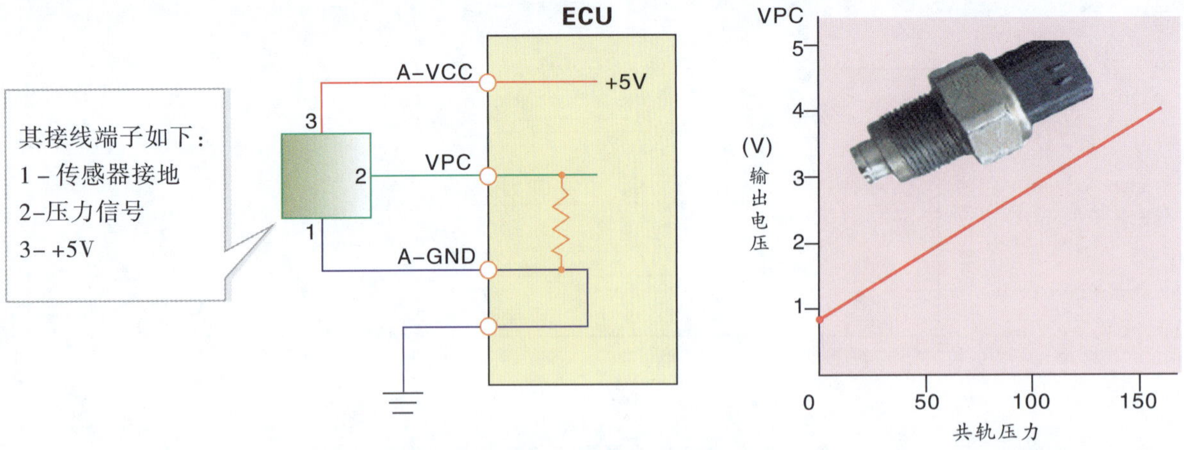

◆接线图　◆特性曲线

图6-14　油轨压力传感器接线及特性图

6. 冷却液温度传感器

冷却液温度传感器主要用于测量发动机冷却液的温度，或者说是检测发动机的工作温度，从而进一步精确控制燃油喷射量。ECU将根据不同的温度，为发动机提供最佳的控制方案。

冷却液温度传感器的外形及结构图如图6-15所示，它安装在发动机的出水口处，它其实就是一个有着高灵敏度负温度系数的热敏电阻（NTC），电阻阻值随温度下降而增大。冷却液温度传感器把温度信号转化为电压信号，温度升高，电压减小，二者之间为反比非线性关系，然后发送给ECU。

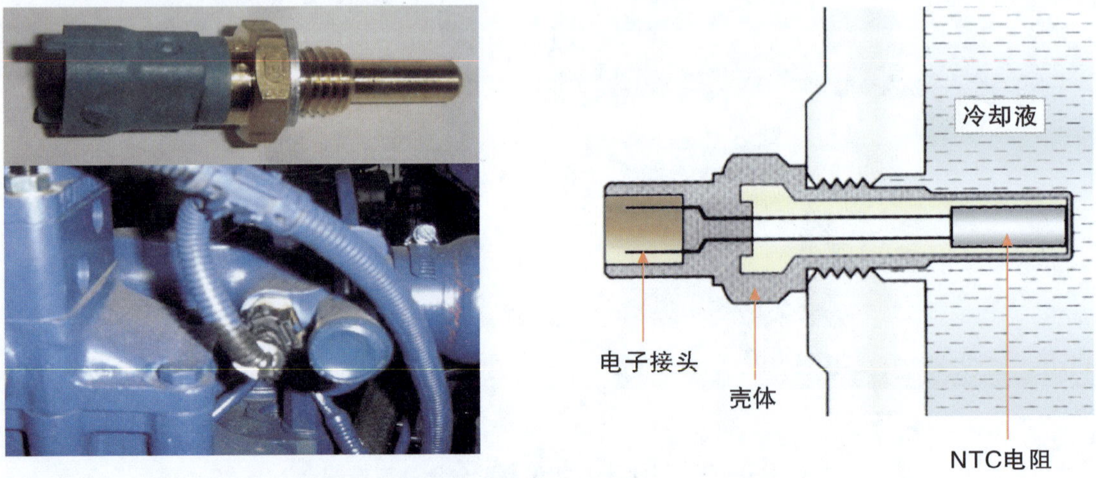

◆实物图　◆结构图

图6-15　冷却液温度传感器的外形及结构图

冷却液温度传感器的接线图和特性曲线图如图6-16所示，传感器有两根线，一根连接至ECU内部一个加有5V电压的上拉电阻，另一根为传感器接地。它的冷却液温度测量范围为-40~130℃。

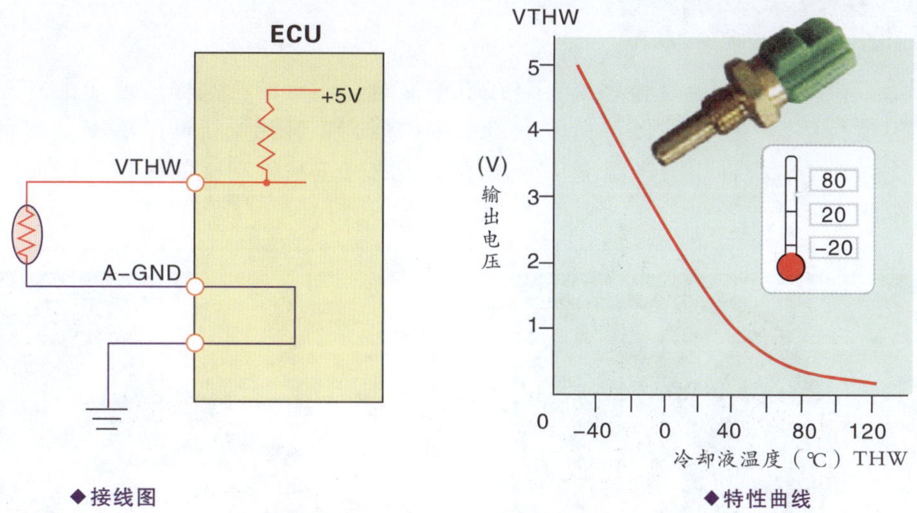

图6-16 冷却液温度传感器的接线图和特性图

7. 燃油温度传感器

如图6-17所示，燃油温度传感器安装在气缸盖回油处，主要用来测定回流的燃油温度。同冷却液温度一样，它也是一个负温度系数的热敏电阻，其测量范围为-40~130℃。

燃油温度传感器把温度信号转化为电压信号，当燃油温度升高时，输出电压减小，二者之间为反比非线性关系，然后送给ECU，由其进行相关比较，运算后控制执行器的动作。燃油温度传感器的接线图和特性图见图6-18。

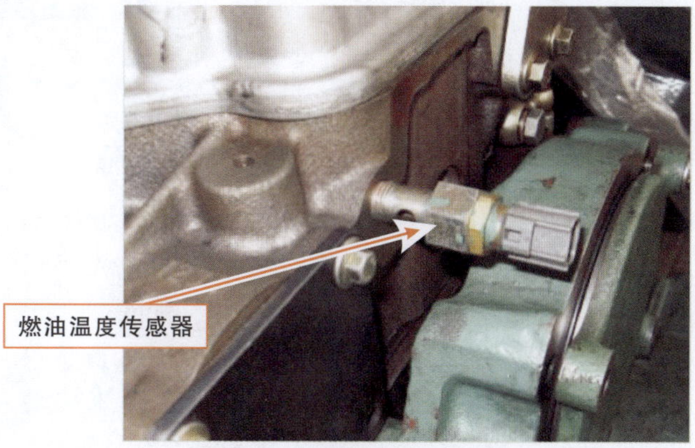

图6-17 燃油温度传感器

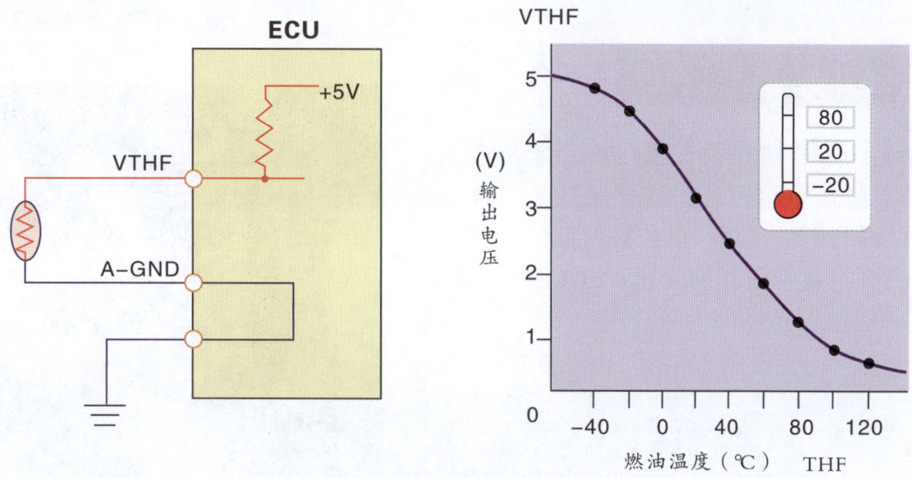

◆接线图 ◆特性曲线

图6-18 燃油温度传感器接线和特性图

8. 机油压力和温度传感器

如图6-19所示，机油压力和温度传感器安装在机油滤清器附近的机油输送通道上。其结构和工作原理与进气压力和温度传感器一样，它既测量发动机机油的压力，又测量机油的温度，然后将这些信息转换成电压信号发送给ECU。机油压力和温度信号用于喷渍的修正和发动机的保护，机油压力过低时，禁止发动机继续运转。

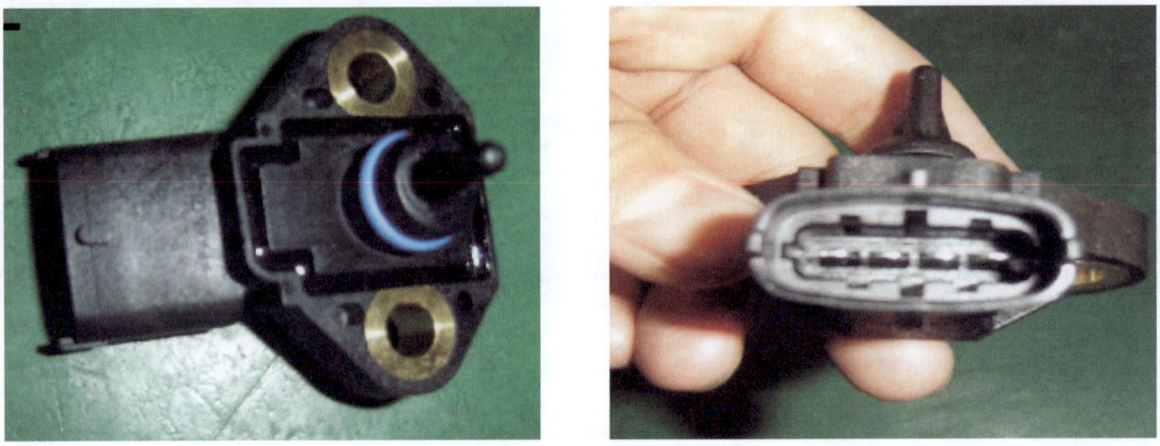

图6-19 燃油温度传感器

9. 车速传感器

如图6-20所示，车速传感器安装在变速器输出轴上，它向ECU 提供车速信号，减速断油功能、巡航控制和最高车速限制功能都依靠该信号为判断依据。根据ECU传感器输入接口的类型，该传感器可能是霍尔效应式，也可能是磁电感应式，但一般车上普遍采用磁电感应式车速传感器。

图6-20 车速传感器

10. 离合器开关

如图6-21所示，离合器开关安装在离合器踏板上方，当驾驶员踩下离合器踏板时，离合器开关闭合。于是，由ECU提供的高电位接地，电位被拉低，变成低电位，ECU便检测到该数字信号的变化。ECU主要利用离合器开关为车辆巡航控制提供信号。

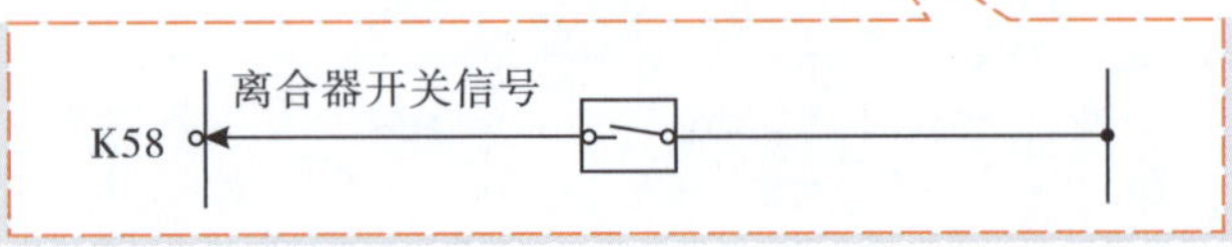

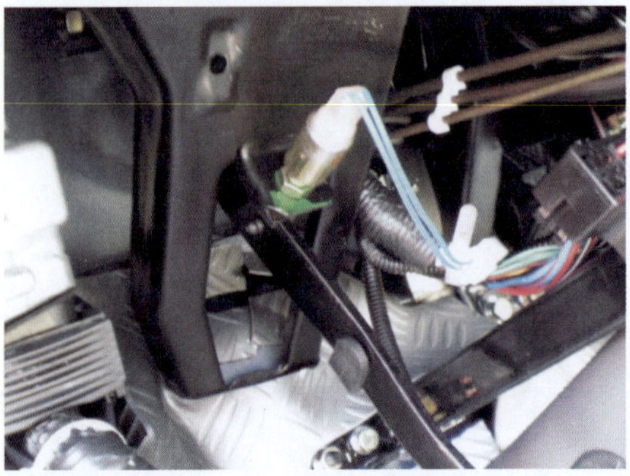

图6-21 离合器开关

11. 制动开关

如图6-22所示，制动开关安装在制动踏板上方，主要为车辆巡航控制系统和发动机转速控制提供制动信号。例如，当汽车的巡航控制系统启动，汽车正在以一设定速度行驶时，驾驶员踏下制动踏板，制动开关将闭合，ECU检测到制动信号，将取消汽车的巡航控制。

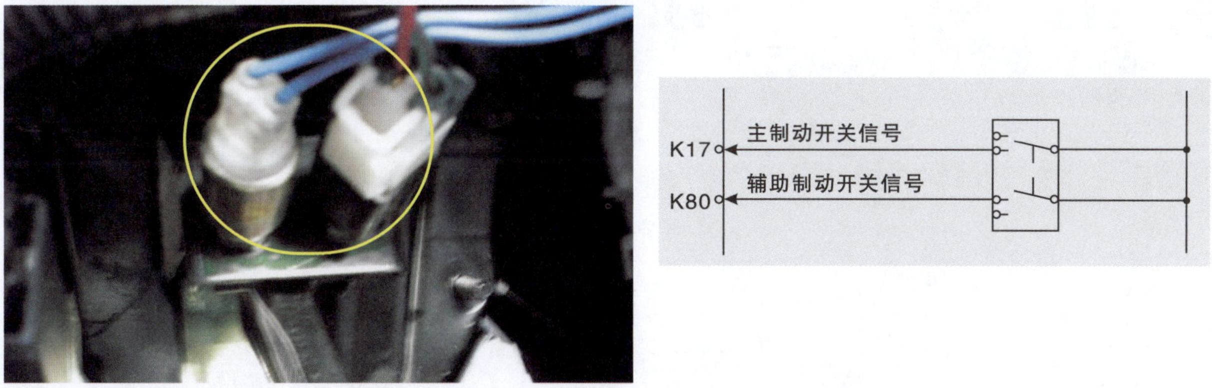

图6-22 制动踏板开关

12. A/C请求开关

A/C请求开关，也称空调开关，是驾驶员要求进行空调工作的输入信号，用于控制A/C继电器工作，同时控制发动机提升转速。如图6-23所示，A/C请求开关位于空调控制面板上，当开关被按下时，ECU输出的高电位接地，ECU检测到空调开关的请求信号，并将提升发动机的怠速转速。

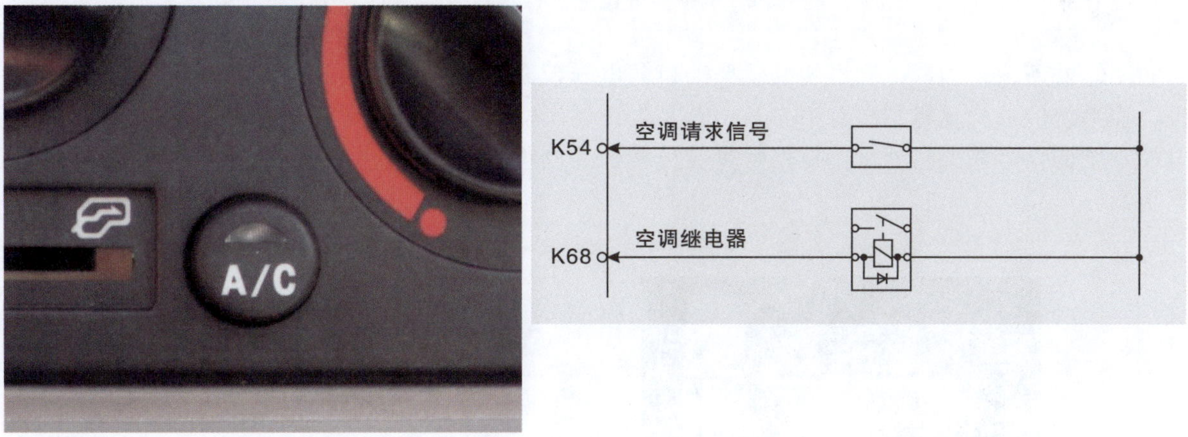

图6-23 A/C请求开关

二、电子控制单元（ECU）

1. 电子控制单元的结构

电子控制单元（ECU）是一个单片微型计算机（Single Chip Microcomputer），简称单片机。它的结构组成示意图如图6-24所示，它是将中央处理器（CPU）、程序存储器（FLASH）、数据存储器（RAM）、定时器/计数器，以及输入/输出（I/O）接口电路等主要计算机部件，集成在一块电路芯片上所形成的芯片机的微型计算机。

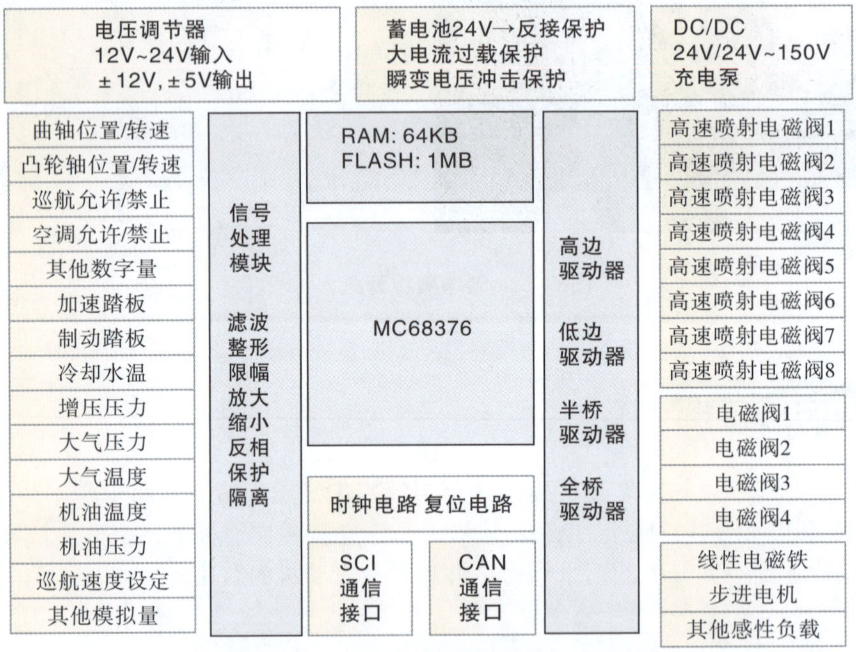

图6-24 电子控制单元硬件结构示意图

如图6-25所示，为博世和电装共轨柴油机的电子控制单元，它们一般安装在发动机上，充当整个柴油机电控系统的“计算机与控制中心”，它是电控系统的“大脑”，是这个电控系统的核心。它承担整个电控系统的信号采集与处理、数据运算与分析、控制策略的实现、控制指令的产生、数据的通信与交换等功能。

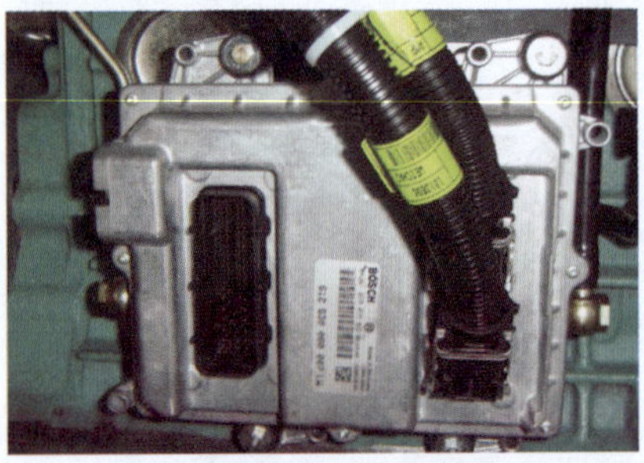

博世共轨柴油机ECU

电装共轨柴油机ECU

图6-25 柴油机电子控制单元

2. 电子控制单元的功能

电子控制单元通过各种传感器和开关，可以感知驾车人的要求（由油门踏板位置确定）以及发动机和整车的瞬时运行状况。根据这些输入的数据和已存的特性图谱，微处理器可以计算出喷油的持续时间和开启点，并将其转化成时间信号曲线对发动机的运行进行干预。喷油量、喷射起点、喷射持续时间和喷射压力由ECU计算出来，借助输出信号触发驱动级，驱动级提供适当的功率给执行元件，用于控制共轨压力、喷油器元件。此外还有其他控制功能如空调的开启、电热塞的启动等。电子控制单元的主要功能如图6-26所示，其他功能如图6-27所示。

- 喷油方式控制— 多次喷射（现用的为主喷射和预喷射两次）。
- 喷油量控制— 预喷射量自学习控制、减速断油控制。
- 喷油正时控制— 主喷正时、预喷正时、正时补偿。
- 轨压控制— 正常和快速轨压控制、轨压建立、喷油器泄压控制、轨压跛行回家控制。
- 扭矩控制— 瞬态扭矩、加速扭矩、低速扭矩补偿、最大扭矩控制、瞬态冒烟控制、增压器保护控制。
- 过热保护、各缸平衡控制、EGR控制、VGT控制、辅助启动控制（电机和预热塞）、系统状态管理、电源管理、故障诊断。

图6-26 电子控制单元的主要功能

- 挡位计算— 根据车速和发动机转速计算挡位（有车速传感器）用于挂挡怠速控制，改善驾驶性
- 车速计算及输出— 供仪表和最高车速限制使用
- 怠速和驱动怠速控制
- 空调控制— 根据空调负载调节发动机怠速转速、根据车辆对动力性的需求和发动机的工作状况对空调压缩机进行开/关控制
- 故障诊断— 在线诊断并存储/输出故障码，具有跛行回家功能
- CAN通讯— 整车其他控制器和仪表之间的通讯
- 离合器开关— 改善驾驶舒适性
- 制动开关— 用于判断油门合理性

图6-27 电子控制单元的其他功能

三、执行器

执行器是受ECU控制，具体执行某项功能的装置。一般是由ECU控制执行器电磁线圈的搭铁回路，如电控直列泵和分配泵中的线性电磁铁，电控单体泵和泵喷嘴中的电磁阀，电控共轨系统中的PCV阀和喷油器电磁阀，也有的是由ECU控制的某些电子电路。

在柴油机电子控制系统中，执行器主要有：齿杆或油量控制套筒驱动执行器、预行程控制套驱动执行器、正时活塞行程驱动执行器、油量控制电磁阀、废气再循环控制电磁阀、增压控制电磁阀、冷启动预热塞继电器、空调压缩机继电器、冷却风扇继电器、冷却液加热装置继电器、进气阀板继电器、自诊断显示与报警装置、仪表显示器等。

图6-28为电控柴油机的预热控制系统，发动机冷启动时，ECU发出预热控制信号，使预热塞控制继电器工作，接通预热塞的供电电路，同时点亮预热指示灯。

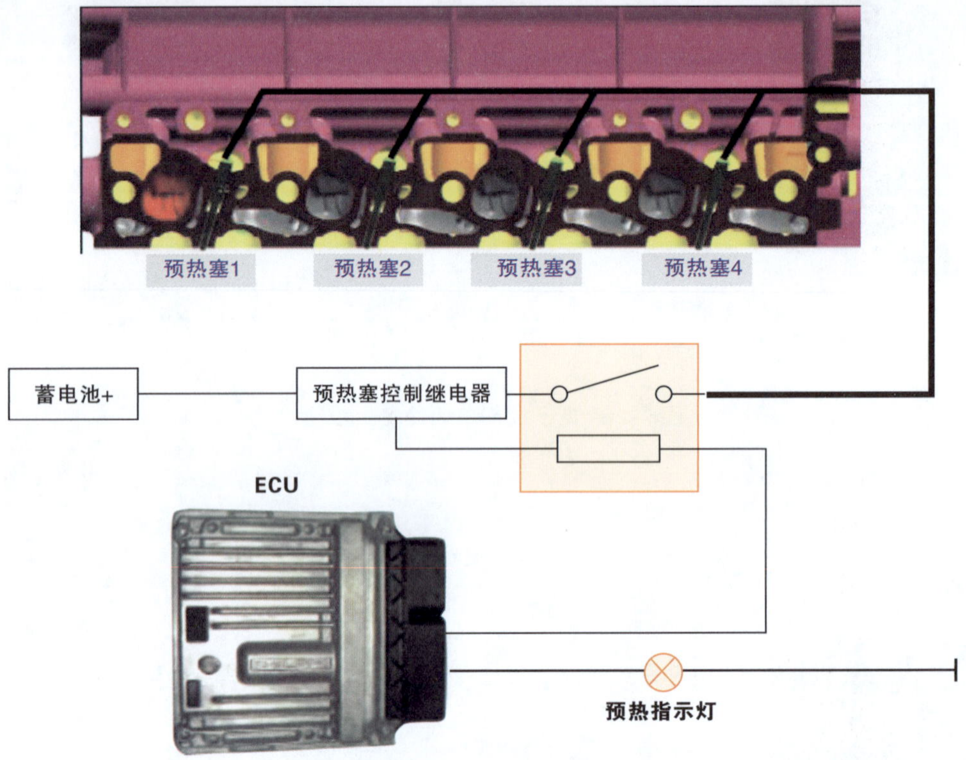

图6-28 预热控制系统

思考与练习

一、填空题

1. 柴油机电控系统是由__________、__________、__________三部分组成。

2. 在柴油机电控燃油喷射系统中，ECU以柴油机__________和__________作为主控制信号，按设定的程序确定最佳的供油速率和供油规律。

3. __________、__________是影响柴油机动力性和经济性的重要因素。

4. 在发动机启动时，燃油喷射量由发动机__________和__________决定。

5. 加速踏板位置传感器用以检测__________信号。

6. 柴油机的怠速控制主要包括__________和__________的控制。

7. 预喷射时间间隔是由__________和__________来计算的。

8. 传感器是用于感知和检测发动机及车辆运行状态的感测元件和装置，在柴油机电控系统中常用的传感器有__________、__________、__________和__________。

二、判断题

1. 冷却液温度传感器只起修正喷油正时作用，不起修正喷油量作用。 (　)

2. 进气温度传感器只起修正喷油量作用，不起修正喷油正时作用。 (　)

3. 进气压力传感器即起修正喷油量作用，又起修正喷油正时作用。 (　)

4. 空档起动开关向ECU输入空档位置的信号，是怠速控制信号之一。 (　)

5. 燃油温度与柴油机的喷油量没有什么关联。 (　)

6. 柴油机电子控制模式的功用与组成与汽油机电子控制模式有很大区别。 (　)

7. 制动开关安装的作用是为车辆巡航控制系统和发动机转速控制提供制动信号。 (　)

8. 由于柴油机发出的扭矩大，发电机、空调压缩机、动力转向的工作状态对发动机负荷无明显影响。 (　)

图书在版编目（CIP）数据

电控柴油发动机构造与维修/谭本忠主编. -济南:山东科学技术出版社,2011（2016.重印）
ISBN 978-7-5331-5751-7

Ⅰ. ①电… Ⅱ. ①谭… Ⅲ. ①汽车-电子控制-柴油机-理论②汽车-电子控制-柴油机-车辆修理 Ⅳ. ①U464.172.01②U472.43

中国版本图书馆CIP数据核字（2011）第060901号

主编：谭本忠

编者：陈立波 刘晓蕾 胡波勇 谭敦才 于海东 邓冬梅
张 青 陈海波 胡 波 谭玉芳 张国林 曾淑琴
黄园园 刘家昌 周景良 曾瑶瑶 于梦莎 陈甲仕
张捷辉 王世根 陈新喜 何柏中 罗冬冬 张丕武

电控柴油发动机构造与维修

主编 谭本忠

主管单位：山东出版传媒股份有限公司
出 版 者：山东科学技术出版社
地址:济南市玉函路16号
邮编:250002 电话:(0531)82098088
网址:www.lkj.com.cn
电子邮件:sdkj@sdpress.com.cn
发 行 者：山东科学技术出版社
地址:济南市玉函路16号
邮编:250002 电话:(0531)82098071
印 刷 者：济南鲁艺彩印有限公司
地址:济南工业北路182-1号
邮编:250101 电话:(0531)88888282

开本：889mm×1194mm 1/16
印张：9.5
版次：2011年7月第1版 2016年2月第3次印刷

ISBN 978-7-5331-5751-7
定价：38.00元

图书服务热线：0531-88951078
网址：www.link6868.com